西安邮电大学学术专著出版基金

民政部民政政策理论研究项目《"十三五"时期我国农村社区信息化建设路径与服务模式研究》（2016MZRL010523）

陕西省软科学研究计划《"数字富平"建设的路径、模式及机制研究》（2013KRM10）

陕西省社会科学基金《"三个陕西"背景下关中智慧城市群建设的顶层设计与实施路径研究》（2015D031）

西安市社会科学基金《智慧西安建设的顶层设计与实施路径研究》（15J47）

智慧城市理论与实践研究

—— 以智慧富平为例

张 超　张 鸿◎著

中国社会科学出版社

图书在版编目（CIP）数据

智慧城市理论与实践研究：以智慧富平为例／张超，张鸿著 . —北京：
中国社会科学出版社，2016.4
ISBN 978 - 7 - 5161 - 6854 - 7

Ⅰ. ①智… Ⅱ. ①张… ②张… Ⅲ. ①现代化城市—城市建设—
研究—富平县 Ⅳ. ①F299. 274. 14

中国版本图书馆 CIP 数据核字（2015）第 208600 号

出 版 人　赵剑英
责任编辑　陈雅慧
责任校对　郝阳洋
责任印制　戴　宽

出　　　版　中国社会科学出版社
社　　　址　北京鼓楼西大街甲 158 号
邮　　　编　100720
网　　　址　http://www.csspw.cn
发 行 部　010 - 84083685
门 市 部　010 - 84029450
经　　　销　新华书店及其他书店

印刷装订　三河市君旺印务有限公司
版　　　次　2016 年 4 月第 1 版
印　　　次　2016 年 4 月第 1 次印刷

开　　　本　710×1000　1/16
印　　　张　18
插　　　页　2
字　　　数　308 千字
定　　　价　66.00 元

目　　录

前　　言

党的十八大报告指出："坚持走中国特色新型工业化、信息化、城镇化、农业现代化道路，推动信息化和工业化深度融合、工业化和城镇化良性互动、城镇化和农业现代化相互协调，促进工业化、信息化、城镇化、农业现代化同步发展。"十八届三中全会明确要求，坚持走中国特色新型城镇化道路。随后召开的中央城镇化工作会议进一步强调"走中国特色、科学发展的新型城镇化道路"。2014年3月，中共中央、国务院出台了《国家新型城镇化规划（2014—2020年）》，意味着新型城镇化正式上升为国家战略。新型城镇化战略对全面建成小康社会、加快社会主义现代化建设进程、实现中华民族伟大复兴的中国梦，具有重大现实意义和深远历史意义。

智慧城市建设是新型城镇化的重要内容，并作为工业化、信息化、城镇化、农业现代化同步发展的重要载体和路径，将从新产业、新环境、新模式、新生活、新服务五大方面支持新型城镇化发展。智慧城市使城市"发展更科学，管理更高效，生活更美好"。

从国内外实践看，智慧城市建设方兴未艾。迄今为止，现在全球（不包括中国）大概有200多个智慧城市的项目正在实施。就国内而言，目前智慧城市建设呈现遍地开花之势。工信部《2014年ICT深度报告》数据显示，截至2014年底，100%副省级以上城市、89%的地级及以上城市（241个）、47%的县级及以上城市（51个），总共约400个城市宣布建设智慧城市，且随着时间的推移，数量将继续增加。此外，我国智慧城市建设在纵向上不断拓展和延伸。向上拓展至智慧城市群，向下延伸至智慧城镇（2013年两批国家智慧城市试点名单中，县、镇占26席）。

陕西富平是老一辈无产阶级革命家习仲勋的故乡。随着社会经济的快速发展和城镇化建设的大力推进，富平正面临着产业升级、经济转型、城市管理、民生改善、城市交通、环境资源等方面越来越严峻的挑战。在新型城镇化背景和智慧城市建设浪潮下，智慧富平建设已成为应对以上挑战的重要手段。但是，和全国很多城市（县、镇）一样，富平在智慧城市建设方面存在着理念落后、思路不清、路径不明等问题。

基于此，本书以智慧城市为研究对象，以系统思想为指导，综合应用文献研究、理论研究、案例研究、调查研究、比较研究、规范研究等方法，全面回顾梳理国内外智慧城市最新研究成果，系统阐述智慧城市相关理论，深入分析我国智慧城市建设的实践状况，总结比较国内外智慧城市建设典型案例。在此基础上，论证智慧富平建设的必要性与可行性，提出智慧富平建设的顶层设计、实施路径、保障机制，以期为富平和我国其他城市（县、镇）的智慧城市建设决策和实施提供理论支持和实践参考。

本书的主要特色如下：

（1）站在智慧城市研究前沿，突破当前国内智慧城市研究主要针对大中城市的内在局限，以智慧富平为例，系统深入探讨县城建设智慧城市的顶层设计、实施路径和保障机制，填补国内研究此块空白，并把我国智慧城市研究进一步引向深入。

（2）全面梳理总结国内外最新理论研究和实践探索成果，将智慧城市理论与我国城市发展现实相结合，进行应用性理论创新，丰富完善智慧城市理论体系。

（3）提出智慧富平建设的一揽子方案，重点在顶层设计、实施路径、保障机制方面上取得突破，为富平和我国其他城市（县、镇）的智慧城市建设决策和实施提供理论支持和实践参考。

（4）其他

①系统总结国内外典型智慧城市建设的做法和措施。最有价值的是对国内典型智慧城市建设的指导思想、发展目标、建设内容、主要任务、政策措施、保障机制等的总结，对我国智慧城市建设可以提供有力的经验支持。

②全面梳理当前我国及陕西智慧城市建设的实践情况。其中对国家相关支持政策、相关部委局试点、陕西相关支持政策方面的梳理尤为详尽，对我国智慧城市建设可以提供有力的政策支持。

③系统回顾当前国内外研究文献，系统阐述智慧城市的相关理论。这十分有利于相关科研人员及研究生、相关企业和从业人员、广大读者更深

层次认知智慧城市，把握智慧城市的理论研究现状。

本书撰写分工如下：全书由张超撰写，张鸿审稿及定稿。卢建军、范九伦、蒋林、田小平、卢光跃、王军选、刘进海负责技术指导工作，张权、王群、范满航负责全书的校对工作，张媛老师和范满航、代玉虎、关启轩等研究生参与了本书的数据调研与资料整理工作。

本书的出版，凝聚了大量人员的努力和心血，得到了一些单位的支持和帮助。在此笔者要感谢以上同志所做的基础性工作，还要感谢富平县人民政府、富平县信息办、富平县公安局、富平县科学技术局、富平县住建局、富平县园林办、富平现代农业示范基地管委会等单位对调研工作给予的大力支持。同时也要感谢西安邮电大学学术专著出版基金、陕西省软科学研究计划、陕西省社会科学基金、西安市社会科学基金、陕西省哲学社会科学重点研究基地——陕西省电子商务协同创新研究中心基金、陕西（高校）哲学社科重点研究基地——信息产业发展研究中心基金、对本书出版工作的支持陕西省重点学科应用经济学基金。

本书在写作过程中，参考、吸收、引用了一些单位、领导、专家、学者、城市关于智慧城市的观点或成果。其中：①单位主要包括中国电子技术标准化研究院、中国通信学会、国脉互联智慧城市研究中心、赛迪顾问股份有限公司、IBM、工信部、住建部、中共广州市越秀区委宣传部、中国通信协会、通信世界网、赛迪网、国脉物联网、传感物联网、人民邮电报、赛普观察、新华网、千家网、电气自动化技术网、中商情报网、华商网、陕西联通、陕西省工信厅、陕西省信息化领导小组办公室、陕西省政府办公厅、《陕西日报》《华商报》《陕西农村报》《西安日报》《渭南日报》《今日中国论坛》杂志社等；②领导、专家、学者主要包括中国住房和城乡建设部仇保兴、郭理桥，北京邮电大学宋俊德、芦效峰，南京大学甄峰、席广亮，吉林大学赵大鹏，华信邮电咨询设计研究院有限公司杨会华、樊耀东，国务院发展研究中心李广乾，陕西省咸阳市人民政府张永民，南京市信息中心邓贤峰、何军，《通信产业报》王彦彬，国家信息中心单志广，北京市国脉互联信息顾问有限公司杨冰之、姜德峰，国家信息化专家咨询委员会周宏仁，武汉大学李德仁，中国工程院邬贺铨，广州市社会科学院杨再高，中国工业和信息化部电信研究院续合元，苏州经贸职业技术学院张梅燕，浙江师范大学邹佳佳，以及武琪、黄心怡、爱偶西人（网名）等；③城市主要包括上海、南京、杭州、宁波、徐州、慈溪、渭南、咸阳、郫县、乐从等市县镇。还有许多单位和个人不再一一列举。在此笔者一并向这些单位、领导、专家、学者及城市表示最诚挚的谢意！

此外，本书最终能够顺利出版与中国社会科学出版社的大力支持以及陈雅慧、罗莉两位编辑认真细致的工作密不可分。在此笔者对她们付出的努力、汗水和智慧表示最诚挚的感谢。

尽管我们做了很大的努力，但由于时间仓促、水平有限，书中难免存在错误与不足，敬请各位领导、专家、学者和读者批评指正。

第一章　导论

第一节　研究背景

智慧城市是新一代信息技术创新应用与城市经济社会发展深度融合的产物，是当前城市发展的新理念和新模式（中国电子技术标准化研究院，2013），是城镇信息化发展的高级阶段（国脉互联智慧城市研究中心，2012）。智慧城市使城市"发展更科学，管理更高效，生活更美好"（中国通信学会，2012）。

改革开放以来，我国城镇化建设日新月异，推动了国民经济持续快速发展，带来了社会结构深刻变革，促进了城乡居民生活水平全面提升，取得的成就举世瞩目。诺贝尔经济学奖得主、美国经济学家斯蒂格利茨断言，21 世纪对世界影响最大的两件事：一是美国高科技产业发展，二是中国的城镇化。但在城镇化快速发展过程中，也存在一些必须高度重视并着力解决的突出矛盾和问题：大量农业转移人口难以融入城市社会，市民化进程滞后；"土地城镇化"快于人口城镇化，建设用地粗放低效；城镇空间分布和规模结构不合理，与资源环境承载能力不匹配；城市管理服务水平不高，"城市病"问题日益突出；自然历史文化遗产保护不力，城乡建设缺乏特色；体制机制不健全。这些矛盾和问题严重阻碍了我国城镇化的健康发展。

对此，党中央和国务院提出走新型城镇化道路。党的十八大报告指出："坚持走中国特色新型工业化、信息化、城镇化、农业现代化道路，推动信息化和工业化深度融合、工业化和城镇化良性互动、城镇化和农业现代化相互协调，促进工业化、信息化、城镇化、农业现代化同步发展。"党的十八届三中全会明确要求，坚持走中国特色新型城镇化道路。随后召开的中央城镇化工作会议进一步强调"走中国特色、科学发展的新型城镇化道路"。2014 年 3 月，中共中央、国务院出台了《国家新型城镇化规划（2014—2020 年）》，意味着新型城镇化正式上升为国家战略。新型城镇化战略对全面建成小康社会、加快社会主义现代化建设进程、实现中华民族伟大复兴的中国梦，具有重大现实意义和深远历史意义。

智慧城市建设是新型城镇化的重要内容，并作为工业化、信息化、城镇化、农业现代化同步发展的重要载体和路径（李广乾，2013），将从新产业、新环境、新模式、新生活、新服务五大方面支持新型城镇化发展（IBM，2014）：智慧城市充分利用信息互通和共享，挖掘新服务，分析确定优先改善领域，并通过兴建智慧产业园的方式实现产业规模效应，推动城市产业结构转型；智慧城市可以有效地提升能源管理和环境监控，从而保护环境；随着智慧城市建设的不断深入，建设模式将呈现多元化、定制化趋势，取代数字城市、无线城市发展阶段以政府为主导的建设模式，通过特许权经营、公私合营、企业主导建设运营、电信运营商主导建设运营等多种模式，共同建设智慧城市；通过智慧城市的建设，可以有效提升市民的生活水平；此外，智慧城市还可以加强政府管理，促进服务型政府转型，帮助打造和谐城市的典范。

从国内外的实践看，智慧城市建设方兴未艾。进入 21 世纪以来，基于信息相关产业的技术创新，美国、欧盟、日本、韩国、新加坡、中国台湾等发达国家和地区以及马来西亚、中国等发展中国家相继出现了运用信息通信技术，尝试城市发展新模式的实践。美国，欧盟、亚洲的一些国家和地区均已启动了智慧城市相关的项目和技术研究，在一些试点地区取得了较好的效果。迄今为止，现在全球（不包括中国）大概有 200 多个智慧城市的项目正在实施中（中国通信学会，2012）。就国内而言，智慧城市建设呈现遍地开花之势。工信部《2014 年 ICT 深度报告》数据显示，截至 2014 年底，100% 副省级以上城市、89% 的地级及以上城市（241个）、47% 的县级及以上城市（51 个），总共约 400 个城市宣布建设智慧城市，且随着时间的推移，数量将继续增加。

此外，我国智慧城市建设在纵向上不断拓展和延伸（《人民邮电报》，2015）。向上，拓展至智慧城市群。目前多个省份在全省范围内统筹推进智慧城市建设，提出构建智慧城市群。北京、河北、上海、江苏、浙江、福建、山东、河南、广东、陕西、宁夏等 10 多个省（区市）制定出台了省级总体规划。广东省提出打造"珠三角智慧城市群"，陕西省提出到

2017 年基本建成"关中智慧城市群",江苏省已率先建成省级智慧城市群综合接入平台,计划在 2015 年初步建成"苏南智慧城市群"。浙江省也开创部、省、地市"3 + X"试点指导服务模式,上下联动,协同推动。向下,智慧城市正向县、镇延伸。2013 年 1 月,首批 90 个国家智慧城市试点,县、镇占 6 席;2013 年 8 月,第二批 103 个国家智慧城市试点中,县、镇扩大到 20 个。其中,福建、广东、山东等东部沿海省份的县级市数量最多。

陕西富平是老一辈无产阶级革命家习仲勋的故乡。富平因取"富庶太平"之意而得名,位于陕西省关中平原中北部,面积 1242 平方公里,总人口 81 万,是陕西省第一人口大县。随着社会经济的快速发展和城镇化建设的大力推进,富平正面临着产业升级、经济转型、城市管理、民生改善、城市交通、环境资源等方面越来越严峻的挑战。

在新型城镇化背景和智慧城市建设浪潮下,智慧富平建设已成为应对以上挑战的重要手段。但是,和全国很多城市(县、镇)一样,富平在智慧城市建设方面存在着理念落后、思路不清、路径不明等问题。基于此,本书以智慧富平为例,在理论及实践研究的基础上,分析智慧富平建设的必要性与可行性,提出智慧富平建设的顶层设计、实施路径及保障机制,以期为富平和我国其他城市(县、镇)的智慧城市建设决策和实施提供理论支持和实践参考。

第二节　研究动态

一　国外研究动态

国外对智慧城市的研究起步较早(20 世纪 90 年代初),但 2007 年前一直处于缓慢增长状态。2007 年后,随着智慧城市实践在美国、欧洲、亚洲的广泛开展,智慧城市研究则呈现出快速发展之势。2015 年 2 月 13 日,本书以"smart city"为关键字,利用中国知网以及谷粉学术搜索(谷歌学术搜索的替代品)对外文文献进行主题搜索(包含完整字句方式),共获得英文文献 10800 篇。

从发表年份来讲,1992 年 4 篇,1993 年 10 篇,1994 年 5 篇,1995 年 8 篇,1996 年 13 篇,1997 年 8 篇,1999 年 31 篇,2000 年 42 篇,2001 年 47 篇,2002 年 47 篇,2003 年 80 篇,2004 年 78 篇,2005 年 71 篇,

2006 年 81 篇，2007 年 153 篇，2008 年 171 篇，2009 年 231 篇，2010 年 382 篇，2011 年 759 篇，2012 年 1560 篇，2013 年 2570 篇，2014 年 3640 篇，2015 年 329 篇，呈越来越热的趋势。

从学科分组来讲，跨学科特征日益明显。以上文献涉及计算机软件及应用、宏观经济管理与可持续发展、建筑科学与工程、电信技术、自然地理学和测绘、信息经济与邮政经济、图书情报与数字图书馆、旅游等约 40 个学科。此外，王广斌等（2013）通过 SCI 数据库对 2008—2012 年之间智慧城市相关论文的关键字按照 "城市规划"、"公共管理"、"计算机科学" 和 "环境生态学" 等维度进行统计，发现研究数量逐年增加。这表明智慧城市研究及实践日益呈现出跨学科、跨组织的协作性。

从研究视角来讲，对智慧城市的研究越来越多元化。在智慧城市发展初期，很多学者主要基于 ICT 视角对智慧城市的技术支持进行研究，侧重于如何通过数据库与信息系统建设、GIS、虚拟空间、智能终端、移动通信、信息流控制等技术创新实现对城市和公众生活的管理，而从管理学、系统科学等其他学科研究智慧城市的文献较少。自 2010 年智慧城市进入高速发展期，单纯从 ICT 视角的研究比例开始减少，越来越多的研究者开始从管理学、系统科学、环境生态学视角进行研究。目前研究视角主要包括：城市运营与治理视角（Caragliu 等，2009；Smart Cities，2007）、系统科学视角（Weisi FU、Ping PENG，2014）、知识经济视角（Andrea Caragliu 等，2009）、生态系统视角（Gregory，2009）、可持续发展视角（NRDC，2010）、认知和学习等社会科学理论视角（Shapiro，J. M.，2011；Nasrin Khansar，2014）、城镇化视角（XI Guangliang、ZHEN Feng，2014）等。

从研究方法来讲，以定性的文献研究、案例研究、比较研究、规范研究为主，但定量研究正在逐步增加（主要用于智慧城市的评价及影响因素分析）。目前研究方法主要包括：文献研究（Su，K. 等，2011；Jungwoo Lee、Hyejung Lee，2014）、调查研究（Paskaleva，K. A.，2009；Alawadhi，S. 等，2012）、案例研究（Tuba Bakıcı 等，2013）、对比研究（Jung Hoon Lee 等，2013）、空间参照方法（Margarita Angelidou，2014）、网络分析方法（Lombardi 等，2010）、模糊数学评价方法—雷达图分析法（Lazaroiu 等，2012）、模糊逻辑方法（George，2012）、回归分析方法（Paolo Neirotti 等，2014）等。

　　从研究主题来讲，已从早期对智慧城市概念内涵（包括：特征、目标愿景、作用意义等）、技术方案、智慧应用的研究，逐步走向对智慧城市评价体系、发展案例及策略等的研究。

二　国内研究动态

　　国内对智慧城市的研究晚于国外，学术界从 2005 年开始介绍国外智慧城市的理论和实践。从 2010 年起，随着 IBM 将其智慧城市概念在国内的持续有效推广，国内智慧城市建设实践进展迅速，对该主题的研究也呈现出蓬勃发展之势，研究文献数量持续快速增长。2015 年 2 月 13 日，本书作者以"智慧城市"为关键字在中国知网上进行主题搜索，共获得文献 8293 篇。

　　从发表年份来讲，2005 年 2 篇，2007 年 3 篇，2008 年 1 篇，2009 年 47 篇，2010 年 220 篇，2011 年 771 篇，2012 年 1291 篇，2013 年 2709 篇，2014 年 3096 篇，2015 年 116 篇，呈越来越热的趋势。

　　从文献数据库来源来讲，学术期刊 5335 篇，特色期刊 229 篇，报纸 2328 篇，博士学位论文 24 篇，优秀硕士学位论文 236 篇，重要会议论文 128 篇，国际会议论文 10 篇，学术集刊 3 篇。可以看出，发表论文和报纸文章的绝对数量都较多，这说明该主题不仅是学术界研究的焦点之一，也是社会各界关注的热点话题。不过，尽管该主题的研究成果数量虽然较多，但硕士、博士学位论文的数量仅为 260 篇，论文主题与智慧城市建设密切相关的博士论文仅 3 篇（袁远明，2012；周骥，2013；赵大鹏，2013）。这说明系统、深层次的研究成果还比较缺乏。

　　从研究视角来讲，较多元化，而且国内研究视野更开阔，视角更独特。主要包括：新型城镇化视角（辜胜阻、王敏，2012；甄峰、秦萧，2014）、城市规划视角（胡小明，2012；王广斌，2013；孙中亚、甄峰，2013；席广亮、甄峰，2014；张振刚、张小娟，2014；秦萧、甄峰，2014；吴运建、丁有良、孙成访，2013；甘锋、刘勇智，2014）、信息科学视角（王静远等，2014）、创新范式转变视角（宋刚、邬伦，2012）、复杂产品系统视角（吴运建、丁有良、孙成访，2013）、信息权力论视角（刘云刚、谢安琪、林浩曦，2014）、公众满意度理论视角（侯宝柱、贺灵敏、王树明，2013）、系统科学理论及公共管理理论视角（张振刚、张小娟，2014）、工程项目全生命周期管理—精益建造理论视角（王要武、吴宇迪，2012)、组织愿景理论—和谐管理理论视角（赵大鹏、张锐昕，2012)、价值链理论—技术采纳理论—当代组织理论视角（杨健、焦勇兵、刘伟，2012)、人文主义与技术主义有机结合视角（孙中亚、甄峰，2013)、生命有机体视角（席广亮、甄峰，2014)等。其中新型城镇化视角属于目前最新的研究视角之一。

从研究方法来讲，以定性的文献研究、案例研究、比较研究、规范研究为主，定量研究相对较少，但新的定量研究方法有望持续增加。定量研究方法主要包括：计量研究（李琦等，2014；张建光、尚进，2014)、结构方程分析法（侯宝柱、贺灵敏、王树明，2013)、投入产出法（郝斌、俞珊、吴昀桥，2013)、网络层次分析法及博弈论（项勇、任宏，2014)。

从研究主题来讲，国内研究主题更加广泛，并向纵横两个方向扩展：横向上，已由前几年对概念内涵、特征作用、技术体系的研究扩展至智慧城市的各个方面；纵向上，向上扩展至智慧城市群的研究，向下扩展至智慧城镇的研究。主要包括：综合研究、概念内涵（包括作用意义）、智慧城市规划与建设（包括规划、顶层设计、建设内容与架构、现状问题与对策、信息平台构建、智慧产业发展、建设路径、建设营运模式、风险防范等）、应用体系、技术体系、安全体系、标准体系、评价体系、智慧城镇与智慧城市群等。目前国内热点主题主要包括：智慧城市顶层设计、问题与对策、路径及建设运营模式、标准及评价体系、智慧城镇与智慧城市群等。

从作者单位来讲，不但有高校、研究院所的科研人员，也有国家及地方政府的管理人员，还有相关企业人员。发文在 10 篇以上的单位如下（括号内数字为文献数量）：同济大学（53)、北京邮电大学（47)、北京大学（43)、中国工业和信息化部电信研究院（41)、武汉大学（36)、清华大学（31)、华南理工大学（29)、浙江大学（27)、南京大学（27)、中国工程院（26)、华中科技大学（26)、上海大学（24)、南京市信息中心（24)、上海交通大学（22)、国家信息中心（19)、中国科学院（19)、天津市天地伟业数码科技有限公司（17)、吉林大学（16)、杭州电子科技大学（16)、天津大学（16)、国务院发展研究中心（15)、宁波工程学院（15)、中国城市科学研究会（14)、哈尔滨工业大学（14)、江苏省邮电规划设计院有限责任公司（14)、中国工业和信息化部（13)、江苏省苏州市科达科技有限公司（13)、华东师范大学（12)、首都经济贸易大学（12）、长安大学（12）、宁波大学（11）、华信邮电咨询设计研究院有限公司（11）、天津市信息中心（11）、陕西省咸阳市人民政府（10）、北京航空航天大学（10）、中国电信集团上海研究院（10）、西安电子科技大学（10）、杭州海康威视数字有限公司（10）、国家信息化专家咨询委员会（10）、中国联合通信有限公司（10）。从这方面可以看出这些单位在智慧城市研究方面的实力。

该研究领域的权威人士主要包括（括号内数字为发文数量）：同济大学程大章（24）、南京大学甄峰（15）、国务院发展研究中心李广乾（11）、北京邮电大学芦效峰（10）、陕西省咸阳市人民政府张永民（10）、南京市信息中心邓贤峰（9）、国家信息中心单志广（8）、中国工业和信息化部陈如明（8）、南京工业大学陆伟良（8）、中国科学院、中国工程院李德仁（7）、中国信息协会胡小明（7）、北京市神州数码控股有限公司郭为（7）、北京邮电大学宋俊德（6）、中共内蒙古兴安盟委党校徐长安（6）、天津市信息中心刘叶婷（6）、上海交通大学张书成（5）、中国信息界杂志社尚进（5）、中国住房和城乡建设部建筑节能与科技司郭理桥（5）、中国城市科学研究会曹余（5）、北京大学徐静（5）、国家信息中心唐斯斯（5）、杭州电子科技大学王雷（5）、北京大学柴彦威（5）、北京市国脉互联信息顾问有限公司杨冰之（4）、国家信息化专家咨询委员会周宏仁（4）、武汉大学李德仁（4）、中国工程院邬贺铨（4）、天津大学姚建铨（4）、南京市信息中心张晓伟（4）、上海社会科学院信息研究所王世伟（4）、北京大学李琦（4）、广州市社会科学院杨再高（4）、中国住房和城乡建设部仇保兴（4）、中国工业和信息化部电信研究院续合元（4）。

第三节 研究意义

（1）理论意义。第一，突破当前国内智慧城市研究主要针对大中城市的内在局限，以智慧富平为例，对县城如何具体建设智慧城市进行系统深入研究，填补此块国内研究空白，并把我国智慧城市研究进一步引向更深层次；第二，全面梳理总结国内外最新理论研究与实践探索成果，将智慧城市理论与我国城市发展现实相结合，进行应用性理论创新，丰富完善智慧城市理论体系。

（2）实践意义。提出智慧富平建设的一揽子方案，重点在顶层设计、实施路径、保障机制方面上取得突破，为富平和我国其他城市（县、镇）的智慧城市建设决策和实施提供理论支持和实践参考。

第四节　研究内容

1. 导论。陈述研究背景、研究动态、研究意义、研究内容、研究思路、研究方法、研究框架及创新之处。

2. 国内外研究文献回顾。对国内外智慧城市研究文献进行回顾梳理。

3. 智慧城市理论研究。系统阐述智慧城市相关理论。包括：①智慧城市概述（起源、概念、特征、愿景、作用、发展阶段等）；②智慧城市技术参考模型；③智慧城市建设理论（建设内容、步骤、顶层设计、路径、建设运营模式、要点、保障措施等）；④智慧城市评价体系。

4. 我国智慧城市实践研究。从宏观层面对我国智慧城市实践进行系统研究。包括实践进程、发展环境、发展现状、发展趋势、存在问题、策略建议等。

5. 陕西智慧城市实践概况。从智慧城市实践进程、相关举措、进展情况三个方面对陕西智慧城市实践情况进行分析。

6. 国内外智慧城市建设案例研究。总结、比较国内外智慧城市建设典型案例，借鉴成功经验。包括：①国外案例（美国、欧盟、日本、韩国、新加坡、马来西亚）；②国内案例（北京、上海、天津、宁波、武汉、广州、深圳、青岛、成都等大城市，无锡、佛山、廊坊、扬州、克拉玛依、柳州、渭南、咸阳、辽源等中小城市，以及郫县、乐从镇、搜登站镇等县、镇）；③国内外案例比较研究。

7. 智慧富平建设的必要性与可行性分析。包括：富平概况及相关规划简介、必要性分析、可行性分析、富平信息化典型案例。

8. 智慧富平建设的顶层设计。包括：指导思想、基本原则、建设目标、依托平台、基本框架、建设内容、建设运营模式等。

9. 智慧富平建设的实施路径。包括智慧基础设施建设、信息资源开发利用、智慧产业发展、智慧应用体系建设四个方面。

10. 智慧富平建设的保障机制。主要包括：组织领导、政策支持、决策咨询、开放合作、标准法规、信息安全、人才保障、培训宣传等机制等。

11．结语。

第五节　研究思路

本书以智慧城市为研究对象，以系统思想为指导，综合应用文献研究、理论研究、案例研究、调查研究、比较研究、规范研究等方法，全面回顾梳理国内外智慧城市最新研究成果，系统阐述智慧城市相关理论，深入分析我国及陕西智慧城市建设的实践状况，总结比较国内外智慧城市建设典型案例。在此基础上，论证智慧富平建设的必要性与可行性，提出智慧富平建设的顶层设计、实施路径、保障机制。

第六节　研究方法

1．文献研究。通过中国知网、谷歌学术（或谷粉学术）搜索、百度搜索等互联网工具，广泛搜集智慧城市理论与实践的相关文献并进行系统梳理、总结。

2．理论研究。在文献研究的基础上，系统阐述智慧城市相关理论。

3．调查研究。到富平进行实地调研，通过访谈、问卷等方式获取一手资料，如富平经济社会、信息化发展现状，政府、企业、民众对智慧富平建设的态度和建议等。此外，考察了解咸阳市、宝鸡市、渭南市、延安市、杨凌示范区这些国家智慧城市试点的建设进展情况。

4．案例研究。对国内外智慧城市建设案例进行分析，总结借鉴其成功经验。此外，对富平信息化典型案例进行分析总结。

5．对比研究。对国内外智慧城市的建设背景、范围、模式及路径（重点）进行对比研究。

6．规范研究。在以上研究方法的基础上，提出智慧富平建设的顶层设计、实施路径及保障机制。

第七节　研究框架

本书的研究框架如图1—1所示。

逻辑框架	研究框架	研究方法	章节
导论	导论 研究背景　研究动态　研究意义　研究内容 研究思路　研究方法　研究框架		一
文献回顾	国内外研究文献回顾 国外研究文献回顾　国内研究文献回顾	文献研究	二
理论支撑	智慧城市理论研究 概念内涵　技术参考模型 智慧城市建设　建设理论评价体系	理论研究	三
全国概况	我国智慧城市实践研究 实践进程　发展环境　发展现状 发展趋势　存在问题　策略建议	文献研究 调查研究	四
陕西概况	陕西智慧城市实践概况 实践进程　相关举措　进展情况		五
典型案例	国内外智慧城市建设案例研究 国外案例　国内案例　对比研究	案例研究 比较研究	六
建设论证	智慧富平建设的必要性与可行性分析 富平概况　必要性分析　可行性分析　信息化典型案例	调查研究 案例研究	七
顶层设计	智慧富平建设的顶层设计 指导思想　基本原则　建设目标 依托平台　基本框架　建设内容　建设运营模式		八
实施路径	智慧富平建设的实施路径 智慧基础设施建设　信息资源开发利用 智慧产业发展　智慧应用体系建设	规范研究	九
保障机制	智慧富平建设的保障机制 组织领导　政策支持　决策咨询　开放合作 标准法规　信息安全　人才保障　培训宣传		十
结语	结语		十一

图 1—1　研究框架

第二章　国内外研究文献回顾

第一节　国外研究文献回顾

一　智慧城市理论基础

20世纪90年代国外学者 Graham、Marvin 和 Mitchell 的开创性工作奠定了智慧城市的两大理论基础（Allwinkle, S. & CruIckshank, P. , 2011）。Graham 和 Marvin（1996）在其合著的《电信与城市》中指出，当代（20世纪90年代）城市不仅是由密集的高楼大厦、立体交通网络堆积而成，也不仅作为经济、社会和文化中心而存在，城市作为信息通信技术网络中心的功能需要被（城市规划者）考虑，即时电子信息将充盈城市之间和城市内建筑物之间的所有空间，支撑城市生活的所有方面，这一趋势越来越明显。从此，很多学者着手研究信息通信技术与城市发展、城市规划、城市管理关系，取得了一批重要研究成果。

麻省理工学院 Mitchell 教授认为当前（20世纪90年代）正在全球兴起的数字网络是一种能极大地改变城市面貌的基础设施，这一全新的基础设施将产生新型的社会关系，以此为基础，一种更加智慧化的新型城市将得以创建。他在其所著的数字城市三部曲《比特之城》《伊托邦》《我＋＋：电子自我和互联城市》中，深入探讨了数字网络对未来城市生活的影响，系统阐述了基于信息通信技术的新型城市在经济、社会和文化等方面的内涵与意义。

Allwinkle 等（2011）对 Graham、Marvin 和 Mitchell 的理论做了比较研究，他指出 Graham 和 Marvin 把信息通信技术视作城市的一项关键基础设施（类似于供水、排污、能源等城市系统），Mitchell 则强调利用信息通信技术使城市的基础设施变得更"智慧"而不是又增加一项"硬件"。

二 智慧城市概念内涵

(一) 概念

智慧城市在发展早期有很多名称，如智能走廊（Kenneth Ecorey，2000）、智慧区域（Manuel Pastor，1997）、智慧社区（Kenneth E. Corey，2000）等。Hollands（2008）在这方面进行了深入研究，他指出，在城市背景下，智慧城市虽然明显地暗示某种基于信息通信技术的技术创新活动，但是很多时候又可以指代"电子治理"、"社区学习"、"社会和环境可持续发展"，甚至指代"知识经济"、"创意城市"等。

Hall（2000）认为，智慧城市是一座充分利用智慧材料（微型处理器和视觉系统）监控和整合城市所有关键的基础设施（包括道路、桥梁、隧道、铁路、地铁、机场、海港、通信、水资源、电力、大型建筑），实现优化资源、提供预防性维修活动和安全监控目标的城市。Komninos（2002）认为，智慧城市是指具备以下特征的空间实体：一方面，具备为技术创新（集群创新、组织创新、产品创新和过程创新）提供真实环境的能力；另一方面，这些空间实体所具备的数字化能力可以提高知识和技术的管理水平和扩散速度。Rios（2008）认为，智慧城市是一座能够给市民带来灵感的城市，一座能够让市民分享文化、知识和生活的城市，一座能够激励其市民去创造的城市，一座值得赞赏的城市。Caragliu 等（2009）认为，智慧城市是指城市对人力资本和社会资本的投资以及对传统（交通）和现代（信息通信技术）基础设施的投资，能够为经济可持续增长和高质量生活注入活力，并且能够通过参与治理，智慧地管理自然资源。Kanter 等（2009）认为，智慧城市把信息融入基础设施，以实现：提高便利性、促进流动性、提高效率、节约能源、提高空气和水的质量、识别问题和快速维护、快速灾难恢复、更好决策、高效率配置资源、促进合作。Andrea Caragliu 等（2009）认为，智慧城市是通过参与式治理，对人力资本、社会资本、传统和现代的通信基础设施进行投资，促进经济的可持续增长、提高居民生活质量以及对自然资源明智的管理。Toppeta（2010）认为，智慧城市将信息通信技术和网络 2.0 技术与城市组织、规划、计划等公共服务职能有机结合，使城市官僚办事流程虚拟化从而提高效率，使复杂城市问题获得创新的解决方法，以达到提高城市可持续性和宜居性的目的。Lombardi 等（2012）认为，智慧城市投资于以现代信息通信技术为基础的人力和社会资本，（该类投资）能够支撑城市经济增长，能够搭建财富创造平台，进而提高生活质量。

欧洲智慧城市组织 Smart Cities（2007）认为，智慧城市是建立在禀赋、自我决定活动、公民意识的智慧结合基础上，能够使城市运行在以下六个方面（经济、市民、治理、流动、环境和生活）具备前瞻性。美国独立研究机构 Forrester（2010）认为，智慧城市就是通过智慧的计算技术为城市提供更好的基础设施与服务，包括使城市管理、教育、医疗、公共安全、住宅、交通及公用事业更加智能、互通与高效。美国自然资源保护委员会 NRDC（2010）认为，智慧城市是使自己变得更加"智慧"——更加高效、更可持续、更加公平、更加宜居。该概念强调城市环境的可持续发展。

（二）特征

IBM（2010）认为，智慧城市需要具备四大特征：全面感测——遍布各处的传感器和智能设备组成"物联网"，对城市运行的核心系统进行测量、监控和分析；充分整合——"物联网"与互联网系统完全连接和融合，将数据整合为城市核心系统的运行全图，提供智慧的基础设施；激励创新——鼓励政府、企业和个人在智慧基础设施之上进行科技和业务的创新应用，为城市提供源源不断的发展动力；协同运作——基于智慧的基础设施，城市里的各个关键系统和参与者进行和谐高效地协作，达成城市运行的最佳状态。

Caragliu，A.（2009）等认为智慧城市是通过参与治理实现的发展模式，其蕴含的主要特征是网络系统的叠加，高密度智慧技术融入，大跨度智慧产业投建，高规格智慧服务实现等。Harrison，C.（2010）认为智慧城市的基础是感知化、物联化、智能化。Sotiris Zygiaris（2013）提出了一个包含绿色、互联、物联化、开放、集成、智能和创新等要素的智慧城市参考模型，并通过巴塞罗那、爱丁堡、阿姆斯特丹三个智慧城市的案例研究验证了该模型的完整性。智慧城市规划者可以运用这个模型对智慧城市进行总体布置。

（三）目标愿景

M. Batty 等（2012）描述了智慧城市未来愿景所要实现的七个目标，预测了可能面临的六个方面的挑战，提出了当前需要重点建设的七个领域。Gerhard Schmitt（2013）认为，智慧城市建设的目标是在未来实现城市的可持续性和弹性，并基于空间维度，从定性和定量两个方面，提出未来城市的几何模型。

（四）作用意义

Gregory（2009）分析了智慧城市这个新的生态系统，提出智慧城市关联本地社区的增长、效率、生产力及竞争力等。Sam Allwinkle 和 Peter Cruickshank（2011）分析了建设智慧城市对于城市发展的重要意义，认为主要城市所面临的挑战，是它们智慧化的驱动器。Caragliu 等（2011）指出，智慧城市将对智力和社会资本、包含传统交通和现代信息通信技术的基础设施的投入作为支撑经济可持续增长的动力，并通过参与式治理对上述资本及自然资源进行智能化管理，进而实现高质量的宜居生活。Campbell（2012）认为，智慧城市基于物联网、云计算等新一代信息技术以及维基、社交网络、FabLab、LivingLab、综合集成法等工具和方法的应用，营造有利于创新涌现的生态。智慧城市建设有助于提升整体社会的创造力。智慧城市促进城市和区域不断学习和创新，并强化了城市之间的联系网络。Renata 和 Camille（2014）认为，利用信息和通信技术（ICT）使城市生活更加智能，高效利用资源，带来成本和能源的节约，改进服务和生活质量。城市的智能工程和项目可以有效地改善城市空间的生活质量，并促进文化和经济的发展。Chourabi 和 Nam（2012）认为，智慧城市不仅通过改变基础设施来为居民提供更加高效的服务，同时带来社会经济创新能力的提升，以及城市与区域空间的改变。智慧城市提供了一个系统性认识城镇化概念的机会，并将可持续发展理念融入城市发展当中。XI Guangliang 和 ZHEN Feng（2014）认为，智慧城市对于提高城镇化发展质量，促进城市社会经济可持续发展具有重要作用，新型城镇化发展是智慧城市建设的重要方向。NIU Wenyuan（2014）认为，智慧城市具备了智能识别、技术创新、时空压缩和智慧管理等功能。

三　智慧应用与技术方案

Su, K. 等（2011）基于文献研究，对数字城市和智慧城市的关系进行总结，提出了智慧城市应用系统的内容，以及建设智慧城市的重要性和困难。Paolo Neirotti 等（2014）对智慧城市应用领域进行分类，并提出了一个综合的智慧城市概念。Jungwoo Lee 和 Hyejung Lee（2014）通过分析市场营销与服务文献，提出（并经过实践验证）一个基于市民视角而非官僚视角，包括四个要素（服务采用技术、服务提供方、服务目的、服务模式）的智慧城市服务分类框架。

Anna Kramers 等（2013）探讨了在城市中如何应用 ICT 技术减少能源消耗。建立了一个分析框架，在这个框架中，每类家庭事务都和一个能够减少能源消耗的 ICT 技术方案相对应。Nasrin Khansar（2014）等应用认知和学习等社会科学理论，结合系统思维，建立了一个概念模型 CLIOS（Complex，Large – scale，Interconnected，Open，Sociotechnical），用来探讨智慧城市技术对家庭能源消费行为变化的影响。Katarzyna Nowicka（2014）探讨了云计算模式下的智慧城市物流，认为云计算模式对设计城市物流基础设施非常适合，因为它能够轻松地适应不停变化的交通需求。

四　智慧城市发展策略

Nicos Komninos（2008）对智慧城市建设的基本条件进行了研究。他认为信息化是智慧城市的立足点，其建设是基于该地区居民的创造力、知识创造制度以及为通信和知识管理服务的数字基础设施之上的。因而建设智慧城市首先要完成智慧基础设施铺设，随后方能通过互联网完成信息合成和实用性转化，最终达到智慧城市建设的良性促进，提升城市社会、经济、文化发展。Paskaleva，K. A.（2009）基于文献分析和欧洲 12 个城市的广泛调查研究，面向未来智慧城市，对欧洲电子政务提出一系列建议。Jepson，E. J. Jr. 和 Edwards，M. M.（2010）讨论了智慧增长及生态城市的定义、发展途径和 14 条可持续发展的原则，分析了智慧增长及生态的城市对争取更加可持续的发展模式的影响。Nam，T.（2011）基于 3 个维度（技术、人、制度），提出智慧城市建设的基本原则：基础设施的集成，科技支撑的服务，强化人力基础的社会学习，治理制度的改进提升以及公众的积极参与。Alawadhi，S. 等（2012）基于对美国费城市、西雅图市，加拿大魁北克市、墨西哥墨西哥市 4 个北美城市官员和管理者的半结构化访谈，结合大量的不同学科的文献分析，提出了包括管理和组织、技术、治理、政策环境、人和社区、经济、建造好的基础设施、自然环境等 8 个关键要素的智慧城市建设框架。Margarita Angelidou（2014）综合研究文献和实践，基于空间参照方法将智慧城市的发展策略分为 4 类，并列出各自的优、缺点以及对应应用城市案例。Violino（2014）以美国三个智慧城市为例，阐述了如何解决数据安全保护、用户隐私保证、多部门合作问题等。Weisi FU、Ping PENG（2014）认为，智慧城市是一个复杂、开放的巨型系统，可以用钱学森提出的复杂系统处理理论——集成方法，来管理智慧城市。基于此观点，笔者建立了一个基于综合集成方法的智慧城市管理模型。

五　智慧城市评价体系

2007 年 10 月，以维也纳理工大学 Rudolf Giffinger 教授为首的研究小组，从智慧人群、智慧经济、智慧治理、智慧流动、智慧环境、智慧生活等 6 大层面出发，构建了包含 31 项二级指标、74 项三级指标的智慧城市评价体系；进而在对指标体系进行标准化变换与加总后，对 70 个欧洲中等规模智慧城市的发展水平进行了测算与排名。结果表明，瑞典、芬兰等北欧国家以及荷兰、比利时、卢森堡、奥地利城市智慧程度较高。

IBM 公司于 2009 年 8 月发布了《智慧的城市在中国》白皮书，提出智慧城市建设应该基于人（公共安全、医疗教育与生活质量）、商业（商业计划、对外开放、投资、劳工立法、产品市场立法等）、运输（公共交通网络、海运和空运）、通信（电子通信的基础架构，如电话、宽带和无线网络）、水（水的循环、供应与清洁）和能源（生产、运输体系与废弃物处理）等 6 大核心系统，并指出这些系统的有效性、高效性和安全性是决定一个城市如何顺利运作和实现城市发展目标的关键所在。这 6 大系统的划分为构建智慧城市一级评价指标体系提供了有益参考。

美国自然资源保护委员会 NRDC（2010）提出智慧城市评价体系包括以下智慧要素：能源、交通、水资源、绿色建筑、废物预防、食品安全、空气质量、绿色空间、环境公平、生活水平、智慧增长。其把城市按照人口数量分成大、中、小型城市，每个类别根据得分高低选出智慧城市。2010 年共有 22 个城市入选智慧城市名单，其中奥斯丁、伯克利、比弗顿分列大、中、小型智慧城市第一名。

国际智慧城市组织 ICF（Intelligent Community Forum）作为一个长期关注智慧城市发展的智囊团，以智慧社区建设为核心进行智慧城市的研究，寻求智慧城市的最佳实践，以期推动城市的可持续发展。ICF 主要从宽带连接、知识型劳动力、创新、数字融合、社区营销与宣传等 5 个方面去评价智慧社区的发展水平，并于 2012 年 1 月公布了"2012 全球顶尖 7 大智慧社区"入选名单，美国得克萨斯州奥斯汀、芬兰奥卢、加拿大魁北克、美国加州滨江、加拿大圣约翰、加拿大斯特拉特福与中国台湾台中市并列全球顶尖 7 大智慧城市。

我国台湾地区从 1998 年起就开始进行智慧城市建设，其中台北地区曾荣获世界通信协会全球智慧城市首奖，因而智慧台湾评价指标体系具有一定的学习和研究价值。该指标体系包括工作和效益两大系列、6 个一级指标，分别为宽频汇流网络、文化创意产业、优质网路政府、贴心生活应用与产业、公平数位机会、人才培育。每个一级指标都包含一个以上的二级指标，每项二级指标都包括了 2008 年现状值、2012 年预期值及 2016 年预期值。虽然该指标体系没有明确提出三级指标，但是在智慧台湾实施战略中，每一个二级指标的落实规划都包含了多项工程。智慧台湾绩效指标体系将待评估指标拆分成投入工作与产出效益两部分进行评价。

Kourtit 等（2008）提出智慧城市评价体系包括以下智慧要素：先进的商业和社会文化吸引力、劳动力和市政设施表现力、尖端的电子服务使用情况。其基于自组织地图方法，运用 11 个指标，对欧洲 9 个智慧城市在 1999—2002 年和 2003—2006 年期间的表现情况进行了评价，结果显示 9 个城市都在进行细微的演进，其中 6 个城市呈现出"俱乐部收敛"（Club Convergence）现象。

Lombardi 等（2010）提出智慧城市评价体系包括以下智慧要素：大学、产业、政府、学习、市场、知识。其基于网络分析方法，运用 46 个指标对欧洲北海地区 9 个城市进行了评价，结果显示，没有城市可以在"大学—产业—政府"和"学习—市场—知识"两个维度上同时得高分。

Lazaroiu 等（2012）提出智慧城市评价体系包括以下智慧要素：智慧经济、智慧治理、智慧环境、智慧能源和流动。其基于模糊数学评价方法、雷达图分析法运用 18 个指标评价了 10 个意大利城市的表现情况，其中，帕维亚、贝加莫、科摩排名前三。

六　智慧城市案例、比较及定量研究

（一）智慧城市案例研究

Caves、Walshok（1999）基于知识经济视角研究了美国加利福尼亚州智慧城市建设情况，并指出美国的城市管理者们正试图利用信息通信技术武装市民，使他们在知识经济时代更快地获得竞争优势，更容易地获得公共服务，更好地获得高质量生活品质。Tuba Bakıcı 等（2013）对巴塞罗那的智慧城市案例进行了分析，研究结果表明巴塞罗那正在有效地实施智慧城市建设策略，并有望成为世界智慧城市的典范。

（二）智慧城市比较研究

Komninos（2002）基于创新视角研究了智慧城市与数字城市的区别，他认为智慧城市使地区（社区、邻域、城市、区、区域）一方面有支持自主学习、技术开发和创新过程的能力；另一方面利用数字空间和信息处理，有支持知识转化的能力。从这个意义上讲，数字城市不一定是智慧城市，但是智慧城市首先必须是一个数字城市。Jung Hoon Lee 等（2013）基于案例研究和文献分析，提出了一个包括 6 个要素的案例分析框架，用来比较旧金山和首尔的智慧城市实施。研究发现，有效的、可持续发展的智慧城市的出现，是公有部门和私有部门在一个开放创新平台上进行动态合作（包括资源合作和活动合作）的结果。

（三）智慧城市定量研究

Andrea Caragliu（2010）运用数据分析，得出创新能力这一因素对建设智慧、可持续发展的城市起着重要作用。Shapiro，J. M.（2011）等通过人力资本对城市发展的作用进行研究，结果表明两者之间有显著关系。从学会学习、适应创新的角度出发，城市将会朝着更加智慧的方向建设。John V. Winters（2011）探讨了智慧城市发展与美国高等教育、州人口的关系，论证了高等教育发展与智慧城市发展的正相关性以及智慧城市的发展对州整体人口增长的影响。George Cristian Lazaroiu（2012）应用模糊逻辑方法定义了一个评估模型，用来计算智慧城市指数，有助于智慧城市建设前的政策制定和实施时的方案选择。Paolo Neirotti 等（2014）通过回归分析揭示了智慧城市的演变模式高度依赖于城市的本地因素（经济发展、城市结构、地理位置、人口密度）。

第二节　国内研究文献回顾

一　智慧城市综合研究

综合研究覆盖主题较广，研究者主要是国内智慧城市研究的权威机构和人士。

上海社会科学院信息研究所（2011）出版了两本著作《智慧城市辞典》和《智慧城市论丛》，介绍了智慧城市的相关概念、技术以及国内外智慧城市建设实践情况，是国内较早系统介绍智慧城市理论和实践的文献。胡小明（2011）从辨析智慧城市、智能城市、数字城市等概念的本质属性及其之间的联系入手，厘清了智慧城市中智慧（smart）的本义强调的是"灵敏、快速反应能力"，进而阐释了中国特色智慧城市的建设要领和易走入的误区；论述了智慧城市规划中信息化的"复杂性问题和不确定性问题"及其解决思路；论述了规划智慧城市的战略视角、思维方法和战略重点；详述了智能城市的规划与顶层设计；指出了政府在智慧城市长远发展中的作用，对中国智慧城市建设提出了合乎逻辑的建议。

李德仁、姚远、邵振峰（2012）介绍了从数字城市到智慧城市的发展趋势，阐述了智慧城市的概念及其相关支撑技术，探讨了智慧城市的内涵，总结了智慧城市的特征，归纳了智慧城市在当前城市建设中可开展的应用，并指出智慧城市的建设可以为城市提供更智能化的服务和更安全的技术保障，同时，剖析了智慧城市中存在的信息组织无序、安全、共享及产权等问题，并从标准、法律、技术和应用等方面提出了有效的对策，为智慧城市的建设提供可靠和有效的探索，最后展望了更加安全、高效的智慧城市美好前景。张永民（2012）全面梳理了智慧城市的定义、内涵、框架体系及发展历程，并从"智慧中国"的概念提出、发展模式（包括总体目标、基本特征、整体框架、基本架构、内在结构、主要内容、应用项目等）、关键技术、系统工程、建设对策、建设基础、发展趋势等方面入手，初步设计出"智慧中国"的建设蓝图。杨冰之、郑爱军（2012）在《智慧城市发展手册》一书中对智慧城市的各方面问题进行了较为系统的梳理，从基本概念、技术架构、应用体系、智慧产业、建设运营直到国内外实践案例都进行了论述，其涵盖的知识体系较为全面，内容几乎涉及当前我国智慧城市建设领域的主要问题。陆伟良等（2012）分析了智慧城市的发展历程、阐述了智慧城市的概念，提出了智慧城市的整体架构，研究了智慧城市的建设内容及关键技术，探讨了对智慧城市建设的未来展望。许晶华（2012）理清智慧城市建设思想的起源与特征，阐述了智慧城市建设的技术基础及其应用，比较了我国28个智慧城市建设起步阶段的成效，提出了我国智慧城市建设目前需要解决的关键问题以及未来发展的目标和方向。吴宇迪（2012）介绍智慧城市的内涵和发展，分析我国智慧城市建设的基础、必要性、建设进程和建设中遇到的问题，并提出我国智慧城市未来研究和发展的理论体系、建设标准、发展路径思路。

张少彤、王芳、王理达（2013）在阐述智慧城市发展背景的基础上，从智慧城市的发展理念、路径等层面深入解析了智慧城市的内涵与阶段性特点，总结和分析了中国智慧城市建设的发展现状、实践经验与存在问题，并勾勒和论述了智慧城市的未来发展趋势。王广斌、张雷、刘洪磊（2013）分析了智慧城市发展的背景和内涵，重新梳理了对 ICT、学科交叉与战略意义的再理解，比较了国内外智慧城市在建设愿景、基础设施、战略规划、政府治理与协同、建设模式和评价体系等方面的异同，指出了现阶段理性建设智慧城市的重点。

二 智慧城市概念内涵

（一）概念

1. IBM 观点

作为"智慧地球"的提出者，IBM（2010）认为，城市由关系到城市主要功能的不同类型的网络、基础设施和环境六个核心系统组成：组织（人）、业务/政务、交通、通信、水和能源。这些系统不是零散的，而是以一种协作的方式相互衔接。而城市本身，则是由这些系统所组成的宏观系统。21 世纪的"智慧城市"，能够充分运用信息和通信技术手段感测、分析、整合城市运行核心系统的各项关键信息，从而对于包括民生、环保、公共安全、城市服务、工商业活动在内的各种需求做出智能的响应，为人类创造更美好的城市生活。

2. 学者观点

巫细波、杨再高（2010）认为，智慧城市是以一种更智慧的方法通过利用以物联网、云计算等为核心的新一代信息技术来改变政府、企业和人们相互交往的方式，对于包括民生、环保、公共安全、城市服务、工商业活动在内的各种需求做出快速、智能的响应，提高城市运行效率，为居民创造更美好的城市生活。吴胜武等（2010）认为，智慧城市是一种更为智慧的方法，通过新一代的信息技术来改变政府、社区或公司和人们交互的方式，以提高交互的明确性、效率、灵活性和响应速度。通过城市空间信息基础设施与城市空间设施等的结合，使得政府、社区或企业、城市居民做出更明智的决策。王辉、吴越、章建强（2010）认为，智慧城市的核心思想是充分运用信息技术手段，全面感测、分析、整合城市运行核心系统的各项关键信息并对城市管理和服务、工商业活动、居民生活等各层次需求做出智能响应，为城市管理部门提供高效的城市管理手段，为企业提供优质服务和广阔的创新空间，为市民提供更好的生活品质。

国家级专家、中国信息界专家委员会委员张永民（2011）认为，智慧城市是智慧地球的体现形式，是数字城市建设的延续，也是城市信息化发展到更高阶段的必然产物。同时，智慧城市是一种看待城市的新角度，是一种发展城市的新思维。智慧城市的理念提供了城市创新发展的新思路，开辟了认识城市、发展城市的新视角，其本质是以物联网为重要基础之一，以先进信息技术、智能技术和多网融合为依托，以智慧技术、智慧产业、智慧服务、智慧管理、智慧人文、智慧生活等为重要内容的城市发展新模式和新形态。李重照、刘淑华（2011）认为，智慧城市是对现代城市治理理念的创新，是在充分合理利用ICTs的基础上，将物联网与互联网系统完全连接和融合；在缩小数字鸿沟、促进信息共享的基础上，通过参与式治理，让决策者更智慧地管理城市、保护环境，更合理地利用和分配人力资本、社会资本和自然资源。促进城市经济增长和维持城市的可持续发展，提供更完善的公共服务，不断提升居民生活的质量，促进社会各阶层的平等。

吴余龙、艾浩军（2011）认为，智慧城市的基本内涵是以推进实体基础设施和信息基础设施相融合，构建城市智能基础设施为基础；以新一代信息通信技术在城市经济社会发展各领域的充分运用为主线，以最大限度开发、整合和利用各类城市信息资源为核心；以为居民、企业和社会提供及时、互动、高效的服务为手段；以提高城市运行管理和综合服务水平、改善居民生活质量、提升政府行政效能、增强城市综合竞争力和品牌影响力为目标；通过智能的解决方案，实现智慧的感知、建模、分析、集成和处理，以更加精细和动态的方式提升城市管理、城市运行和城市生活水平，从而使城市达到前所未有的高度"智慧"状态。李德仁（2011）认为，数字城市＋物联网＋云计算＝智慧城市。智慧城市是数字城市与物联网、云计算相结合的产物，包含智慧传感网、智慧控制网和智慧安全网。智慧城市与智慧电网、智慧油田、智慧企业等，都是构成智慧地球的重要组成部分。智慧城市的理念是把传感器装备到城市生活中的各种物体中形成物联网，并通过超级计算机和云计算实现物联网的整合，从而实现数字城市与城市系统整合。通过智慧城市，可以实现城市的智慧管理及服务。智慧城市应具备以下4个特征：第一，智慧城市包含物联网。第二，智慧城市面向应用和服务。第三，智慧城市与物理城市融为一体。第四，智慧城市能实现自主组网、自主维护。

天津社会科学院城市经济研究所陈柳钦（2011）认为，智慧城市是以互联网、物联网、电信网、广电网、无线宽带网等网络组合为基础，以智慧技术高度集成、智慧产业高端发展、智慧服务高效便民为主要特征的城市发展新模式。余红艺（2012）在其主编的《智慧城市：愿景、规划与行动策略》一书提出，智慧城市是指充分利用现代信息技术，汇聚人的智慧，赋予物以智能，智慧的人与智能的物互存互动、互补互促，进而实现社会经济效益最大化的城市发展新模式。

中国航天科工集团智慧城市专家李伯虎（2012）认为，智慧城市是指在城市发展过程中，在城市基础设施、资源环境、社会民生、经济产业、市政管理等领域中，充分利用物联网、互联网、云计算、高性能计算、智能科学等新兴信息技术手段，对城市居民生活工作、企业经营发展和政府行使职能过程中的相关活动与需求，进行智慧地感知、互联、处理和协调，使城市构建成为一个由新技术支持的涵盖市民、企业和政府的新城市生态系统，为市民提供一个美好的生活和工作环境，为企业创造一个可持续发展的商业环境，为政府构建一个高效的城市运营管理环境。

李海俊、芦效峰、程大章（2012）认为智慧城市是智慧地球的体现形式，是数字城市建设的延续，也是城市信息化发展到高阶段的必然产物。同时，智慧城市是一种看待城市的新角度，是一种发展城市的新思维。智慧城市的内涵很广泛，至少包括三大网络：一是物质网络，以物联网为代表；二是信息网络，以云计算为核心；三是能量网，以智能电网为主线。智慧城市是以互联网、物联网、电信网、广电网、无线宽带网等网络组合为基础，以智慧技术高度集成、智慧产业高端发展、智慧服务高效便民为主要特征的城市发展新模式，同时其大规模应用也将成为未来新的经济增长点。智慧化是继工业化、电气化、信息化之后，世界科技革命又一次新的突破。利用智慧技术，建设智慧城市，是当今世界城市发展的趋势和特征。

国家信息中心信息化研究部副主任、中国智慧城市发展研究中心秘书长单志广（2014）认为智慧城市是以推进实体基础设施和信息基础设施相融合、构建城市智能基础设施为基础，以物联网、云计算、大数据、移动互联网等新一代信息技术应用在城市经济社会发展各领域的充分运用、深度融合为主线，以最大限度地开发、整合、融合、共享和利用各类城市信息资源为核心，以为居民、企业和社会提供及时、互动、高效、智能的信息服务为手段，以促进城市规划设计科学化、基础设施智能化、运行管理精细化、公共服务普惠化和产业发展现代化为宗旨，通过智慧的应用和解决方案，实现智慧的感知、建模、分析、集成和处理，以更加精细和动态的方式提升城市运行管理水平、政府行政效能、公共服务能力和市民生活质量，推进城市科学发展、和谐发展，是信息化发展进入深水区后城市创新发展的新境界。

此外，胡小明（2011）认为智慧城市是信息化应用取得良好效益的知识型城市，但并不局限于信息化，而是城市整体发展的智慧。杨冰之（2011）认为智慧城市是城市信息化的3.0，是基础设施高端、管理服务高效、产业生机勃勃、环境智慧友好、未来特质明显的新型城市形态。

3. 机构观点

中国通信学会智慧城市论坛（2012）认为，智慧城市是以"发展更科学，管理更高效，生活更美好"为目标，以信息技术和通信技术为支撑，通过透明、充分的信息获取，广泛、安全的信息传递，有效、科学的信息处理，提高城市运行和管理效率，改善城市公共服务水平，形成低碳城市生态圈，而构建的新形态城市。

国脉互联（2012）认为，智慧城市是人类文明的集中体现和综合应用，是当代城市发展的崭新模式，也是城市信息化发展的高级阶段。是在数字城市的基础上，将物联网作为另一重要基础设施，运用信息技术，增进人与物之间的互动能力，以提升城市的智能化程度。

中国电子技术标准化研究院（2013）认为，智慧城市是当前城市发展的新理念和新模式。智慧城市以改善城市人居环境质量、优化城市管理和生产生活方式、提升城市居民幸福感受为目的，是信息时代的新型城市化发展模式，对于城市实现以人为本、全面协调可持续的科学发展具有重要意义。智慧城市的核心驱动力是通过深度的城市信息化来满足城市发展转型和管理方式转变的需求，其基本内涵是：以推进实体基础设施和信息基础设施相融合、构建城市智能基础设施为基础，以物联网、云计算、大数据、移动互联网等新一代信息通信技术在城市经济社会发展各领域的充分运用为主线，以最大限度地开发、整合和利用各类城市信息资源为核心，以为居民、企业和社会提供及时、互动、高效的信息服务为手段，以全面提升城市规划发展能力、提高城市公共设施水平、增强城市公共服务能力、激发城市新兴业态活力为宗旨，通过智慧的应用和解决方案，实现智慧的感知、建模、分析、集成和处理，以更加精细和动态的方式提升城市运行管理水平、政府行政效能、公共服务能力和市民生活质量，推进城市科学发展、跨越发展、率先发展、和谐发展，从而使城市达到前所未有的高度"智慧"状态。

4. 实施企业观点

中国联通（2012）认为，智慧城市是充分利用信息化相关技术，通过监测、分析、整合以及智能响应的方式，综合各职能部门，整合优化现有资源，提供更好的服务、绿色的环境、和谐的社会，保证城市可持续发展，为企业及大众建立一个优良的工作、生活和休闲的环境。

航天科工（2012）认为，智慧城市是指在城市发展过程中，在城市基础设施、资源环境、社会民生、经济产业、市政治理领域中，充分利用物联网、互联网、云计算、IT、智能分析等技术手段，对城市居民生活工作、企业经营发展和政府行政管理过程中的相关活动，进行智慧感知、分析、集成和应对，为市民提供一个更美好的生活和工作环境，为企业创造一个更有利的商业发展环境，为政府构建一个更高效的城市运营管理环境。智慧城市的核心是构建智慧型城市运行生态系统和城市产业生态系统。

华为公司（2013）认为，智慧城市是充分利用数字化及相关计算机和手段，对城市基础设施与生活发展相关的各方面内容进行全方面的信息化处理和利用，具有对城市地理、资源、生态、环境、人口、经济、社会等复杂系统的数字网络化管理、服务于决策功能的信息体系。

5. 城市观点

宁波提出，智慧城市是以互联网、物联网、电信网、广电网、无线宽带网等网络的多样化组合为基础，更加广泛深入地推进基础性与应用型信息系统开发建设和各类信息资源开发利用，把已有的各种生产要素优化组合，从而以更加精细和动态的方式管理生产和生活，形成技术集成、综合应用、高端发展的现代化、网络化、信息化、智能化城市。智慧城市具有更全面灵活的物与物、物与人、人与人的互联互通和相互感知能力，更高效安全的信息处理和信息资源整合能力，更科学的监测、预警、分析、预测和决策能力，更高水平的远距离控制执行和智能化执行能力，更协调的跨部门、多层级、异地点合作能力，以及更强的创新发展能力，是以智慧技术、智慧产业、智慧人文、智慧服务、智慧管理、智慧生活等为重要内容的城市发展的新模式。

深圳提出，智慧城市是指充分借助物联网、传感网，涉及智能楼宇、智能家居、路网监控、智能医院、城市生命线管理、食品药品管理、票证管理、家庭护理、个人健康与数字生活等诸多领域，把握新一轮科技创新革命和信息产业浪潮的重大机遇，充分发挥城市信息通信产业发达、RFID 相关技术领先、电信业务及信息化基础设施优良等优势，通过建设城市信息通信基础设施、认证、安全等平台和示范工程，加快产业关键技术攻关，构建城市发展的智慧环境，形成基于海量信息和智能过滤处理的新的生活、产业发展、社会管理等模式，面向未来构建全新的城市形态。

南京提出智慧城市是城市发展的全新理念，是一个智慧基础设施先进、信息网络通畅、智慧技术应用普及、生产生活便捷、城市管理高效、公共服务完备、生态环境优美、惠及全体市民的城市。

上海浦东提出，智慧城市是指综合利用各类信息技术和产品，以"数字化、智能化、网络化、互动化、协同化、融合化"为主要特征，通过对城市内人与物及其行为的全面感知和互联互通，大幅优化并提升城市运行的效率和效益，实现生活更加便捷、环境更加友好、资源更加节约的可持续发展的城市。建设智慧城市，实现以"智慧"引领城市发展模式变革，将进一步促进信息技术在公共行政、社会管理、经济发展等领域的广泛应用和聚合发展，推动形成更为先进的区域发展理念和城市管理模式。

（二）作用意义

巫细波、杨再高（2010）认为，建设智慧城市的作用有四点：有利于提升城市运行效率；有利于催生大规模新兴产业；有利于引发新一轮科技创新；有利于创造更美好的城市生活。张永民（2011）认为，智慧城市不仅可以改变个人信息生活的质量，还可运用于城市公共安全、制造生产、环境监控、智能交通、智能家居、公共卫生、健康监测、金融贸易等多个领域，可以让各种资源的效用发挥到最大化，能够大大促进企业降本增效，使得政府提高公共服务能力和城市管理效率。辜胜阻、王敏（2012）认为，发展智慧城市是提高城镇化质量、推进内涵型城镇化建设的重要举措；发展智慧城市有利于培育和发展战略性新兴产业，创造新的经济增长点；发展智慧城市有利于推动经济发展方式转型和生活方式变革；发展智慧城市有利于抢占未来科技制高点，提升城市核心竞争力。芦效峰、李海俊、程大章（2012）认为，智慧城市可以促进城镇化模式的转变；智慧城市可以全面提高城市发展中政府提供公共服务的能力；智慧城市有助于城市治理模式的变革；智慧城市可以促进城市经济的发展。

三　智慧城市应用、技术、安全、标准、评价体系

（一）智慧城市应用体系

IBM（2009）认为智慧城市的应用体系应与城市面临的困境相结合，因此提出了智慧交通、智慧公共事业、智慧水资源、智慧建筑、智慧公共安全、智慧管理和城市智慧中心这六大应用。吴胜武、闫国庆（2010）在《智慧城市——技术推动和谐》一书中将智慧城市建设主要应用领域分为智慧政府、智慧医疗、智慧教育、智慧交通、智慧安全、智慧能源、智慧企业、智慧社区、智慧公共服务、智慧物流等十个领域。

吴余龙、艾浩军（2011）在《智慧城市——物联网背景下的现代城市建设之道》一书中，将智慧城市的应用分为四大类别14个子项目，即市政设施类（智慧交通、智慧市政管理、智慧节能）、公共服务类（智慧政务、智慧医疗、智慧文化教育）、社会管理类（智慧社区、智慧公共安全、智慧环保、智慧食品药品安全）、产业发展类（智慧产业、智慧物流、电子商务、智慧旅游）。钱志新（2011）在《大智慧城市——2020年城市竞争力》一书中认为智慧城市应重点建设的应用领域，包括：智慧交通、智慧电力、智慧金融、智慧汽车、智慧医院、智慧学校、智慧企业、智慧农庄、智慧家庭及智慧社区等十个领域。

岳梅樱（2012）在《智慧城市实践分享系列谈》一书中为智慧城市应用项目建设设计了各自的解决方案包括：智慧水管理、公共安全管理、智慧交通、智慧医疗之慢性病管理、智慧教育的职业人才培养方案、智慧商务、智慧港航、智慧建筑等。智慧城市实施企业华越力合（2013）认为，智慧城市建设的主要应用功能主要包括智能交通系统、智慧电网系统、智慧建筑系统、城市指挥中心、智慧医疗、城市公共安全、城市环境管理、政府公共服务等八个方面。

（二）智慧城市技术体系

张永民（2010）系统介绍了智慧技术和智慧信息系统，论述了城市

信息化新构架；又从市长决策支持系统、智慧技术与交通管理、人口与土地资源管理、社区等四个方面，解析了智慧技术与城市管理。吴胜武、闫国庆（2010）在《智慧城市——技术推动和谐》一书中将智慧城市建设主要技术分为：网络技术、数据存储与数据挖掘、遥感技术与监测系统、可视化与虚拟实现技术等。吴余龙、艾浩军（2011）在《智慧城市——物联网背景下的现代城市建设之道》一书中将智慧城市的核心技术分为：物联网、云计算、增强现实、数据融合、数据清洗、空间信息格、泛在网及无标签的识别等技术。

王世伟（2012）在《智慧城市辞典》中指出，智慧技术，即智慧城市建设中所运用的先进信息技术，包括5个方面的内容：①泛在网，如泛在计算、无所不在的连接、无线网络、全球定位系统、数据监控和获取系统等；②物联网，如感知计算、情景智能、射频技术、泛在定位、动态数据标准化平台等；③互联网，如城市信息基础设施、宽带、光纤、中国下一代互联网示范工程、百兆到户、三网融合、移动互联网等；④云计算，如服务器虚拟化、云计算中心等；⑤信息安全，如信息安全保障体系、网络安全等。芦效峰、景培荣（2012，2013）认为，建设智慧城市的必要支撑技术主要包括通信技术、云计算技术、物联网技术、软件工程、GIS技术、建筑信息模型（BIM）、信息安全技术等，并对每一种技术进行了详细的阐述。

杨正洪（2014）出版了相应专著《智慧城市——大数据、物联网和云计算之应用》，对智慧城市建设的支撑技术（云计算、大数据、物联网）做了系统梳理并运用案例进行介绍。朱亚杰、李琦、冯逍（2014）探讨建立基于大数据技术的智慧城市技术体系框架，对其进行了较为详细的阐述，并通过实际应用案例验证了该技术体系框架的可行性。吴志强、柏旸（2014）以阿姆斯特丹、巴黎、柏林等10个欧洲城市的200余项技术实践为例，从中提炼出45项成熟技术，分智慧网络、智慧物品以及智慧服务三个类别；以此为基础，对技术类型、应用领域等特征进行分项解析，得出智慧技术的主要应用领域，运用最为普遍的技术以及推广智慧应用技术最为积极的城市。最后对上述三类技术归纳汇总，并列举了若干具有典型意义的技术推广实例。顾磊、王艺（2014）认为，关键技术的突破和相关技术的综合运用才能推动智慧城市建设的深入开展和演进。探讨了城市智能管理运行架构、城市泛在感知设施、机器通信能力提升技术、数据共享和活化技术等关键技术。

此外，武汉大学袁远明博士（2012）以武汉市智慧城市及其重点工程市行政服务中心的需求、规划、实施、运营为课题背景，对城市数据中心的云计算资源调度、城市感知网的架构与中间件设计和城市关联数据的组织与应用三个方面的关键技术进行了深入研究。在分析智慧城市信息系统需求的基础上，首先建立基于演化算法的云计算虚拟资源调度模型，然后提出城市感知网的技术体系与实现方法，最后提出针对海量感知数据的关联政府数据组织与应用方法。

（三）智慧城市安全体系

陈如明（2012）认为，智慧城市涉及泛在感知—物联/传感网的加入及各类 IP 型多元异构网络的协同融合工作，其安全问题更显复杂与突出。文章指出了应对智慧城市安全问题的必要性和难点，提出从保障泛在感知—物联/传感网的安全、防范黑客攻击、提高 IP 安全性、云安全防护以及双网方式增强网络可靠性等方面入手应对智慧城市的安全问题。

（四）智慧城市标准体系

陆伟良等（2013）从编制国家智慧城市标准的历史背景出发，指出编制国家智慧城市标准体系应体现中国特色。重点介绍了国家智慧城市标准体系的组成，提出了标准体系建设的五个阶段，即认知、互通、平衡、自洽、辩证阶段，可为国家智慧城市标准体系的编制提供参考。关欣、雷鸣宇、李健（2013）总结分析了国际和国内智慧城市标准化情况，给出了较为全面的国内外智慧城市标准化研究现状视图。在此基础上，进一步提出了一种科学的、全面的、符合智慧城市发展要求和特性的智慧城市标准体系架构，并对架构中每项标准的研究内容和研究现状进行详细论述。任冠华、宋刚（2014）在对智慧城市建设国内外现状进行分析研究的基础上，指出其中存在的问题以及对标准化的需求，建立结构清晰、层次分明的智慧城市建设标准体系框架，并对其各类标准进行了说明。苏晔、冯石岗（2014）通过归纳智慧城市标准化建设的成果及问题，分析了智慧城市标准体系的层级架构，包括总体标准、基础标准、应用标准等方面。

全国智能建筑及居住区数字化标准技术委员会（2013）在其出版发行的《中国智慧城市标准体系研究》中，提出中国智慧城市的标准体系框架，包含智慧城市建设涉及的基础设施、建设与宜居、管理与服务、产业与经济、安全与运维 5 大类别标准，分 4 个层次表示，涵盖 16 个技术领域，包含 101 个分支的专业标准，总体涉及国家、行业、地方标准共 3255 个，是目前国家层面关于智慧城市标准方面最新、最具权威性的文件。包括住建部、国家统计局、国家标准化管理委员会、国家信息中心在内多部委，目前正在评估中国智慧城市技术标准框架（SCTS），其指标主要包括基础设施、建设宜居等 57 个，涉及教育、医疗、工业信息化、数字化城市管理等多个领域。

（五）智慧城市评价体系

1. 学者研究

国内有关智慧城市评价指标体系的研究始于 2010 年（朱敏，2013），邓贤锋（2010）最早在分析城市信息化评价指标体系的基础上，根据智慧城市的内涵和发展特点，总结提炼了智慧城市评价指标体系，其中一级指标包括城市网络互联领域、智慧产业领域、智慧服务领域、智慧人文领域等 4 大部分，总共 21 项评价指标，并利用南京市数据对 21 项指标进行了逐一分析。陈铭等（2011）以"智慧南京"建设实践为例，通过对"智慧南京"基础设施、城市智慧产业、城市智慧服务、城市智慧人文 4 大领域建立评价指标体系，探索总结出一套结合南京实际，兼顾智慧城市建设总体特征的评价指标体系。李贤毅、邓晓宇（2011）提出，智慧城市评价指标体系应按泛在网络、智慧应用、公共支撑平台、价值实现四个方面进行，包括 19 个二级指标、57 个三级指标。该体系统筹考虑了城市信息网络基础设施发展水平、综合竞争力、政策法规、绿色低碳、人文科技等方面因素，还包括了智慧化交通管理、医疗教育体系、环保网络以及产业可持续发展能力、市民文化科学素养等软件条件。

顾德道、乔雯（2012）在梳理智慧城市含义与主要内容的基础上，从智慧人群、智慧基础设施、智慧治理、智慧民生、智慧经济、智慧环境与智慧规划建设七个维度出发，构建了一套客观性强、指向明确、科学合理的智慧城市评价指标体系。李健、张春梅、李海花（2012）研究了智慧城市评价指标和评估方法，提出了一套科学化、可定制、易剪裁的评估指标体系，可以满足不同规模（大、中、小）、不同特色（综合型、工业型、旅游型、港口型等）的智慧城市评估需求。

华中科技大学周骥博士（2013）吸收了国内外智慧城市指标体系的最新研究成果，基于美国、欧盟、日本、韩国、澳大利亚、加拿大和英国的十个城市信息化水平评价指标体系以及北京、上海、南京、宁波等地的十个智慧城市评价指标体系，采用 DPSIR 模型、ANNs 工具和模糊集思想构建出一套 3 个层次、5 个维度、37 个指标构成的智慧城市评价体系。其成果既是对国内外智慧城市评价体系的归纳和总结，也是对现有智慧城市评价体系的改良和创新。姜慧莲、王理达、张少彤（2013）介绍了主要发达国家和地区智慧城市建设的具体内容并总结了相关建设经验；梳理了当前国际上已有的智慧城市评估指标体系和方法，指出了这些评估方法值得借鉴的经验及存在的不足。王理达、王芳、张少彤（2013）在剖析城市发展关键要素的基础上，提出了智慧城市的 SMART 理论模型；阐述了智慧城市综合评估指标体系的设计思路，从智慧准备、智慧管理、智慧服务 3 个维度出发，构建了智慧城市综合评估指标体系框架；详述了该评估指标体系指标的选定及涵盖说明。

王静（2013）在对智慧城市的概念和内涵进行梳理和分析后，总结智慧城市的构成要素，比较国外智慧城市指标体系的宏观差异和微观差异的基础上，针对我国城市发展的规律以及国内智慧城市建设的特点，提出基于战略、经济、空间、社会、支撑五个层面的智慧城市发展评价指标体系，包含 5 个一级指标、16 个二级指标和 35 个三级指标。并采用集对分析法和聚类分析对我国较有代表性的智慧城市进行实证分析和评价，综合测评结果从高到低依次为：上海、广州、深圳、宁波、南京、天津、武汉。聚类分析显示样本城市分为 3 个不同特征的群落，第一阶梯为上海、广州、宁波；第二阶梯为深圳；第三阶梯为南京、武汉和天津。王璐（2013）建立了一个成熟度评价模型，将指标体系划分为五个层级，共 31 个指标，并制定了一份相应的指标评分转化标准。郭曦榕、吴险峰（2013）在研究智慧城市组成诸要素及其关系的基础上，对智慧城市的评估体系进行理论探索，提出了构建以智慧城市评价指标体系、评估方法和优化策略为核心的智慧城市评估体系的方法，并通过实例证明该方法的可行性。钱斌华（2013）系统地回顾了国内外已有智慧城市评估体系的特点，分析了存在的共性问题。从"两大基础、四大应用"基本框架出发，给出了建议性的评估体系，并从评估组织体系、加强统计调查和开展试点评估三个方面给出了完善评估机制的建议。

王振源、段永嘉（2014）通过综合考虑城市基础设施水平、智慧应用水平、公共支撑体系等方面的因素，以北京、上海、广州、南京等 8 个城市的智慧城市规划纲要及"十二五"规划为依据，运用层次分析法构建了一套适合我国智慧城市发展的评价指标体系。罗文（2014）结合国内外建设评估经验，针对我国城市发展的差异，提出了我国智慧城市诊断评估理论模型、框架及实践方法等，对我国各城市的智慧城市评价工作和研究具有深刻的理论和现实意义。此外，孙静、刘叶婷（2013），段虹（2014）也分别对智慧城市评价指标体系进行了研究。

2. 机构观点

中国智慧工程研究会（2011）在北京发布中国智慧城市（镇）发展指数，首次提出用幸福指数、管理指数、社会责任指数等 3 个指标推动中国智慧城市标准建设、促进以人为本的智慧城市创建，中国智慧城市（镇）发展指数评估体系包含 3 项一级指标，就业和收入、医疗卫生、社会安全等 23 项二级指标以及信息和网络化水平等 86 项三级指标和 362 项四级细分指标。

中国软件测评中心认为智慧城市成熟度评估应该从智慧城市准备度和城市智慧度两个角度来衡量，其中：智慧城市准备度从政策保障、资金支持、人力发展、设施建设 4 个维度进行评估；城市智慧度主要以 SMART 体系为纲，从服务、管理、应用、资源、技术 5 个维度入手，最终形成服务便捷、管理集约、应用高效、资源整合、产业绿色 5 个二级指标体系，并提出智慧城市发展的"起步、提升、融合、转型"四阶段理论。

上海浦东智慧城市发展研究院在 2011 年 7 月正式发布《智慧城市评价指标体系 1.0》，2012 年 12 月发布《智慧城市评价指标体系 2.0》。2.0 版本在基础设施、公共管理和服务、信息服务经济发展、人文科学素养、市民主观感知 5 个维度的基础上，增设软环境建设新维度，共设 18 个要素、37 个指标，并在指标体系的基础上提出了指标定义和指标考核标准。

住建部（2012）提出国家智慧城市（区、镇）试点指标体系（试行），包括保障体系与基础设施、智慧建设与宜居、智慧管理与服务、智慧产业与经济 4 个一级指标。

中国通信协会（2012）提出，智慧城市评价指标体系总体可分为信息基础设施、智慧应用、支撑体系、价值实现四个维度，包括 19 个二级指标、57 个三级指标。

国脉互联（2013）提出的智慧城市评价指标体系共涵盖 6 个一级指标（智慧基础设施、智慧治理、智慧民生、智慧产业、智慧人群、智慧环境）、19 个二级指标、39 个三级指标。

中国电子信息产业发展研究院（2013）发布了《智慧城市评估指标体系研究报告》，提出了"SMART"评估软件模型和集智慧准备、智慧管理、智慧服务 3 个维度为一体的评估指标体系。其中，智慧准备主要从网络环境、技术准备、保障条件进行衡量；智慧管理主要从城市运行管理能力、建设过程控制、运营管理模式进行衡量；智慧服务主要从智慧服务覆盖度、获取便捷性、处理效率进行衡量。

四　智慧城市规划与建设

（一）智慧城市规划

胡小明（2012）认为，今天的信息化形势远非以往所能相比，因此不能用静态思维、独家思维、工程思维来解决智慧城市的规划问题，智慧城市规划需要有新的思想方法。新思想方法应包含：智慧城市关键不在信息技术，而在智慧发展与积累机制；智慧城市超出了信息化范畴，城市定位需要大智慧；智慧城市效益来自市场的自组织机制；政府应与市场合理分工，降低社会交易成本。王广斌（2013）认为，城市规划发展历程中的诸多理念都与智慧城市的内涵、目标相通，从已趋成熟的城市规划体系入手确实可以为新兴的智慧城市建设带来一定的启发。基于以上分析，分别对智慧城市的规划方式、规划理念、规划决策、组织机制、城市形态和城市管理这一建设全过程的各个方面所得的借鉴意义进行了详细阐述。孙中亚、甄峰（2013）在对智慧城市现有研究进行回顾的基础上，尝试将人文主义与技术主义有机结合，从更全面的角度对智慧城市这一课题展开探讨，按照建设重点将当前国内外智慧城市规划实践模式划分为智慧经济型、智慧交通型和智慧管治型三种类型，并从城镇体系规划、城市总体规划及详细规划等层面入手，对我国城市规划体系的规划响应展开探索，构建多层次、共目标、大综合的智慧城市规划体系。吴运建、丁有良、孙成访（2013）从复杂产品系统的特征角度分析了智慧城市项目，指出智慧城市项目符合复杂产品系统的基本特征；分析了智慧城市项目和一般复杂产品系统的差异，指出智慧城市建设项目普及面广，建设主体的多样化，建设周期比较长，投入更大，风险更高；重点强调了智慧城市建设成功的关键不仅仅在于技术，更在于管理，不仅依赖于技术创新，更依赖于服务创新。

席广亮、甄峰（2014）从生命有机体的视角分析智慧城市的空间组织，基于技术、社会经济、管理、空间等要素相互作用的新空间范式，进行智慧城市空间组织。通过城市智能应用系统建设，将智慧发展理念融入城市规划体系，解决城镇化发展的关键性问题，建设健康、宜居、生态、可持续发展的城市空间。张振刚、张小娟（2014）探讨了智慧城市系统包含的子系统、子系统之间的关系以及各子系统的主要内容，并结合智慧城市系统对几个城市的智慧城市建设发展规划进行了分析，为智慧城市规划设计与建设提供理论支持和决策参考。秦萧、甄峰（2014）在梳理传统城市空间规划存在问题的基础上，重点从方法论和编制方法两个层面对智慧城市空间规划方法进行探讨，并强调了大数据应用在规划转型中的重要作用。研究表明智慧城市空间规划应该以满足政府、企业及居民需求和解决城市问题为导向，更加关注城市空间的流动、土地混合利用、微观个体分析及空间相关研究，并充分发挥网络、信息设备及传感器等大数据采集和挖掘分析技术在城市空间发展战略制定、质量评价、规模预测及用地布局等方面的革新作用，从而实现城市可持续发展的目标。甘锋、刘勇智（2014）基于系统论视角，提出智慧城市是由目标子系统、技术子系统、主体子系统、客体子系统和管理子系统组成的大系统，智慧城市建设的核心就是由更为先进的技术系统武装或改造整个城市系统。目前而言，编制科学的顶层规划、构建多主体共同参与的合力机制、强化新兴信息技术的研究和应用、完善智慧城市管理系统、促进智慧产业快速发展，是深化完善上海市智慧城市系统发展的主要途径。

（二）智慧城市顶层设计

同济大学教授程大章（2012）针对在智慧城市建设中存在的问题，提出要运用系统工程的理论和方法来确定智慧城市发展战略。在其出版的《智慧城市顶层设计导论》著作以及相关文献中，提出了顶层设计的思路与方法，以科学合理的五大步骤对智慧城市建设与运营实行功能设计和系统架构设计。何军（2013）认为，要根据城市的历史形态、地理特点、经济社会发展、信息化基础设施的特点，进行有针对性的城市信息化发展规划，给出符合本城市实际情况的智慧城市顶层设计。作者翔实地论述了智慧城市顶层设计的目的、内涵、原则和导向，并以智慧南京顶层设计为例，全面分析了智慧南京顶层设计的依据、总体架构、实施举措等。杨学军、徐振强（2014）探讨了智慧环保顶层设计的内容、结构、方法和思路，还从技术层面探讨了对智慧环保建设的实现方法、逻辑结构和应用重点等。

（三）智慧城市建设内容与架构

许庆瑞、吴志岩、陈力田（2012）通过多来源数据（国外资料、国内省市调研和资料收集）相结合以助质性分析的方法，提出了智慧城市的愿景（实现"经济—社会—生态"的全面可持续发展，以满足居民生活的安全感和幸福感）、架构（"三层四柱"架构）与模型。娄赤刚、林承亮（2012）从智慧城市的内涵及其建设目标出发，分析了智慧城市的基本构件，阐述智慧城市发展的主要内容，进而提出智慧城市发展模型的要素并进行模型构建。张振刚、张小娟（2014）分别从系统科学理论、公共管理理论和城市规划理论角度探讨了智慧城市的理论视角，构建了智慧城市的五维度模型，包括理念层、活动层、物理层3个层次，发展战略维度、经济活动维度、社会活动维度、基础支撑维度、城市空间维度五个组成部分，并以广州市为例分析了智慧广州的五维度模型。甄峰、秦萧（2014）智慧城市建设已经成为推动我国新型城镇化建设、促进城市可持续发展的重要战略。在对智慧城市概念与内涵等进行分析的基础上，指出了智慧城市建设要从全局和公共利益及需求出发，去制定科学、理性的顶层设计方案。论文提出了一个更加综合的智慧城市顶层设计框架，即包含数据平台层、业务应用层、空间规划层、实施保障层的四层次框架体系。

（四）智慧城市建设现状问题与对策

杨再高（2012）分析了对城市发展产生的影响和面临问题，提出了包括加快构建智慧城市基础设施和城市基础设施智慧化改造；加强技术研发和人才培养；培育以物联网产业为重点的新兴产业集群；促进社会发展和城市管理智慧化；积极推进示范应用及带动的发展策略。辜胜阻、杨建武、刘江日（2013）认为，目前我国智慧城市建设存在"千城一面，缺乏特色"，"重项目、轻规划"，"重建设、轻应用"，"重模仿、轻研发"，资源整合难度大等问题。文章建议，智慧城市建设应高度重视差异定位，注重区域特色激发智慧城市发展活力；秉承"应用为王"的原则，以市场需求引导项目建设；坚持技术支撑，以技术创新和战略性新兴产业发展为依托；推进智慧整合，破解信息孤岛问题。

国务院发展研究中心的李广乾（2013）认为，目前智慧城市建设存在5大问题：概念不清、外延不明；进一步加剧了业务系统的信息孤岛局面；企业信息化发展进一步被边缘化；信息网络安全问题继续受到冷落；

国家层面的管理缺失加剧了各地智慧城市建设的混乱局面。之后，其提出智慧城市建设的 6 个对策建议：加强智慧城市顶层设计；基于新一代信息技术构建智慧城市总体框架；智慧城市建设应该与国内新一代信息技术产业发展形成良性互动；建立综合协调机制；建立健全信息网络安全机制和体系；加强相关的法律法规建设。陈博、高光耀（2013）在系统科学和复杂性科学视角下提出智慧城市建设的核心和推进策略。陈如明（2013）从"智慧地球"与"感知中国"的产生背景入手，重点论述了智慧城市的定义与内涵，介绍了国内外智慧城市的建设情况，指出了国内智慧城市务实发展所需特别注意的 3 个方面：人的基础作用与创新精神、广义的智慧城市发展理念以及先进的 ICT 技术。仇保兴（2013）从数字化城管升级到智慧城市、智慧城市与生态城市有机组合、明确智慧城市创新重点等方面提出了推进智慧城市建设的思路。

单志广（2013）提出建设中国特色的智慧城市发展思路：第一，要坚持理性推进，以城市发展战略需求为导向，基于城市的地理区位、历史文化、资源禀赋和信息化基础，因地制宜，科学制定智慧城市发展目标和实施方案，加强信息安全保障，避免盲目跟风，理性务实地推进智慧城市建设。第二，要坚持有序推进，针对城市发展的突出矛盾和经济社会发展的紧迫问题，区分轻重缓急，加强统筹规划，突出建设重点，合理配置资源，按照民生优先、试点先行的要求，在有条件的城市和领域先行先试，分类别、分阶段、有重点地推进智慧城市建设，切实避免贪大求全、无序发展，遏制重复投资和重复建设。第三，要坚持协同推进，创新智慧城市建设、管理和运行机制，政府引导、市场主导，广泛聚合社会各方力量，鼓励和支持各类市场主体共同培育智慧城市可持续发展模式，形成政府、企业和公众共同推动智慧城市建设的合力。

胡拥军（2014）阐述了国内外智慧城市建设的现状，提出国内智慧城市建设的三大问题以及四大经验。三大问题是：重短期成效轻长期规划，重组织实施轻顶层设计；重工程建设轻运维评估，重项目实施轻机制创新；不同城市的智慧产业发展存在较大的同构性。四大经验是：提高理念认识，开展宣传推广；落实统筹规划，提高组织保障；因地制宜定位，需求导向建设；示范项目带动，重点领域突破。乔鹏程、高璇（2014）认为，我国智慧城市建设存在一哄而上、城市面貌千城一面、自主创新能力较弱、市场导向不足、资源整合难度大等问题。要实现我国智慧城市持续、健康发展，应切实做好顶层设计和规划部署，推动智慧城市差异化发展和特色发展，加快技术创新和智慧产业发展，形成市场需求调节和政府引导共同作用机制，实现智慧城市资源有效整合。李莉、罗灵军、胡旭伟（2014）在研究国内外智慧城市发展现状与趋势的基础上，分析了重庆市建设智慧城市所具备的基础及已开展的实践，提出了"智慧重庆"建设的目标、任务、总体框架和支撑技术；并提出了"智慧重庆"建设可能存在的主要问题以及解决方案。

此外，徐玉春（2012）对"智慧天津"的战略及对策进行了研究。刘刚、张再生、梁谋（2013）介绍了海口智慧城市建设的实践，分析了海口智慧城市建设面临的问题。在此基础上，提出了解决海口智慧城市建设面临的问题的途径。包康平（2014）对珠海市建设智慧城市的对策进行了研究。

（五）智慧城市信息平台构建

王晰巍、王维、李连子（2012）论证了智慧城市信息服务平台对智慧城市的演进和发展所起到的关键基础性作用；在此基础上，提出智慧城市信息服务平台构建的模型，分析平台核心能力构建的内容及构建中存在的影响因素。边延风、陈林、袁黎轶（2013）以智慧江苏统一门户平台为主体，系统地介绍了智慧城市统一门户平台的构建及特点以及江苏建设智慧城市的探索与实践。赵峰（2013）认为，地理信息公共服务平台在智慧城市建设中具有重要作用和地位。针对智慧城市对地理信息平台的应用需求，分析了信息平台建设与完善的内容与途径。

房秉毅、张云勇、李素粉（2014）针对智慧城市建设面临的物理地域分布广、各地资源池异构建设以及信息化实践基础差异化等问题，从电信运营商角度出发，结合运营商前期实践，对智慧城市云平台体系架构进行了分析，提出了一种智慧城市云平台总体功能架构，进而对建设部署方案提出了建议。罗振、桑梓勤、齐飞（2014）认为，在未来的智慧城市中，将通过公共支撑平台集中实现对智慧城市应用的数据共享和能力开放，打破行业信息化系统和行业物联网应用分散部署及运行所形成的自封闭系统，实现城市公共信息资源的共享与开放，提高城市公共信息资源的有效利用。文章分析建设智慧城市公共支撑平台的必要性及其架构，阐述公共支撑平台的数据交换、数据共享接入、能力开放接入、业务应用接入、信息资源与应用的映射、标识解析、密钥分配和平台管理的功能要求，为各种融合的智慧城市应用提供普适、灵活的公共支撑。

（六）智慧城市建设路径

于明、李颐（2012）总结了 4 条路径：一是重视以前瞻思考为指引的顶层推动路径，如北京、上海。二是将转型跨越作为城市建设的根本目标的路径，如杭州、沈阳。三是将创新社会管理作为建设重要任务的路径，如西安、沈阳。四是将保障和改善民生作为建设的出发点和落脚点的建设路径，如重庆、深圳。城市开发期刊（2013）总结出了 3 条路径：以发展智慧基础设施为重点的路径；以发展智慧的管理和服务为重点的路径；以发展智慧人文和智慧生活为重点的路径。赛迪顾问股份有限公司（2013）在其发布的《2013 中国智慧城市建设战略研究报告》中总结了 3 条路径：以物联网产业发展为驱动的建设路径，以信息基础设施建设为先导的建设路径，以社会服务与管理应用为突破口的建设路径。

赵大鹏（2013）总结了 2 条路径：一是以 IBM 公司为代表的 IT 企业提出的建设路径。强调新一代信息技术对城市发展的推动作用，期望凭借先进的技术实现城市的整体协调运行，信息技术＋系统有机互联构成这一路径的核心，这一路径凸显了其提出者 IT 企业在智慧城市建设中的突出地位。二是以欧洲智慧城市研究组织为首的研究机构提出了以新兴的城市发展理念为核心的建设路径（李勇，2011）。强调运用新一代信息技术来满足城市公众的生活和工作需求出发，期望以先进的技术为支撑，通过人力资本、社会资本、新型经济和优质环境等来推动城市发展，信息技术＋新兴发展理念＋公众需求构成这一路径的核心，这一路径更需要城市政府在智慧城市建设中发挥更大的作用。陈博、高光耀（2013）从分析智慧城市内涵入手，提出我国智慧城市分"三步走"的建设路径：汇聚人的智慧、赋予物以智能、使汇集智慧的人和具备智能的物互存互动、互补互促。

杨现民（2014）提出我国智慧教育的发展要结合国情大力实施四大战略和七大发展路径。四大战略是：大变革战略、科教融合战略、协同创新战略和无障碍战略。七大发展路径是：建设智慧教育公共服务平台；无缝接入智慧城市系统；实施 ICT 应用能力提升工程；实施教育信息无障碍工程；建设智慧教育示范区；打造智慧教育产业链；建立智慧教育研发基地。

（七）智慧城市建设运营模式

钱斌华（2012）提出了构建智慧城市基础设施建设的公私合作（PPP）模式，从已有、新建和改扩建智慧城市基础设施3种类型，给出了构建政府公共部门与民营部门合作的3条路径，并就监管、风险分担和合作伙伴选择机制提出了相关建议。彭继东（2012）通过对比国内外智慧城市建设的现状，从国外几个典型的智慧城市建设的建设背景、建设内容、建设步骤、建设成功的关键因素分析等几个方面为分析出发点，探索出国外智慧城市建设的几种主要的建设模式。并对国内目前智慧城市建设的基本情况进行分析以及对建设过程中出现的主要问题进行总结，并对国内智慧城市的关键因素进行分析，最终得出几种适合我国智慧城市建设的模式。

杨会华、樊耀东（2013）在参考国内外智慧城市建设经验的基础上，对各类典型商业模式的特征进行分析，并根据对商业模式选择影响因素的分析，给出典型业务的商业模式匹配建议。住房和城乡建设部建筑节能与科技司副司长郭理桥（2013）提出，不赞成用公共财政来投入，要引社会投资建智慧城市。希望地方政府公共财政能够发挥四两拨千斤的作用，通过间接融资跟银行签订授信合同，或者通过直接融资，主要是建基金来建立融资体系。韩天璞（2013）对智慧城市的运营模式进行总体分析，详细阐述了智慧城市的运营环境、关键要素以及运营目标，并针对当前实践中已经存在的政府独资建网运营，政府投资、运营商建网运营，政府、运营商合资建网运营，政府牵头、运营商建网的BOT模式，运营商独资建网运营五种运营模式进行了有针对性的分析，总结了各自的优劣势并进行了综合比较。最后，论文从政府和电信运营商两个角度出发，为其参与智慧城市运营提出了一些建议。徐静（2013）认为，智慧城市建设是一项复杂的系统工程，所需资金巨大，涉及政府、企事业组织和市民家庭等多元主体，其建设模式已经由政府作为投资主体转变为市场多元化投资。基于公共产品理论和城市运营理论，分析了我国智慧城市的运营主体、客体和运营资金现状，研究了智慧城市的市场化运营及其投融资模式。此外，袁顺召（2013）对武汉市智慧城市的建设模式进行了研究。

徐小敏、周洪成（2014）在智慧城市的建设过程中，必须通过对项目建设、运营的各方面影响因素进行评估，探索以政府为主导，以客户为中心，整合资源、多方参与、合作共赢的项目建设和运营的商业模式，即多种商业模式并存，并呈现出以其中一种或两种模式为主、其他几种模式为辅的多元化运作形式。蒋明华等（2014）分析了智慧城市项目在投资运营过程中涉及的投资主体、建设主体、运营主体以及收益模式等问题，对智慧城市项目投资运营的关键要素及几种常用的投资运营模式进行了探讨。

（八）智慧产业发展

周春华、禹银艳（2012）从研究智慧产业的内涵出发，认为智慧产业发展可从"智慧产业化"与"产业智慧化"两方面入手。对于信息服务业、服务外包、物联网、云计算等智慧产业应加强产业的集群发展，构建针对地域特色的智慧产业化新模式。对于传统产业的智慧化，应利用公共关键共性技术平台和生产性服务业，针对不同行业的特点，推动传统产业转型升级。在此基础上，构建较为完整的智慧产业链，促进产业的健康发展，提高智慧产业的竞争力。牛丽、郭翠珍（2014）阐述了智慧产业的内涵及其产业链的组成，研究国内外智慧产业的发展及苏州发展的基本情况，分析苏州智慧产业发展中存在的问题，提出苏州智慧产业发展的思路，从产业发展环境、产业关键技术、智慧制造、智慧企业、智能产品、智慧人才等角度提出适合苏州智慧产业发展的对策和建议。曾雁、王雷、范文琪（2014）通过研究智慧城市建设与浙江省产业集聚区之间的交互影响机制，为浙江省产业集聚区的转型升级提供对策建议。

（九）单项智慧应用建设

张凌云、黎巎、刘敏（2012）在回溯智慧旅游的起源及发展条件和现有概念评述的基础上，提出智慧旅游的基本概念。在此概念的理念下，提出了智慧旅游的能力（capabilities）、智慧旅游的属性（attributes）以及智慧旅游的应用（applications）3个层面构成的CAA框架体系。杨健、焦勇兵、刘伟（2012）在智慧城市概念基础上对智慧物流进行了界定，随后对宁波市建设智慧物流的动因、基本设想与初步实践进行了分析，并基于管理学理论视角，从价值链理论、技术采纳理论、当代组织理论3个角度对智慧物流建设的理论基础进行了剖析。

赵玎、陈贵梧（2013）指出智慧政务的建设和发展主要面临着对象和范围的界定、战略规划的制定、数据采集及标准的确定、资金支持和绩效评估等问题，政府应当采取自上而下和先行先试的策略，从目标定位的确立、发展规划的制定和具体的建设思路等方面进行积极应对，最终实现政府公共服务的智能化和政府职能的转变。郑从卓、顾德道、高光耀（2013）结合智慧社区的理论研究与建设实践，提炼智慧社区与智慧社区服务体系的内涵，分析国内外智慧社区建设的现状，剖析智慧社区服务体系建设中存在的问题，并阐述相应的对策建议。毕娟（2013）论述了智慧城市环境中智慧型档案馆的基本雏形及与数字档案馆的差异，并从提高意识、建立健全标准规范、构建人才体系、加强交流和合作等方面初步探讨了智慧型档案馆建设。朱敏（2013）从智慧安居内涵和需求评估入手，重点对智慧安居解决方案、关键成功要素以及实施建议展开讨论。林佩玲（2013）探讨在智慧城市背景下区域联盟移动图书馆新的功能拓展模式，包括个性化服务、社交网络服务、个人移动学习服务等方面。周娟、金鹏（2013）首先阐述了智慧城市和智慧旅游的含义与关系，然后梳理了宁波智慧城市的建设成果和宁波智慧城市背景下的智慧旅游建设现状，最后提出了宁波智慧城市背景下的智慧旅游建设策略。

张光明（2014）将宁波市智慧教育区域推进策略与实践作为研究对象，重点研究功能定位、建设内容和实施方法，从区域推进策略的角度进行智慧教育建设研究。张亮、陈少杰（2014）针对现代城市食品安全监管任务，探讨了智慧食品安全监管机制。提出一种监管主体多元化、监管手段多样化、深度结合智慧城市理论与应用的新型食品安全监管体系。申悦、柴彦威、马修军（2014）提出了人本导向的智慧社区的概念、模式与架构。柴彦威、申悦、塔娜（2014）面向居民、聚焦出行，探讨了基于时空行为研究的城市居民智慧出行思路框架，从交通需求预测与交通规划、公共政策、城市规划等多角度分析了面向智慧出行的规划与政策途径，并提出了基于时空间行为分析的个性化信息发布、智慧化决策支持、个人行为规划等居民服务应用方向。廖丹子（2014）建构了"无边界安全共同体"并将其作为智慧城市安全维护的新路向，从价值归属、发展层次、组织形态、运行过程、系统属性与治理方式六方面阐述了具体实现路径。

（十）智慧城市建设风险

邓贤峰（2011）通过对"智慧地球"理念提出的深层次的背景、智慧城市建设的风险及实现智慧城市技术难点等方面，从技术、法律及社会伦理等方面进行了全方位的分析研究，并给出其防范思路和措施。满晓元（2013）通过分析智慧城市建设过程中面临的风险研究，发现项目建设过程中的风险，提出风险评估的方法，采取相关措施对风险进行控制。陈友福等（2013）、胡丽等（2013）认为，在智慧城市建设过程中，技术架构的模糊性、城市结构的复杂性以及认知的不确定性等将引致新的风险。从理念风险、技术风险、产业风险、社会风险四个角度分析我国智慧城市建设风险，研究这四类风险的具体表现及其成因，提出相应的风险规避对策与建议，包括促进智慧城市理论的本土化建构、提高核心技术的自主性和安全性、构建城市建设与产业发展的良性互动机制以及完善智慧城市制度内核。赵大鹏（2013）分析了智慧城市建设的前提条件，对我国智慧城市建设可能面临的政治、经济、社会等领域的安全风险进行了预警；提出了我国智慧城市建设与运行的保障机制，即安全保障机制、创新机制及和谐管理机制。

五 智慧城市案例、调查、比较及定量研究

（一）智慧城市案例研究

张永民、杜忠潮（2011）归纳整理并研究了上海、深圳、南京、武汉、成都、杭州、宁波、佛山、昆山等城市建设智慧城市的做法及经验，并对在我国全面推进智慧城市建设提出了建议。李贤毅在《智慧城市开启未来生活——科学规划与建设》（2012）一书中对我国主要的30个城市的有关数据进行了分析，提炼出上海、武汉、沈阳、佛山、宁波等五个有代表性的智慧城市典型发展方向。陆伟良等（2012）从当今国内外智慧城市建设大发展形势出发，提出每个城市应在具体条件下，确定具有自身特点的智慧城市建设之路。介绍了从"智慧南京"到"人的现代化"南京规划的提升，并以此为例，提出要因地制宜，建设有特色的智慧城市。邓贤峰、张晓海、张晓伟（2012）阐述了智慧南京运行管理中心的建设思路、总体架构和建设目标，为智慧城市背景下的城市运行管理创新提供了有益的尝试和借鉴的经验。张陶新、杨英、喻理（2012）在论述智慧城市理论及其特征的基础上，对国内外智慧城市建设实践进行介绍，并尝试总结代表性的成功经验。宋刚、邬伦（2012）从创新范式转变的角度对创新2.0时代从传统城市、数字城市到智慧城市的城市形态演变进行了分析，总结了智慧城市的特征，介绍了国际上智慧城市的实践，并以北京智慧城管建设为例介绍了北京市在智慧城市方面的探索。

王广斌、崔庆宏（2013）对欧洲智慧城市建设案例，特别是对建设

要点及其主要内容进行了梳理与分析；在此基础上，对其中的部分智慧城市面临的问题进行了总结；最后，提出了对欧洲智慧城市建设的 5 点启示：战略规划与内容设计、有限预算与资金来源、政府作用与多方关系、公众参与及弱势群体以及对绿色与可持续的关注。安小米（2013）选择了三个被国际公认的智慧城市知识中心进行典型案例研究，围绕机制问题分析了知识中心构建的背景及动因、组织策略和合作机制、技术支撑体系及其应用示范，总结了国外智慧城市建设中多维度数据、信息、知识共享和综合决策协同的经验。安小米（2014）以 2012 年获得世界智慧城市奖的荷兰阿姆斯特丹市为例，分析了信息资源管理在智慧城市信息化项目规划、实施、运行和评估方面的作用，在此基础上提出了我国智慧城市信息资源管理协同创新策略构建的构想。郭理桥（2014）对近两年的国家智慧城市试点实践经验进行总结，提出试点工作的五大特色：一城一策智慧发展、人为核心质量关键、产城相融互促其进、体制创新机制融合、多元筹资优配资源。

此外，邓贤峰（2014）、盛立（2014）、吴青（2014）分别对南京、新加坡、欧洲的智慧城市建设经验进行分析总结。

（二）智慧城市调查研究

姚乐、樊振佳、赖茂生（2013）通过问卷调查和专家访谈，验证政府数据开放对智慧城市建设的重要性，探讨基于政府数据开放的智慧城市公共信息平台的构成和作用。最后，以"智慧坪山"规划项目为例，展示该项目中数据开放平台的结构、建设内容和策略。关欣、吕恺（2014）基于中欧绿色智慧城市合作试点项目的调研成果，总结了欧洲智慧城市建设的实际推进情况和先进建设理念和经验。

（三）智慧城市比较研究

袁文蔚、郑磊（2012）通过文献研究对智慧城市的定义和内容进行了梳理界定，并将其与数字城市、智能城市、泛在城市等相关概念作了比较分析；在此基础上从技术与人本两个视角对上海、宁波、佛山、深圳、台北等五个城市的智慧城市战略规划文件做了内容分析，探讨了大陆各城市之间以及海峡两岸在智慧城市建设目标和内容上的异同；最后就中国的智慧城市建设和发展提出了政策建议。王璐、吴宇迪、李云波（2012）将智慧城市建设路径分为五种：产业驱动型、创新驱动型、管理服务驱动型、可持续发展型和多目标发展型等 5 种。并从融资模式、经营模式、管理主客体、规模以及建设周期等方面对 5 种路径进行对比分析。禹银艳、周春华（2012）从智慧基础设施的概念出发，分析并比较了国际上典型的智慧基础设施建设模式。

陈才（2013）对国外智慧城市发展现况、发展模式、发展特点进行了系统研究，回顾了 2012 年来我国中央政府和各部委对智慧城市的支持政策和举措，归纳提炼出我国智慧城市在战略定位、推进方式、发展思路、创新机制、保障措施等方面的特点，指出我国与海外智慧城市发展的异同。针对其差异，作者认为其本质原因在于工业化发展基础、城镇化发展水平、信息化发展条件以及政府运作机制的不同。徐静、陈秀万（2013）从数据采集、互联程度、信息处理、系统架构、应用效果等方面对数字城市和智慧城市进行比较分析，据此研究提出物联化、互联化、智能化的技术路径。王思雪、郑磊（2013）对欧盟中等规模城市智慧排名评价指标、IBM 智慧城市评估标准和要素、浦东新区智慧城市指标体系1.0、南京市信息中心智慧城市评价指标体系和智慧台湾绩效指标等 5 个智慧城市评价指标体系进行了综合比较研究，并就各个比较结果做了详细的分析和说明，探讨了其内容与特征的差别及原因，为未来智慧城市评价指标体系设计提出值得借鉴的经验和原则。

王广斌、张雷、刘洪磊（2013）比较了国内外智慧城市在建设愿景、基础设施、战略规划、政府治理与协同、建设模式和评价体系等方面的异同，指出了现阶段理性建设智慧城市的重点。刘叶婷（2012，2013）、贺睿（2013）分别对北京、上海、广州、天津 4 个一线城市，海淀、浦东、滨海的"智慧城区"，浦东、宁波和佛山 3 个二线城市的智慧城市建设进行了比较分析。成建波（2013）比较了日本、新加坡、美国在智慧城市构建中的战略方针。王晗（2013）通过对智慧城市建设关键要素及体系的构建，结合国内外智慧城市的建设实践，对国内外智慧城市建设的特点及其关键要素间的耦合关系进行了对比分析。张鸿等（2014）运用比较分析法对国内外智慧城市的典型发展模式进行了针对性的研究，总结了各自的优劣势并对其进行了综合比较，明晰了 4 种智慧城市建设模式的适用条件，并在此基础上，提出了适合发达城市和中小城市的智慧城市建设模式。

（四）智慧城市定量研究

侯宝柱、贺灵敏、王树明（2013）以公众满意度理论为基础，依据城镇居民需求，构建以制度环境、智慧文化、公众期望、质量感知及公众满意度为潜在变量的城镇智慧化服务满意度测评概念模型，进而建立 9 个研究假设和 19 个观测指标。选取广东乐从镇为研究对象，运用结构方程分析法对该模型进行验证。结果表明，制度环境、智慧文化、公众期望和质量感知都是影响公众满意度的重要因素，且每个潜在变量的影响强度和影响路径不同，进而提出了健全制度体系、营造文化氛围与提高公众期望值和质量感知效果等提升服务满意度的建议。

郝斌、俞珊、吴昀桥（2013）将智慧城市的产业经济带动效应分为直接效应、关联效应和衍生效应，基于 2007 年上海市投入产出表，通过分析智慧产业直接消耗系数、直接分配系数、影响力系数和感应度系数等，揭示了智慧城市建设对二、三产业中各子产业的带动作用，明确了智慧产业在国民经济发展中的感应度和影响力大小。并提出，智慧产业的发展有赖于政府在以下方面予以扶持：引导民间资本向智慧产业转移，培育智慧产业中的国资龙头企业，打造产业链健全、配套服务完善的智慧产业集群，探索建立产业协同创新机制。

项勇、任宏（2014）采用网络层次分析法构建智慧城市评价体系的网络关系图，分析了指标之间的相互影响关系。将网络分析计算模型引入，借助 SD 软件计算指标权重，用最逼近理想解排序法衡量不同城市之间的智慧程度，为智慧城市的选择和评判提供具有可操作性的合理方法，最后以四川省的 4 个城市作为实例说明了该方法的正确性。此外，项勇、任宏（2014）还将演化博弈理论引入到信息转移过程中形成政府与信息主体的收益矩阵，并研究虚拟平台在官管民营模式下，信息转移过程中资源主体和政府的复制动态方程及稳定状态点现实解释。用复制动态相位图表示政府和信息资源主体在转移共享和激励行为比例变化的复制动态关系，探讨四种情况下稳定状态的收敛性与抗扰动性。最后得出结论为不管任何状态下的复制动态关系和稳定性，政府通过调整战略和信息平台中的收益分配比重，既不影响信息主体的积极性，同时又能提高其收益，使博弈双方主体均有能力和动力推动信息转移共享，从而达到帕累托上策均衡。

李琦等（2014）提出了面向智慧城市碳管理的城市区域碳计量模型，该模型可对我国城市区域碳排放量及碳汇的空间分布进行估算，进而可对不同区域碳源汇状况作出空间评价。最后以北京为实例，证明该方法对于城市碳计量行之有效，有助于发现城市碳源汇的空间模式，为智慧城市碳管理提供决策支持。刘云刚、谢安琪、林浩曦（2014）基于信息权力论视角，将信息权力分解为信息生产、信息获取和信息控制3个权力维度，并对其测算方法进行了讨论和定义；在此基础上，对我国现有23个智慧城市的信息权力进行了测度，并将之与城市竞争力评价结果进行了比较。张建光、尚进（2014）以智慧城市与智慧政府学术论文为研究对象，对所有年度公开发表在CNKI中国学术文献网络出版总库的学术论文进行文献计量研究，揭示该领域的研究热点和薄弱点，提出智慧城市与智慧政府的研究发展方向、研究方法，展望该领域跨学科研究方面的进展。

六　智慧城镇与智慧城市群

随着新型城镇化的快速推进，智慧城镇与智慧城市群成为智慧城市领域最新的研究主题和方向之一。但截至目前，该主题的研究文献数量很少，系统、深层次的研究基本没有。

仇保兴（2012）认为，促进我国城镇体系中大、中小城市和小城镇协调发展，缓解大城市压力，是未来的必然选择。小城镇在我国城镇体系的发展中，承担着巨大的社会功能，也是国家稳定发展的基础。如何避免我国城镇化有可能走向"拉美化"，为我国两万个小城镇找出路就是一个亟待解决的问题。而创建智慧城镇是方向。智慧城镇须具备7个条件：一套比较完善的城市规划、建设和管理制度；因地制宜地建立一套可再生能源应用机制；建立一套能为新能源汽车应用的充电体系；建立一套与绿色农房建设相关的农用绿色建筑推广模式；依靠信息技术建立一个没有假货的超市；建立一套新的"三网合一"的快速信息传递系统；充分利用信息技术，在小城镇开展饮水安全、污水处理、垃圾处理等应用试验。

宋俊德（2012）认为，建设好智慧城市（区、镇）是关系到我国国民经济转型、改变发展模式和建设创新型国家的重要战略之一。中等城市或城区、城镇首先实现智慧化有可能成功。这是因为，一方面，城镇（区）相比大城市人口少、面积小、易于做智慧城镇（区）的规划，有些城镇尚未出现"大城市病"，还有不少"处女地"可开发，好像一张白纸，可以画出最美的图画。另一方面，由于信息通信基础设施建设，宽带无线移动通信和互联网等的发展，让小城镇和大城市一样获得平等的信息资源和市场信息及就业机会，因此小城镇同样可以利用自己的优势引进人才，吸收资金。发展高新技术和产业、现代服务业、云计算、物联网等，为城区镇建设管理、运营创造条件。

王彦彬（2012）介绍分析了乐从、柳州、克拉玛依、辽源四个智慧城镇的特色，认为：乐从——以产业为核心；柳州——以宽带网络为基础；克拉玛依——信息化助力"智能油田"建设；辽源——形成完整运行系统。张梅燕（2013）认为，智慧城镇是智慧城市的延伸。建设智慧城镇不仅可以提高城镇化质量，引领未来城镇发展方向，还可以呼应智慧城市建设，带来低碳、绿色、可持续发展的社会经济发展新模式，形成智慧"城、镇"交融发展的新局面。目前智慧城镇发展面临资金、技术、人才、行政权力和顶层设计等方面的瓶颈，可通过延续智慧城市建设部署、实施 ASP 服务外包、建立体制机制架构体系等措施得到有效解决。中国工程院副院长邬贺铨（2013）认为产城融合模式有利于推进智慧城镇建设。曾玉龙（2013）通过对首批国家智慧城镇试点镇湖南省浏阳市柏加镇分析，结合该镇自身特点创建基于物联网技术的智慧城镇，倡导创新与发展更加关注民生、注重以人为本，打造公共信息平台建设，探索新型城镇化的道路，为柏加镇智慧型城镇建设提供技术路径。

舒兆兰（2014）认为，推进城镇智慧化，一定要抓住关键、突出重点，着力解决五个重点问题。一是增强网络设施，夯实通信基础；二是做好关键应用，打造示范引擎；三是打造标准规范，确保整合共享；四是注重人力资源，强化人才支撑；五是保障建设资金，强化投入驱动。汪大海、何璐（2014）认为，在建设智慧城镇化中应避免出现缺乏顶层设计、重复建设、资源利用率低、忽视技术应用等"非智慧化"陷阱。通过分析建设愿景与用户需求，构建出"1＋2＋N＋［1］"的顶层设计模式，加以政府驱动、技术驱动、商业驱动为动力因素，因地制宜的走中国城镇化发展道路，实现智慧城镇化。于少青（2014）认为，从智慧城市建设过渡到推广全新的智慧城镇建设，不单单是概念层面上的改变，更多的是强调将中小城镇、城区乃至于农村都纳入智慧城市建设的范畴，使城镇变成城市与农村的信息结合点，用现代信息化的发展促进城乡一体化的发展。《吉林政报》（2014）介绍了国家级智慧城镇——吉林市船营区搜登站镇的建设内容。席广亮、甄峰（2014）对智慧城市和新型城镇化的关系进行梳理，从基础设施整合、产业发展转型、城市空间相互作用、精细化管理等方面提出智慧城市建设推进新型城镇化发展的思路框架，并对智慧地推进新型城镇化发展的策略进行了探讨。作者认为，智慧城市建设为新型城镇化发展提供了新的动力，而新型城镇化发展能更好地引领智慧城市建设方向，实现智慧、绿色和人文的可持续发展。

陈博（2014）认为，智慧城市群作为一种区域发展新模式，已经成为国内一些地区未来发展的重要战略选择。在分析智慧城市群的内涵和系统架构的基础上，对智慧城市群建设战略和关键机制做了理论分析，并提出了我国智慧城市群建设路径。

国内外研究成果对本书研究或是给出了价值所在，或是提供了理论借鉴，或是形成了逻辑起点，无疑，是重要和必需的。但是，由于智慧城市刚在全球兴起，国内智慧城市实践距今不过5年，学术研究还处于起步阶段，理论体系还不完善。具体体现在以下两个方面：其一，关于如何具体建设智慧城市，各地实践探索成果相对较多，但上升到理论层次的研究成果较少；其二，针对大中城市的研究较多，针对小城市、县城及城镇的较少。综合来讲，针对在我国新型城镇化发展中承担巨大社会功能、属于国家稳定发展基础——县城及城镇，关于如何具体建设智慧城市的研究成果少之又少，仅有的数篇文献只是进行了简单、零散的论述，深层次、系统化成果基本没有。

第三章 智慧城市理论研究

第一节 智慧城市概述

一 智慧城市起源

关于智慧城市的起源，国内外学者的观点存在差异。国外学者普遍认为智慧城市（smart city）起源于 20 世纪 90 年代（张陶新等，2012）。1990 年 5 月，在美国旧金山举行的一次国际会议以"实现全球经济可持续发展：互联互通的智慧化城市（smart cities）、快捷信息系统（fast systems）、全球网络（global networks）"为主题，探寻城市通过信息通信技术的创新、网络化的跨国联系、多元文化、人力资本要素优势等宏观和微观条件，聚合"智慧"以形成可持续的城市竞争力的成功经验。会后正式出版的文集" The Technopolisphenomenon：smart cities, fast systems, global networks"，成为关于智慧城市研究的早期代表性文献。

国外的智慧城市实践最早可以追溯到新加坡于 1992 年提出的 IT2000——"智慧岛计划"（郑立明，2011）。1996 年，美国圣地亚哥州立大学与加利福尼亚州政府合作推出世界首个智慧社区（Smart Community）项目（李春友、古家军，2014）。该项目把智慧社区定义为：在一个大小可以从邻域到多县的地区内，市民、团体和市政管理机构利用信息技术显著地，甚至彻底地改造他们所生活的地区，政府、工业界、教育工作者和市民之间的合作将代替他们各自的孤立行动。紧接着旧金山、硅谷、布莱克斯堡等地也相继推出了智慧社区项目。继美国之后，加拿大政府于 1997 年推出了美国境外首个智慧社区项目——智慧资本项目，该项目的目标：为加拿大企业在国内外发展和推广信息通信技术提供机会；协助社区发展和实施可持续智慧社区战略；为社区居民共享智慧社区活动和经验提供机会。

进入 21 世纪以来，基于信息相关产业的技术创新，美国、欧盟、日本、韩国、新加坡、中国台湾、马来西亚等国家和地区相继出现了运用信息通信技术，尝试城市发展新模式的实践。韩国 2004 年提出了"泛在城市"计划。新加坡 2006 年启动"智慧国 2015"计划，意图将新加坡建设成为经济、社会发展一流的国际化城市。欧盟则于 2006 年发起了欧洲 Living Lab 组织，它采用新的工具和方法、先进的信息和通信技术来调动方方面面的"集体的智慧和创造力"，为解决社会问题提供机会。2007 年 10 月，欧盟在《欧盟智慧城市报告》中率先在城市发展传统理论的基础上提出"智慧城市"的创新构想，成为世界上较早的智慧城市推进设计框架与探索实践。2009 年，日本在延续以往的"泛在日本"战略基础上提出了智慧城市计划。现在全球（不包括中国）大概有 200 多个智慧城市的项目正在实施（中国通信学会，2012）。

国内学者一般认为智慧城市起源于 IBM 公司 2008 年在题为《智慧地球：下一代领导人议程》的演讲报告中提出的"智慧地球"概念（杨再高，2012）。2010 年，IBM 正式提出了"智慧的城市"愿景，希望为世界和中国的城市发展贡献自己的力量。此后，智慧城市的概念引起全球关注，智慧城市的实践也在我国迅速展开（邹佳佳，2013）。

二 智慧城市概念

从第二章对智慧城市概念内涵的梳理中不难看出，不同视角、学科背景，不同国家、区域和城市、研究机构、实施企业之间，对智慧城市的定义存在差异，尚未形成统一的智慧城市概念。但它们有其共同点和交叉点，即这些概念均认为运用现代信息技术对城市公共管理与服务领域进行智能化建设是智慧城市的出发点，实现城市可持续发展与提升居民生活品质是智慧城市的落脚点（赵大鹏，2013）。

笔者比较赞同单志广（2014）的观点，即智慧城市是以推进实体基础设施和信息基础设施相融合、构建城市智能基础设施为基础，以物联网、云计算、大数据、移动互联网等新一代信息技术应用在城市经济社会发展各领域的充分运用、深度融合为主线，以最大限度地开发、整合、融合、共享和利用各类城市信息资源为核心，以为居民、企业和社会提供及时、互动、高效、智能的信息服务为手段，以促进城市规划设计科学化、基础设施智能化、运行管理精细化、公共服务普惠化和产业发展现代化为宗旨，通过智慧的应用和解决方案，实现智慧的感知、建模、分析、集成和处理，以更加精细和动态的方式提升城市运行管理水平、政府行政效能、公共服务能力和市民生活质量，推进城市科学发展、和谐发展，是信息化发展进入深水区后城镇发展的新理念、新模式和高层次阶段。

智慧城市与信息化、数字城市、物联网、云计算等概念的关系如下（中国通信学会，2012）：

（一）智慧城市与信息化的关系

城市的信息化是智慧城市的基础，智慧城市是信息化的提升和升华。城市信息化是指在城市管理、经济和社会生活各个方面应用信息技术，深入开发和广泛利用信息资源，加速实现城市现代化的进程。智慧城市是指把城市中分散的、各自为政的信息化系统、物联网系统整合起来，提升为一个具有较好协同能力和调控能力的有机整体，这是以前所没有的，是传统意义上的城市信息化的升华和飞跃，并被赋予了新的内涵。

（二）智慧城市与数字城市的关系

数字城市是数字地球的重要组成部分，是数字地球在城市的生产、生活等活动中，利用数字技术、信息技术和网络技术，将城市的人口、资源、环境、经济、社会等要素，以数字化、网络化、智能化和可视化的方式加以展现，本质上就是把城市的各种信息资源整合起来用于规划城市、预测城市、运营城市、监管城市。

智慧城市和数字城市本质上都是信息社会条件下现代城市发展的高级形态。数字城市和智慧城市的概念都是基于现代信息技术的快速发展和普及应用，从数字化和智能化两个不同的角度提出来的，都是信息社会条件下现代城市发展的前进方向和高级形态。两者有重叠和相近的体系结构，都是把信息技术应用在城市管理、运行和服务中，两者的根本宗旨相同，都是旨在提高现代城市的管理、运行和服务水平。

智慧城市的前提必然是数字化，数字城市的核心宗旨是智能化。城市数字化是城市智能化的必要条件，开展智慧城市建设的基础和前提必然是实现城市的数字化。智能化是基于数字化条件，综合应用物联网、感知网、云计算等集感知、获取、传输、处理于一体的信息技术和应用系统，提升城市发展规划、公共设施、公共服务、新兴业态的智能化水平。

智慧城市建设必须要充分利用和整合数字城市建设的成果，着力推进数据融合。智慧城市建设不是空中楼阁，也不是另起炉灶，必须基于现有数字城市建设的信息化成果，充分利用和整合已有的各级各类城市信息资源，大力推进数据融合。在一定意义上讲，智慧城市建设成败的关键不是大量开发建设新的信息化应用系统，而是如何有效推进城市范围内数据的融合，通过数据融合真正实现信息与智慧决策的融合，从根本上促进实现政府部门的协同共享、行业的互动协调、城市的精细化运行管理、人与自然的和谐相处。因此，围绕城市运行数据的采集、加工、提炼、分析、应用等开展的融合工作将是智慧城市建设的核心和关键环节。

（三）智慧城市与物联网的关系

物联网是智慧城市的重要基础设施。物联网是指通过传感器、射频识别技术、全球定位系统等技术，实时采集任何需要监控、连接、互动的物体或过程，采集其声、光、热、电、力学、化学、生物、位置等各种需要的信息，通过各类可能的网络接入，实现物与物、物与人的泛在链接，实现对物品和过程的智能化感知、识别和管理。从物联网的定义可看出，物联网强调的是"物"和"网"，是智慧城市的重要基础设施。其中的"物"强调物理世界中的每一个物件都要能被感知，要求都有地址，都可以被通信，都可以被控制。而这些"物"要泛在的互联成"网"。这里的网是泛在的，包含传感网、电信网、互联网以及各种专网等。

智慧城市强调"智慧"和"创新"。从技术角度讲，智慧城市更强调的是在物联网这些基础设施上的"协同运作、全面整合、激励创新，并且具有一定的自我学习、自我成长和自我创新能力"。另外，智慧城市不仅仅涉及技术层面的东西，其中还包括政治、管理、文化方面的东西，更强调为民服务的思想。通过智慧城市建设一个和谐、美好的城市生活环境，使整个城市像一个有智慧的人那样，具有较为完善的感知、认知、学习、成长、创新、决策、调控能力和行为意识，使绝大多数市民都能享受到智慧城市的服务和应用。

（四）智慧城市与云计算的关系

智慧城市推动云计算落地。云计算是一种基于网络的支持异构设施和资源流转的服务供给模型，它提供给客户可自治的服务。云计算支持异构的基础资源和异构的多任务体系，可以实现资源的按需分配、按量计费，达到按需索取的目标，最终促进资源规模化，促使分工的专业化，有利于降低单位资源成本，促进网络业务创新。

智慧城市是以多应用、多行业、复杂系统组成的综合体。多个应用系统之间存在信息共享、交互的需求。各不同的应用系统需要共同抽取数据综合计算和呈现综合结果。如此繁复的系统需要多个强大的信息处理中心进行各种信息的处理。要从根本上支撑庞大系统的安全运行，需要考虑基于云计算的网络架构，建设智慧城市云计算数据中心。在满足上述需求的同时云计算数据中心具备传统数据中心、单应用系统建设无法比拟的优势：随需应变的动态伸缩能力以及极高的性能投资比。因此说智慧城市的建设推动了云计算落地。

云计算给城市插上"智慧"的翅膀。依托云计算、物联网等新兴技术，以信息技术高度集成、信息资源综合应用为主要手段，加快推进城市信息化，是建设智慧城市的基础。政府是云计算建设的主要推动力，因为政府积累的大量数据，能强有力推动云计算落地。行业云是当今市场的热点，能实现行业数据的"活化"，推动公共服务。移动终端设备和云计算的发展给智慧城市建设带来新的动力。下一代人工智能技术与网络、数据中心结合在一起，将发展出新的智能化方式，人们在智慧城市的"智慧生活"将更加丰富多彩。

三　智慧城市特征

从技术角度看，智慧城市具有 4 个核心特征（中国电子技术标准化研究院，2013）：一是深层的感知：通过深层感知全方位地获取城市系统数据，二是广泛的互联：通过广泛互联将孤立的数据关联起来、把数据变成信息，三是高度的共享：通过高度共享、智能分析将信息变成知识，四是智慧的应用：把知识与信息技术融合起来应用到各行各业形成智慧，参见图 3—1。

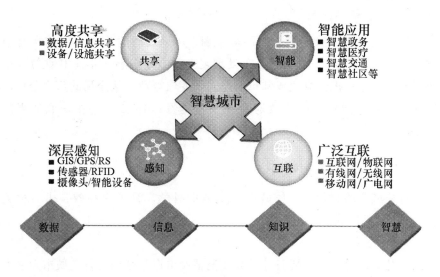

图3—1　智慧城市的四个核心特征

（一）深层的感知

利用任何可以随时随地感知、测量、捕获和传递信息的设备、系统或流程。比如城市中的监控摄像机、传感器、RFID、移动和手持设备、电脑和多媒体终端、GPS、数据中心、数据挖掘和分析工具等，通过使用这些新设备和系统，包括人在内的城市任何信息都可以被快速获取并进行分析，便于立即采取应对措施和进行长期规划。

（二）广泛的互联

通过各种形式的高速的高带宽的通信网络工具，如有线网、无线网、蓝牙、红外等，发挥三网融合的优势，将传感器、个人电子设备等智能设备连接起来进行交互，实现互联互通，实时监控。

（三）高度的共享

利用SOA（Service Oriented Architecture，面向服务的体系结构）、云计算、大数据等技术手段，通过将资源"服务"化、集中存储、共享计算资源等方式，对整个城市信息资源进行汇集、存储、分类、整合，将政府信息系统中收集和储存的分散的信息及数据关联起来，多方共享，使得工作和任务可以通过多方协作来得以远程完成。

共享视频监控、地理信息、通信调度等平台，平时用于城市管理和部门间业务联动，突发事件发生时由政府统一指挥，协同处置。

（四）智慧的应用

通过使用传感器、先进的移动终端，可以实时收集城市中的所有信息，采用高速分析工具和集成 IT 处理复杂的数据分析、汇总和计算，把数据变成信息，把信息变成知识，把知识变成智慧，从全局的角度分析形势并实时解决问题，以便政府及相关机构及时做出决策并采取适当的措施。

四 智慧城市愿景

智慧城市的愿景是：使城市"发展更科学，管理更高效，生活更美好"（中国通信学会，2012）。

（一）发展更科学

智慧城市建设的首要目标就是要调整城市产业结构、转变城市发展方式，并以此作为带动城市经济发展的主要抓手。通过智慧城市建设，大力发展新一代信息产业，降低产业能耗，使城市的产业结构更加合理，发展更加持续。

（二）管理更高效

城市畅通高效的运行，必须依靠可感知、可控制、高智能的管理手段。通过物联网、空间地理等技术，对湖泊、森林、大气等自然环境，道路、地面设施、地下管网等城市基础设施，汽车、食品、药品等流动的物品进行实时的管理控制，对本地人口、常住人口、流动人口等进行实时的管理和服务，以实现智慧的交通、智慧的环保、智慧的应急、智慧的基础设施、智慧的食品药品监管、智慧的政务，达到新阶段的人类文明：低碳社会、绿色生态、山水宜居。

（三）生活更美好

通过高度发达的基础环境和信息环境，市民在任何时间、任何地点、任何渠道都可以享受便捷廉价的社会服务、就业安居、公共交通、医疗卫生、文化教育等融合的公共服务，生活品质获得大幅提升；强大的服务能力让市民感受到归属与认同、便捷与关怀、交流与信任、尊重与成长。物理位置不再成为障碍，人人比邻而居，成为城市家园中日日相伴的朋友，无论是本土居民，还是外来居民，都为工作和生活在一座智能、亲切的城市而感到舒心和骄傲。

五　智慧城市作用

智慧城市的作用如下（工信部，2013）：

（一）是实现国家工业化、城镇化、信息化跨越式发展的重要载体

工业化、城镇化、信息化是我国当前社会发展的重要特征，实现三者的融合发展，是缓解城市突出问题，实现产业转型升级，保持经济持续发展的重要手段。而智慧城市正是工业化与信息化、城镇化与信息化相融合的必然产物，是实现工业化、城镇化、信息化跨越式发展的重要载体。

（二）是转变政府管理方式，提升城市服务效能的重要途径

随着信息技术的飞速发展，城市管理的手段朝着电子化、数字化、网络化的方向不断转变，社会公众和企业对城市服务的要求也朝着快速、高效、便捷、实时的方向不断提升。原有的政府管理方式和城市服务效能，已明显无法满足社会公众和企业的需求，智慧城市的建设与发展成为转变政府管理方式，提升城市服务效能的重要途径。

（三）有助于推进解决城市发展面临的问题

城市发展日益受到土地、空间、能源和清洁水等资源短缺的约束，城市人口膨胀、环境保护等问题面临的压力也越来越大。这些问题使用传统的技术和管理方法已经难以有效解决，而目前发达国家正在研究如何创新性地使用新一代信息技术、知识和智能技术手段来重新审视城市的本质、城市发展目标的定位、城市功能的培育、城市结构的调整、城市形象与特色等一系列现代城市发展中的关键问题，特别是通过智慧传感和城市智能决策平台改善节能、环保、水资源短缺等问题。智慧城市课题正是基于这个背景提出，其必要性和紧迫性十分明显。

（四）有利于促进经济增长和产业升级

首先，智慧城市的建设可以帮助政府实现对城市更好的掌控，可以提高政府效能，为经济增长和产业升级提供高效、快捷、低成本的政务服务环境，创造营养丰富的土壤。其次，智慧城市建设短时间内吸引、聚集大批的技术和资金资源，为城市的经济增长和产业升级形成推动。再次，智慧城市建设促进传统产业升级，倡导新能源、新材料等新兴战略产业，对城市的产业升级起到引导、带动作用。最后，智慧城市建设从根本上提升城市居民的总体素质，为经济增长和产业升级提供人力资源基础。而智慧城市建设下优化的城市环境也与经济增长和产业升级形成良性循环。因此说，现阶段，智慧城市建设的最大受益者应该是经济增长和产业升级工程，这个阶段，智慧城市建设的主要服务对象也应该是经济增长和产业升级工程。

（五）有利于促进社会和谐

我国的城市发展是随着近几十年工业化步伐的加快而实现的，工业化在给我国人民带来更多物质财富的同时也彻底改变了人们的生活方式。最突出的表现就是生活的社会化、国际化，通过社会分工和网络化来为居民提供各种服务。但这就带来了食品药品安全、家政服务质量、人身安全和社区安全等问题，尤其是食品安全问题已经越来越突出。只有解决了这些关系民生的基本生活保障问题（如放心食品和药品），城市的发展才可能和谐。但随着城市规模日益扩大、流动人口增加和物流系统越来越复杂，传统的由质检部门和居委会进行管理的方式已经难以胜任。城市必须利用新一代信息技术建立实时更新的控制和协调系统，实现智慧化管理才能与日益复杂的城市实体系统协调一致，达到现代人宜居的目标（如智慧社区等）。国外先进经验表明，城市的高宜居性，是稳住和吸引高智能人才的重要条件之一。

经济发展带来了我国经济的一体化和全球化，也带来了恶性传染病暴发、恶性犯罪事件的增加、国际恐怖主义的威胁等问题。为了防范和解决这类问题，智慧城市的引入可以在第一时间快速感知这些突发性事件，通过其智能化的调控能力和行为意识加快（由市长或城市智能决策平台）判断和决策的准确性、有效性与及时性，实现不同行业和区域的协同和应对能力。同时也可以通过其"学习"能力，不断提高处理应急事件和突发性事件的水平，使应急预案程序化、智能化。

（六）为城市建设和管理提供了更加丰富的方式与手段

物联网、云计算、移动互联网等新一代信息技术的快速发展，为城市建设和管理提供了更加丰富的方式与手段。智慧城市可对信息进行实时、准确的采集、传输和分析，可以向公众提供泛在、便捷、高效的服务，可以对城市的突发事件进行快速、合理的响应与处理，是新一代信息技术在城市中的创新应用。

（七）有助于提高国家综合竞争力

智慧城市建设是促进新一代信息技术成长的一个重要发展契机，将会带动一大批具有广阔市场前景、资源消耗低、产业带动大、就业机会多、综合效益好的产业发展。把这一主题列为培育和发展国家战略性新兴产业的研究范畴，将会使国家和民众都受益，堪称"一把钥匙开多把锁"。对于宏观经济而言，将促进产业链升级和提高获利能力，催生出智慧社区、智慧家庭、智慧交通、智慧物流、智慧医疗、智慧银行、智慧电网、智慧政府、智慧学校、智慧农业、智慧环保、智慧建筑等对国民经济和社会发展具有直接拉动作用的、可持续发展的新兴产业。在后金融危机时代，对于扩大内需、拉动出口增长堪称是一匹黑马。据有关专家预测，相关产业可带动至少 1 万亿元的消费，为我国 GDP 带来新的增长点。

六　智慧城市发展阶段

根据城市发展的基本规律，国脉互联（2012）将智慧城市的发展分为起步阶段、建设阶段、发展阶段、深化阶段、成熟阶段等 5 个阶段，参见表 3—1。

表 3—1　　　　　　　　　　智慧城市不同阶段及特征

阶段划分	特征
起步阶段	总体特征：领导重视、达成共识、规划到位，局部已开始推进实施，部分项目已开工建设。具体表现在以下几个方面：①准备工作：出台建设智慧城市的文件，制定相关智慧城市规划方案和行动纲要等；②项目建设：部分项目已开工建设，如信息网络建设、公共服务平台或者城市交通及管网的智能化建设等；③其他方面：智慧公共管理服务体系建设及智慧产业的引进培育等也已开始。
建设阶段	总体特征：智慧城市建设成为首要工作，汇聚各方力量，加大人、财、物方面的投入，智慧城市各项建设全面展开，使智慧城市的框架基本形成。具体表现在以下几个方面：①建设工作全面展开：包括智慧基础设施建设工程、智慧治理工程、智慧民生工程、智慧产业发展工程、智慧人群增智工程、智慧资源环境建设工程等涵盖智慧城市各方面的建设工作全面展开；②支撑环境建设：如人才培育体系、政策法规体系、投融资体系及技术标准体系等建设工作全面展开；③其他方面：如智慧城市建设项目管理、监督落实、评价完善等工作贯穿始终。
发展阶段	总体特征：经过关键的建设阶段后，政府决策者和管理者站在新的高度，进一步加大投入，推进智慧城市的发展与运营，使智慧城市具有较高的智能化水平及一定的感知、认知、学习和创新能力的智慧化水平。具体表现在以下几个方面：①智慧基础设施：信息网络覆盖率不断提高，公共服务平台功能更趋完善，城市基础设施智能化建设与运营初见成效；②智慧治理：智慧政府与公共管理水平不断提高，如信息资源开发和共享、业务协同、管理和服务体系建设等；③智慧民生：民生工程不断落实，智能化服务水平不断提高；④智慧产业：智慧产业加快发展，现代产业体系不断完善；⑤智慧人群：创新能力进一步增强，资源利用率不断提高，生活更便利、舒适；⑥智慧环境：生态保护初见成效，资源利用多元化，人文环境作用逐步显现，智慧城市各项规章制度不断完善。

续表

阶段划分	特征
深化阶段	总体特征：经过快速的发展阶段后，智慧城市建设由外力推动变为内生需求、内力驱动，由量的积累变为质的飞跃，智慧城市各部分相互衔接、相互融合、相互促进，其智慧化水平大幅提升，城市运营高效安全、人们生活幸福指数不断提高。具体表现为：①智慧城市各部分和谐统一：智慧基础设施、智慧治理、智慧民生、智慧产业、智慧人群、智慧环境等方面相互融合、相互促进，智慧城市的作用和价值已经显现；②智慧城市系统内外互补互促：智慧城市的区域竞争力、集聚力、辐射力不断增强。
成熟阶段	总体特征：经过不断的发展、深化，智慧城市的整体运营趋于合理、稳定，呈现出创新、高效、安全、和谐的一种状态，达到了发展更科学，管理更高效，社会更和谐，生活更美好的发展目标，实现了智慧城市的愿景。

第二节　智慧城市技术参考模型

中国电子技术标准化研究院（2013）提出智慧城市技术参考模型，如图3—2所示。参考模型的外围分为：最顶层是服务对象，具体包括了社会公众、企业用户和政府管理决策用户。不同的访问渠道将以服务对象

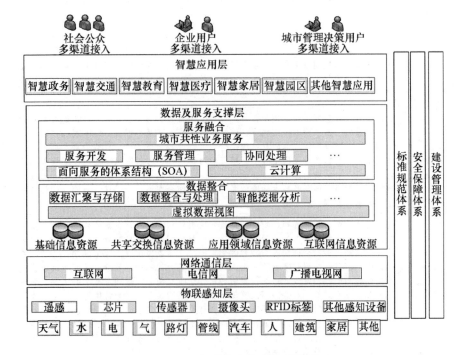

图3—2　智慧城市技术参考模型

为中心，统一在一起，实现多渠道统一接入。最底层是外围的自然环境，是整个参考模型的数据采集源。

　　智慧城市技术参考模型核心部分，从城市信息化整体建设角度，提出了所需要具备的四个层次要素和三个支撑体系，横向层次要素的上层对其下层具有依赖关系；纵向支撑体系对于四个横向层次要素具有约束关系。

一　物联感知层

　　智慧城市的物联感知层主要提供对环境的智能感知能力，以物联网技术为核心，通过芯片、传感器、RFID、摄像头等手段实现对城市范围内基础设施、环境、建筑、安全等方面的识别、信息采集、监测和控制。其中主要的技术为：

　　射频识别（RFID）：射频识别系统通常由电子标签和阅读器组成。电子标签内存有一定格式的标识物体信息的电子数据，是未来几年代替条形码走进物联网时代的关键技术之一。该技术具有一定的优势：能够轻易嵌入或附着，并对所附着的物体进行追踪定位；读取距离更远，存取数据时间更短；标签的数据存取有密码保护，安全性更高。

　　传感技术：从自然信源获取信息，并对之进行处理（变换）和识别。传感器负责实现物联网中物与物、物与人的信息交互。传感技术作为一种全新的信息获取和处理技术，利用压缩、识别、融合和重建等多种方法来处理信息，以满足无线多媒体传感器网络多样化应用的需求。

　　视频智能技术："更深入的智能化"是智慧城市另外一个特征与要求。智能化是指深入分析收集到的数据，以获取更加新颖、系统且全面的洞察来解决特定问题。这要求使用先进技术来处理复杂的数据分析、汇总和计算，以便整合和分析海量的跨地域、跨行业的数据和信息（国脉物联网，2014）。视频智能技术发展到今天，经历了几个阶段，智能技术主要可分为：视频行为分析、车牌识别、视频诊断、智能检索、人数统计、图像复原、人脸识别等几大类。视频与图像的数据量是非常大的，它包含有大量的趋势性、经验性、模糊性的信息，视频智能的潜力是巨大的。

　　互联互通—嵌入式技术："更全面的互联互通"是智慧城市另外一个

基本特征与要求。这里的互联互通是指将遍布整个城市的各类"感知"设备收集和储存的分散的信息及数据连接起来，进行交互和多方共享，从而更好地对环境和业务状况进行实时监控，从全局的角度分析形势并实时解决问题，使得工作和任务可以通过多方协作得以远程完成，从而彻底地改变整个世界的运作方式。

要实现"更全面的互联互通"，意味着大量的运算资源将以一种小型化、分布式的方式嵌入各类设备中去，从而形成各类具备采集、运算、传输等能力的移动、互联终端设备，这些设备再通过传输网络，把现场采集到的数据传输到后端。在这个过程中，我们看到运用嵌入式技术开发的嵌入式设备，能够很好地满足设备的小型化、多功能化、低功耗等技术要求。采用嵌入式 NVR、DVR，车载 DVR、PVR 等设备作为整个系统的底层接入网关，完成对现场模拟高清视频、网络高清视频、SDI 高清视频等各类视频信号和温度数据、烟雾、报警等各类传感器采集信息的汇聚、分析、上传，以此实现"智慧城市"感知层数据的互联互通。

二 网络通信层

智慧城市的网络通信层主要目标是建设普适、共享、便捷、高速的网络通信基础设施，为城市级信息的流动、共享和共用提供基础。本层重点是互联网、电信网、广播电视网以及三网之间的融合（如移动互联网），从而建设城市级大容量、高带宽、高可靠的光网络和全城覆盖的无线宽带网络。从技术角度，智慧城市网络通信层要求具有融合、移动、协调、宽带、泛在的特性。

融合：要在"三网融合"的基础上，开展技术融合、业务融合、行业融合、终端融合及网络融合。目前更主要的是应用层次上互相使用统一的通信协议。IP 优化光网络就是新一代电信网的基础，是三网融合的结合点。

移动：利用 GSM/GPRS、3G、WLAN、4G TD—LTE 等宽带无线接入技术建成覆盖全地区的无线接入网，实现全部公共城市、企业、家庭、校园的无线网覆盖。实现市民时时刻刻、无处不在的无线移动网络应用。

协调：无线接入网基站建设应考虑与 GSM、3G 及 4G TD—LTE 的建设相协调，避免后期多次选站、多次协调。以 TD—LTE 为代表的 4G 通信技术具有超高无线带宽能力。最高速率下行达到 100Mbits/s，上行达到 50Mbits/s，将大大改善城市移动实时视频、公共安全、社会生活、丰富的多媒体的应用。

宽带：打造城市光网。统一采用"综合业务接入点 + 主干光缆 + 配线光缆 + 末端光缆 + 驻地网"的模式进行规划和建设。加快智慧城市光网和光纤到户的发展，加速宽带发展，使市民进入智慧宽带的时代，满足家庭和个人的互联网、IPTV、高清电视、VOIP、视频监控等高带宽服务，实现全城的光网络覆盖，全部家庭的光纤接入。

泛在：采用传感器、射频识别技术（RFID）、全球定位系统（GPS）等技术，构建泛在的物联网，实时采集任何需要监控、连接、互动的物体或过程，采集其声、光、热、电、力学、化学、生物、位置等各种需要的信息，通过各类可能的网络接入，实现物与物、物与人的泛在链接，实现对物品和过程的智能化感知、识别和管理。

三　数据及服务支撑层

智慧城市的数据及服务支撑层是智慧城市建设的核心内容，本层实现城市级信息资源的聚合、共享、共用，并为各类智慧应用提供支撑。数据和信息已被认为是城市物质、智力之外的第三类重要的战略性资源，数据融合和信息共享是支撑城市更加"智慧"的关键。SOA、云计算、大数据等技术的应用在本层当中起到了关键的技术支撑作用。

（一）数据资源

城市的数据资源包括城市基础信息资源、共享交换信息资源、应用领域信息资源、互联网信息资源和各相关行业部门根据各自需求建立的相关数据库，以及 IDC（或数据中心）、安全基础设施等。

基础信息资源：指智慧城市建设需要的基本信息，内容涵盖人口基础信息库、法人单位基础信息库、自然资源和空间地理基础信息库、宏观经济信息数据库"四库"在内的基础数据。

共享交换信息资源：指需要跨部门和系统进行共享的信息资源，利用统一的数据共享交换标准体系，规范整合各类数据资源，实现跨地域、跨部门、跨层次的综合信息共享，同时提供完善的权限管理机制，以及对共享数据的更新和维护机制，实现对共享数据的及时更新。

应用领域信息资源：指业务专用信息资源，将同一应用领域不同类型的数据进行规范、整合，形成该应用领域的数据资源体系，并对外提供统一的数据共享和信息服务，支持综合分析和判断，实现全方位管理城市的目标。

互联网信息资源：互联网覆盖了城市生活的方方面面，构成了一个信息社会的缩影，支持对互联网承载信息高度智能化的整合处理，实现对资源的充分利用。

（二）数据融合

从数据处理的层面看，包括：海量数据汇聚与存储、数据融合与处理和智能挖掘分析。

海量数据汇聚与存储：智慧城市要实现"智慧"运作，需要对分布的、海量的数据进行汇聚、处理、分析。因此，整个智慧城市的数据系统必须能够高效地汇聚与存储大量的数据。

数据融合与处理：包括对各种信息源给出的有用信息的采集、传输、综合、过滤、相关及合成，处理和协调多信息源、多平台和多用户系统的数据信息，保证数据处理系统各单元与汇集中心间的连通性与及时通信。

智能挖掘分析：对海量的城市数据进行自动地分析、自动地分类、自动地汇总、自动地发现和描述数据中的趋势、标记异常等，从而将获取的有用的信息和知识应用于应用领域信息资源。

虚拟数据视图：一个主体拥有的完整数据（信息）的集合，虚拟数据视图是这个主体所面对的世界的一个数字化映象。对于一个主体所拥有的信息总集合，可以从不同的角度提取信息的子集，这些子集相当于信息总集合所构成的虚拟世界在某一个特定维度上的投影。

当建立了虚拟世界的一个外部映象之后，能够逐层构建出其他更加丰富的应用，这些应用，可以从不同的角度来进行分类和构建，如围绕时间维度的应用、围绕空间维度的应用和围绕不同实体维度的应用等。

（三）服务融合

主要作用是通过对下层提供的各类数据资源和应用系统资源进行统一的服务化封装、处理及管理，以便为构建上层各类智慧应用提供统一支撑平台；处于智慧城市总体参考模型的中上层，具有重要的承上启下的作用，主要通过 SOA 来实现，对上层应用提供的服务模式可以是云服务。本部分除了 SOA 技术及云计算技术两方面通用技术之外，主要包括：

服务开发：为服务开发商提供了从开发、调试到部署的服务开发全流程支持。提高服务开发商的交付质量和交付能力，降低交付成本，促进业务产品与技术平台相分离。

服务管理：以服务对象为中心，将所有服务资源进行重组，并对平台内的服务的运行进行维护、管控和治理。

协同处理：在分布式计算和数据共享的基础上，实现协同处理，方便地进行业务部署和开通，快速发现和恢复系统故障，通过自动化、智能化的手段实现大规模系统的可靠运营。

城市共性业务服务：在数据和服务融合基础上，提供面向城市级的公共、共性信息类服务，包括位置服务、视频点播服务、社交网络服务、虚拟现实服务等，为城市级公共服务以及各领域智慧应用建设提供统一支撑。

四　智慧应用层

在智慧城市的技术参考模型中，应用层主要是指在物联感知层、网络通信层、数据和服务融合层基础上建立的各种智慧应用。智慧应用端是数据具体领域的业务需求，对及时掌握的各类感知信息进行综合加工：智能分析，辅助统计、分析、预测、仿真等手段，构建的智慧应用体系。

智慧城市的应用包罗万象，根据智慧城市的愿景"发展更科学，管理更高效，生活更美好"角度出发，可以确定智慧产业、智慧生活和智慧管理是智慧城市的主要内容（邹佳佳，2013），如图 3—3 所示。

智慧产业	智慧制造业	智慧农业	智慧商务	智慧物流

	• 集成电路产业
	• 网络视听产业
	• 数字内容产业
	• ……
		• 农机定位
		• 仓储管理
		• 环境分析
		• ……
			• 电子商务
			• 智慧银行
			• 智慧零售
			• ……
				• 物流电子政务
				  平台
				• 物流电子商务
				  平台
				• 电子物流平台

智慧生活	智慧健康	智慧文教	智慧社区	智慧家居
	• 数字健康工程 • 个人电子健康 档案 • 智慧养老 • ……	• 智慧校园 • 网络学习 • 数字图书馆 • ……	• 智能建筑 • 路网监控 • 数字社区 • ……	• 家电控制 • 电子家庭 • 家庭安全 • ……
智慧管理	智慧政府	智慧环境	智慧交通	智慧能源
	• 并联审批 • 数字城管 • 电子政务 • ……	• 环境信息系统 • 环境自动监测 • 污染预警 • ……	• 交通拥堵管理 • 流量预测 • 通行诱导 • ……	• 智能电网 • 绿色能源 • 节能管理 • ……

图 3—3 智慧城市的主要应用

五 标准规范体系

为了推进智慧城市相关产业的快速、健康发展，必须有统一的技术和接口标准。智慧城市建设中整体所需的标准体系，涉及各横向层次，指导和规范智慧城市的整体建设，确保智慧城市建设的开放性、柔性和可扩展性。

对于在智慧城市中已有的技术和标准应尽可能的进行引用，比如通信层所涉及的电信行业标准已经相对完善和成熟，可以直接引用不再制定。制定标准过程中，坚持以拥有自主知识产权的技术为核心，广泛听取各方意见，形成大家认可的标准体系，使标准真正起到推动产业发展的作用。

六 安全保障体系

智慧城市安全保障体系在安全基础设施的基础上，从技术和管理两方面为智慧城市提供安全保障。在技术层面上，从物理与环境安全、系统安全、网络安全和数据与应用安全四个方向建立全面的安全防护体系，并针对智慧城市的物联感知层、网络通信层、数据及服务支撑层、智慧应用层上各自特有的安全隐患分别实施相应的解决方案，实现对智慧城市的层层防控，保障智慧城市安全。

七　建设管理体系

智慧城市的建设管理体系是智慧城市建设顺利推进的重要保障，包括建设、运行和运营管理三个方面，确保城市信息化建设促进城市基础设施智能化、公共服务均等化、社会管理高效化、生态环境可持续以及产业体系现代化，以全面保障智慧城市规划的有效实施。

第三节　智慧城市建设

一　建设内容

目前关于智慧城市建设内容的说法各异，其中国脉互联和中国通信协会的说法最具代表性。

国脉互联（2012）认为智慧城市包括智慧基础设施、智慧治理、智

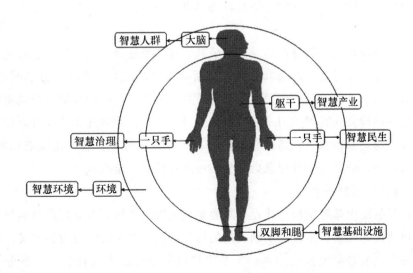

图3—4　智慧城市模型

慧民生、智慧产业、智慧人群和智慧环境六部分内容，涵盖智慧城市的各个方面，这是一个系统的、生态的发展体系，如同一个智慧的人一样，具有感知、行动、思考能力及鲜明的个性特征，参见图3—4。

其中，智慧基础设施如同人的双脚和双腿一样，是智慧城市发展的基础；智慧治理和智慧民生如同人的双手一样，是智慧城市运营的关键，一手抓管理、一手抓服务，两只手要协调发展；智慧产业如同人的躯干一样，是支撑智慧城市持续发展的重要力量；智慧人群如同人的大脑一样，是智慧城市运营的主体，是智慧城市健康发展的指挥中枢；智慧环境是如同人的生存环境一样，是智慧城市发展的基本载体和重要支撑。具体来说，智慧城市建设包括：

（一）智慧基础设施

智慧基础设施包括新一代信息网络设施、公共服务平台及经过智能化转型的城市基础设施，其中信息网络设施包括宽带网络、下一代通信网、物联网与"三网融合"等；公共服务平台包括云计算中心、信息安全服务平台及政府数据中心等；城市基础设施的智能化转型是城市发展的趋势与客观需要，包括水、电、气、热管网，以及道路、桥梁、车站、机场等方面的感知化与智能化建设，从而形成高度一体化、智能化的新型城市基础设施，为智慧城市建设打下良好的基础。

（二）智慧治理

智慧治理包括智慧政府及智慧公共管理体系建设，其中智慧政府主要是自身建设及对企业的公共服务，包括决策执行能力、管理服务透明度、业务协同水平的提升，以及对企业的公共服务等；公共管理体系建设主要是增强政府公共管理能力及社会参与管理意识，扩大管理主体，且通过信息技术提高管理水平及精准管理能力，实现城市智慧管理，使城市管理、运行监测、公共安全及应急处置等城市运行情况安全高效。

（三）智慧民生

智慧民生是智慧城市建设中需要重点解决的事情，其直接影响到智慧城市建设的效果，不仅关系到人们的切身利益，更是成功与否的关键。智慧民生主要是加大投入力度，不断提高政府服务能力及社会公益服务水平，为公众在衣食住行方面提供便捷、良好的服务，主要包括智慧社保保障、智慧医疗卫生、智慧教育文化、智慧社区服务与其他公益服务等。

（四）智慧产业

智慧产业是直接或间接利用人的智慧进行研发、创造、生产、管理等活动，形成有形或无形的智慧产品以满足社会需要的产业，其中直接利用人的智慧，如教育、培训、咨询、策划、广告、设计、软件、动漫、影视、艺术、出版等；间接利用人的智慧主要指加强新一代信息技术在研发、生产制造、管理、销售及服务等环节的应用，全面提升各环节的智慧化水平，提高产品的技术含量。智慧产业是智慧城市建设的关键，也是体现城市"智慧"的重要标准，智慧因素最终主要反映在投入产出比、资源消耗率及量化融合度等方面。智慧产业的快速发展将促进经济发展模式由劳动密集型向知识、技术密集型的转变，提高知识与信息资源对经济发展的贡献率，推动产业结构优化升级，使经济发展更智慧、更健康、更有效率。

（五）智慧人群

智慧城市是"智"、"慧"协同发展的结果，要更突出人的因素、人文的因素，事实上，也只有人才有智慧，而物只有智能，也只有人的参与才能真正体现城市的智慧，这也是智慧城市区别于智能城市与数字城市的最主要特征。智慧人群是智慧城市建设发展的核心所在，其不仅是智慧城市建设的决策者、执行者，更是智慧城市建设成果的享用者，要充分开发、利用各类信息资源，不断提高人们的创造力，实现更大的价值，达到建设智慧城市的目的。

（六）智慧环境

智慧环境是智慧城市建设的重要保障，包括生态保护、资源利用及软环境建设。加强生态环境保护，促进绿色低碳生活环境建设，提高资源利用率，不断增强可持续发展水平是智慧城市建设的必由之路；充分理解智慧城市内涵，把握未来城市发展机遇，结合自身特点及优势，提高智慧城市与自身发展目标的契合度，加强智慧城市软环境建设，促进智慧城市的可持续发展、智慧发展。

智慧基础设施是智慧城市建设的基础，为实现智慧城市的高效运转提供支撑；智慧治理是智慧城市发展的关键，是体现智慧城市发展水平的重要标志；智慧民生是智慧城市建设的重要工程，是实现全民享受智慧的重要体现；智慧产业是新一轮产业发展的必然趋势，是智慧城市持续、健康发展的重要支柱，是增强智慧城市竞争力的重要保障；智慧人群是智慧城市的主体，是智慧城市的建设者、运营者、管控者和享用者，智慧人群的培育是智慧城市良性运转的核心，是智慧城市建设的目的所在；智慧环境是智慧城市健康发展的营养素，具有重要的支撑作用。这六部分相互支撑、相互促进，从而形成一个相互支撑，完整的、系统的有机整体，真正实现城市管理精确高效、城市服务及时便捷、城市运行安全可靠、城市经济智能绿色、城市生活安全舒适的发展目标。

中国通信协会（2012）认为智慧城市建设包括以下几个方面。

（一）智慧城市的基础设施

智慧城市的基础设施包括信息、交通和电网等城市基础设施。现代化的信息基础设施就是要不断夯实信息化或智能化发展的基础设施和公共平台，建设高速宽带泛在的新一代信息基础设施，让市民充分享受到有线宽带网、无线宽带网、3G 移动网等带来的便利。此外，还要推进智能交通、智能电网、智能管网等城市基础建设，推进实体基础设施与信息基础设施相融合，形成高度一体化、智能化的新型城市基础设施。

（二）智慧城市的资源管理

智慧城市的资源管理是通过对能源、水资源、土地资源的智能管理，实现城市的可持续发展。通过借助物联网、传感网等新技术，努力通过能源生产、储运、应用和再生等环节减少能源资源消耗，发展新能源、新材料、信息网络、节能环保、生命科学等战略性新兴产业，加快打造全球领先的低碳城市发展模式。

（三）智慧城市的公共服务

通过加强就业、医疗、文化、安居等专业性应用系统建设，通过提升城市建设和管理的规范化、精准化和智能化水平，有效促进城市公共资源在城市范围共享，积极推动城市人流、物流、信息流、资金流的协调高效运行，在提升城市运行效率和公共服务水平的同时，推动城市发展转型升级。

（四）智慧城市的产业体系

智慧城市的产业体系是通过打造以物联网、云计算、软件和信息服务业等产业为代表的智慧信息产业、以现代物流和电子商务为代表的智慧服务业、以智能制造为代表的智慧工业、以设施农业和精准农业为代表的智慧农业，提高信息技术对经济发展的贡献率，推动产业结构优化升级，转变经济发展方式，以智慧城市建设带动智慧产业发展，以智慧产业发展支撑智慧城市建设。

（五）智慧城市的安全保障

智慧城市的安全保障既包括信息安全保障，也包括城市公共安全保障。信息安全保障体系主要包括网络安全、操作系统安全、数据库安全以及应用系统安全等，依赖的安全技术包括密码技术、身份认证、访问控制、虚拟专用网和公共密钥等。城市公共安全保障体系包括安全网络视频监控、公共安全应急指挥等，为预防和打击各种妨害社会公共安全的犯罪活动、保障社会的安全和稳定提供了保障手段。

（六）智慧城市的人文建设

智慧城市的人文建设包含六个方面：一是培育具有现代素质的市民。市民要不断增强城市意识、开放意识、法制意识和现代生活环境意识，促进一个城市形成良好的社会风气和精神风貌。二是建设具有个性的城市形象文化。城市形象文化主要包括城市现代化的基础设施和时尚的外观形象，要讲究城市的整体和谐和审美情趣，有文化个性和艺术感。三是挖掘城市的历史文化资源。历史文化是一个城市文化个性的生动体现。四是形成若干个著名的高等院校、科研机构或艺术团体。教育是文化的基础，科技是文化的精华，艺术团体是文化的结晶，这三者是衡量一个城市文化水平高低的关键性指标。五是推进城市的文化产业繁荣发展。文化产业既可以有力地促进经济发展，也可以极大地提高一个城市的文化品位。六是开展丰富多彩的群众文化活动。群众文化是城市文化的重要组成部分，也是建设智慧城市必不可少的一个重要内容。

二　建设步骤

中国通信学会（2012）认为，智慧城市的建设必须按照一定的方法和步骤稳步推进，不可盲目建设。按照先分析后设计，先规划后实施的思想，我们把智慧城市的建设分为五个步骤进行，即：定位→设计→实施→评价→推广。这五步，必须有条不紊地进行，前面一步是后一步的基础，必须把前面一步工作做好、做扎实才可进行下一步工作，以保证智慧城市建设的每一步有章可循，切不可冒进图快。

（一）定位

每个城市都是有生命力的，每个城市都具有自身的历史、文化和特色，在建设智慧城市之前，必须做好城市本身的定位分析。根据城市自身的特色和现状，以城市中长期发展规划为指引，找准定位、突出城市的个性和文化，形成具有自身特色的、符合自身实际的智慧城市建设的愿景目标、建设路线等。避免照搬、照抄其他城市的建设方案。

（二）设计

根据定位分析的愿景和目标构建智慧城市的总体架构，优先选择涉及民生和社会热点问题、对产业升级转型有较大促进作用、能够提升城市运行效率的重点项目进行设计。构建智慧城市的标准体系，为智慧城市建设提供标准化支撑，保证试点工程建设健康、有序地开展。构建全面的安全防护体系为智慧城市打造坚实的安全之盾。建立相应的政策措施和管理机制，为智慧城市建设提供强有力的保障。

（三）实施

在做好总体设计和规划的前提下进行智慧城市的建设实施，实施过程中针对各个项目的不同特点，选择合适的投资运营模式，在确保安全的前提下，吸引社会资金投入智慧城市建设；借助市场力量进行项目的运营和运维，带动本地服务业发展；如需政府投入，尽量采用"建设—转移"的方式，减轻财政压力。智慧城市的建设和运营必须建立强有力的组织管理模式，在智慧城市建设委员会的统一领导下开展工作。

（四）评价

智慧城市的评价是检验智慧城市建设成果的环节。智慧城市的评价可以从绩效和效益两个方面进行，绩效评价对"智慧城市"建设成果进行量化计算；效益分析从社会、经济发展的推动、促进方面考量智慧城市建设的价值。

（五）推广

智慧城市建设之后，将从内生和外延两个层面产生辐射推广作用。将智慧城市建设过程中产生的经济效应、智慧建设的理念辐射到周边；通过应用示范带动新技术、新业态、新模式的推广，推动相关行业的智慧化应用。

三　顶层设计

南京市信息中心何军（2013）认为，顶层设计是指运用系统论的方法，从全局的角度，对大型复杂系统建设的各方面、各层次、各要素统筹规划，以集中有效资源，实现结构上的优化，功能上的协调，资源上的整合等目标。

智慧城市顶层设计的主要内涵：一是顶层决定性，顶层设计是自上而下展开的设计方法，核心理念与目标都源自顶层，顶层决定底层，高端决定低端；二是规范统一性，做到系统各部分理念统一、目标统一、标准统一，确保系统各部分建设遵循统一的管理和技术标准；三是整体关联性，顶层设计强调设计对象内部要素之间围绕核心理念和顶层目标所形成的关联、匹配与有机衔接，实现系统各部分互联互通、功能协调、资源共享；四是实践可行性，顶层设计就是工程实现，要以顶层设计促进规划的实施。

智慧城市顶层设计的目标是以全局视角对智慧城市系统的各方面、各层次、各要素进行统筹考虑，调节各种关系，确定同一目标，并为其制定正确的实施路径，从而实现可持续地提高效益、节约资源、降低风险和成本。

智慧城市顶层设计时，应该把握以下几个方面的原则：一是以服务对象为中心，主要是围绕政府、市民、企业等主体；二是以城市发展为目标，如繁荣、绿色、幸福、和谐等；三是基于多层结构，包括网络、数据、应用、呈现等层面；四是强调系统融合和信息资源汇聚共享；五是注重以智慧城市建设促进智慧产业发展。基于以上考虑和要求，智慧城市顶层设计至少应包括五大体系：一是综合应用体系；二是组织领导体系；三是政策法规体系；四是信息共享体系；五是安全保障体系。

智慧城市顶层设计的主要依据有二：一是国际通行的信息系统顶层设计方法，主要是美国联邦政府发布的电子政务的顶层设计方法——联邦企业架构（FEA）；二是国内外研究机构在智慧城市顶层设计方面的思路，包括城市政府、咨询机构、电信运营商、系统集成商等。由于出发点和视角的不同，各类机构的智慧城市顶层设计思路也会有所差异，由于各城市的经济、社会、城市文化及信息化基础设施的差异，对智慧城市顶层设计的理解和着眼点有所不同；各大 IT 公司或相关咨询机构也因为其自身技术背景和产品路径关系，对智慧城市顶层设计的解释不尽相同。总体而言，政府和咨询机构更多地从为市民、企业、社会服务的角度考虑，相对较为客观；运营商、系统集成商则可能更多地从增加网络流量和设备需求、拓展市场、控制资源等角度考虑。

四　建设路径

智慧城市建设路径是在既定的时代背景和空间条件下，智慧城市建设目标、现实条件和资源禀赋相结合的产物，是智慧城市建设的动力、重点、方式等的"最优"选择（邹佳佳，2013）。智慧城市建设路径选择时应遵循以下原则：

（一）根据城市实际选择路径

智慧城市建设路径必须是对城市特色和优势的体现、对城市弱点的突破有总体规划，而不是对国内成功"范式"的模仿和追求。因此每个城市在智慧城市选择时必须注重城市的实际情况，选择合适的发展道路。经济实力较强的城市可以选择综合发展路径，如新加坡；针对城市需要重点解决的问题，可以选择重点突破型发展路径，如斯德哥尔摩先解决城市交通问题；投资环境好，资本雄厚，可选择投资拉动型，如松山湖智慧园。

（二）综合运用多种路径

对智慧城市建设的路径选择并不是单一化，一刀切，要根据城市的实际情况多管齐下。如智慧广州选择了基础设施建设、管理服务为重点的建设路径，同时成立智慧产业联盟，大力发展新兴产业；此外"天河智慧城"的实践又是对综合发展建设路径的试点。

（三）根据城市需求有所侧重

智慧城市建设涉及城市经济、社会、生活的方方面面，建设过程复杂，建设周期长，建设规模庞大，不可能一蹴而就，因此需要根据每个城市的发展需求有侧重点的进行建设。如欧洲的智慧城市建设以基础网络的建设和环境建设为重点；韩国智慧城市建设以基础网络建设、统一管理平台和智能化应用重点；高科技产业发展与应用是新加坡、马来西亚等东南亚城市智慧城市建设的重点。美国把智慧城市建设的重点放在基础设施的改造和智慧应用。

（四）根据建设进程调整实施路径

智慧城市的建设是一个动态的建设过程，建设阶段不同，建设路径（重点）也应不同。日本智慧城市建设先后经历"e—Japan"战略、"U—Japan"战略和目前的"I—Japan"战略三个阶段，每个阶段的侧重点都不同。

五　建设运营模式

智慧城市建设除了要有高水平的全面规划和完善的顶层设计做指引，还需要有合理有效的建设运营模式做支撑。从国内外智慧城市建设的实践经验看，智慧城市建设共有七种常见的建设运营模式（杨会华、樊耀东，2013）：政府独立投资建设和运营、政府运营商共同投资运营商建设和运营、政府投资委托运营商或第三方建设和运营、政府牵头 BOT 模式、运营商/第三方独立投资建设运营、联合建设运营和联合公司化运营等，具体如表3—2 所示。

前四种模式有一个共性特征——政府主导或参与，而它们之间的差异更多的是参与程度的不同。相比较而言，政府主导或参与，在融资、建设方面更容易推进，运营商/第三方专业建设和运营便于实现专业化运作。后三种模式政府参与程度较少，更多的是由一家或者几家运营商通过联合或公司化运作模式承接智慧城市的建设任务。

从目前来看，越来越多的智慧城市项目建设模式逐步从政府主导单一模式向社会共同参与、联合建设运营的多元化模式转变。智慧城市的项目类型是决定建设运营模式的主要因素，项目属性、涉密性、投资规模、专业跨度、共享性和专业难易等六个方面是影响建设运营模式选择的关键因素。其中：公益型的项目、涉密型的项目、政务类的项目需要政府主导和投资，倾向于前四种建设运营模式；投资规模大、专业跨度大、共享性要求高、专业涉及类别多的项目适合采用联合建设的模式，不适合政府投资建设运营和运营商/第三方独立建设运营。

表 3—2   智慧城市建设典型建设运营模式优劣势分析

典型模式	特征描述	优势	劣势	典型代表
模式一：政府独自投资建设和运营	政府负责基础设施/平台的投资、建设、维护和运营	政府有绝对控制权	政府财政压力较大，必须获得足够的收益才能维持网络运转，同时也面临业务的运营、推广以及后期维护等困难	美国 CorpusChristi市无线城市
模式二：政府和运营商共同投资，运营商建设并运营	由政府和运营商共同出资、共同拥有，日常建设和运营管理由运营商进行	可以减轻政府财政压力	面临着产权难以界定、利用运营商网络资源会产生纠纷等问题	"无线费城"
模式三：政府投资，委托运营商/第三方建设、运营	政府进行投资，并通过招标等方式委托一家或多家运营商建设和运营	政府有绝对控制权，专业公司进行运营和维护	政府财政压力较大，后续网络的升级、运维等容易导致权责不明朗	新加坡"智能国家2015"
模式四：政府牵头，BOT（建设—运营—转移）模式	通过市场化方式引进企业资金投资基础设施建设，许诺投资方在建成后的一段时期内拥有经营权，到期后再由政府收回管理经营	可以减轻政府财政压力所有权和经营权的分离造成企业的短视	政府运营经验的缺乏导致到期收回对政府压力较大	"无线台北"
模式五：运营商/第三方独立投资建设和运营	综合实力较强的运营商或者第三方独立负责智慧城市子任务（例如一项基础设施、平台或者应用建设）的投资建设和运营工作	产权清晰，减少政府财政压力，可以充分利用电信运营商经验和实力解决"无线城市"的运营、管理和维护等问题	需要有持续的盈利模式	上海市智慧虹桥商务区
模式六：联合建设运营	产业链上运营商、应用开发商、系统集成商、终端设备提供商中的两家或多家联合开发智慧平台或应用并共同推广	利于产业链良性运转，综合解决能力较强	多方合作，合作协调工作量大	台北市智慧园区

续表

典型模式	特征描述	优势	劣势	典型代表
模式七：联合公司化运营	由产业链成员，如运营商、应用开发商、系统集成商等共同成立一个管理公司及系列子公司进行智慧城市的投资、建设、运营	利于产业链良性运转，综合解决能力较强，公司化运作更加灵活	多方合作，合作协调工作量大	杭州市一卡通项目

六　建设要点

要想更好地建设智慧城市，必须把握好下面五点（中国通信学会，2012）：

（一）切实可行的规划是智慧城市建设成功的基本前提

规划是任何事业能得到良好发展的龙头，制定详尽科学的规划，准确定位城市的竞争优势，把握外部发展环境，抓住建设重点，避免重复建设，详细分解建设任务与实施路径，并把规划上升到政策高度，保证规划的落实，是智慧城市建设成功的前提。

（二）充足的资源投入是智慧城市建设成功的必要条件

在智慧城市建设过程中，要保证有专业的领导建设团队，并适当地进行财政倾斜，拓宽融资渠道，鼓励产、学、研各方热情参与，加强人力资源建设，奠定人才基础，完善组织协调机制，保证有充足的人、财、物、政策资源投入到智慧城市的建设中去。

（三）良好的产业发展是智慧城市建设成功的有力支撑

良好的产业发展，可以为智慧城市的建设提供更多的产品支持，提供更多的科研力量支持，提供更多的示范项目及实践经验；官产学研配合紧密，可使企业的科技成果更快更好地应用到生产生活中，转化为经济效益，为成功建设智慧城市提供有力支撑。

（四）有利的发展环境是智慧城市建设成功的重要保障

有利的政策环境，能拉动智慧城市的建设并为之保驾护航；有序的市场经济环境，能为相关产业提供快速发展的温床；良好的科技创新环境，能吸引更多的智慧城市建设科研力量；稳定的社会环境，是智慧城市建设的润滑剂。加大宣传力度，构建积极的发展环境，能够保障智慧城市的建设顺畅进行。

（五）科学有效的理念与应用推广是智慧城市建设成功的关键环节

智慧城市作为一种先进的城市发展理念，能否被城市政府、企业与公众理解与关注是其得到高效建设与广泛应用的先决条件。智能体验中心结合新一代声光电等丰富的技术手段与多样化的展示方式，使政府部门、企业、社会公众能够直观了解智慧城市的发展理念，真实体验感知生活的变化影响，寓智慧城市理念于互动体验中，直观高效。此外，培训、宣传等也是提高智慧城市建设与应用意识的重要手段。

七 保障措施

智慧城市建设亟须政府出台相应的优惠扶持政策，加大投入力度。相关政府部门可以从以下几个方面开展工作（中国通信学会，2012）。

把智慧城市建设作为事关城市未来发展的重大战略来谋划部署。要站在发展知识文明的战略高度、加快转变经济发展方式的全局高度、培育经济新增长点构建区域竞争新优势的现实角度，充分认识智慧城市建设的重大意义，统筹谋划部署，着力抓好智慧城市相关试点工作。

制定智慧城市建设总体规划和推进计划。要组织相关部门和专家，成立专门编制规划小组，在国民经济和社会发展总体规划、物联网等战略性新兴产业发展规划的基础上，认真做好顶层设计，明确思路、任务和工作举措，形成智慧城市建设的总体方智慧城市建设的指导性政策意见，完善相关税收、财政、用地等政策，建立新一代信息产业发展指南，鼓励新一代信息技术应用。建立智慧城市建设的财政专项资金，加大对新一代信息技术应用和信息产业发展的投入力度。

加大借力发展和对外合作力度。充分发挥市场机制配置资源的基础性作用，利用市场机制扩大社会资本对智慧城市建设的投入力度。不断完善智慧技术创新和产业支撑体系。重视省部合作，创建国家、行业标准，合力推进智慧城市相关标准的研制。充分运用市场机制，加强与电信运营商的战略合作，创新商业模式和服务模式，进一步做好"三网融合"及物联网相关机构和项目的引进和实施。加强智慧产品和技术应用推广培训，推动新一代信息技术应用普及化大众化。

加大智慧城市建设的试点力度。充分发挥现有试点城市的示范作用，在信息化基础较好的部分城市扩大试点范围，促进智慧城市创建与信息技术、信息产业创新的互动发展。大力开展智慧应用体系以及居民信息应用能力建设，加快形成产业发展高端化、社会运行管理高效率、居民生活高品质的具有较强辐射力、影响力和带动力的智慧城市。着力探索构建政府、企业、市场等在智慧城市建设和运营中的关系，尤其是要大力推动商业模式、服务模式创新，努力走出可持续的智慧城市建设路径。

第四节　智慧城市评价体系

智慧城市评价体系是由一套科学系统的评价指标构成的，对智慧城市建设成果进行量化计算、科学评测的方法体系，是检验智慧城市成果的具体体现，起到引领、监测指导、量化评估智慧城市建设的作用。确立智慧城市评价指标体系，是评价城市智慧化的一个核心和关键的环节。指标体系涵盖是否全面，层次结构是否清晰合理，直接关系到评价质量的好坏。智慧城市建设效果的分类涉及诸多方面，要对其进行合理地评价分类，必须建立完善的指标体系。下面介绍几个目前国内有影响力的智慧城市的评价体系。

一　住建部国家智慧城市（区、镇）试点指标体系

国家智慧城市（区、镇）试点指标体系（试行）包括保障体系与基础设施、智慧建设与宜居、智慧管理与服务、智慧产业与经济基本公共服务4个一级指标（住建部，2012）。其中，保障体系与基础设施指标，分为保障体系、网络基础设施、公共平台与数据库三类二级指标，涉及无线网络覆盖、城市公共基础数据库和信息安全等多项三级指标。智慧建设与宜居指标，分为城市建设管理、城市功能提升两个二级指标，涉及数字化城市管理建筑节能、垃圾分类与处理、供水排水燃气系统等多项三级指标。智慧管理与服务指标，分为政务服务、基本公共服务、专项应用三个二级指标，涉及城乡规划、数字化城市管理等多项三级指标。智慧产业与经济基本公共服务指标，则包括产业规划、产业升级和新兴产业发展三个二级指标，涉及创新投入、产业要素聚集、传统产业改造和高新技术产业等多项三级指标，如表3—3所示。

表 3—3　　　住建部国家智慧城市（区、镇）试点指标体系（试行）

一级指标	二级指标	三级指标	指标说明
保障体系与基础设施	保障体系	智慧城市发展规划纲要及实施方案	指智慧城市发展规划纲要及实施方案的完整性和可行性。
		组织机构	指成立专门的领导组织体系和执行机构，负责智慧城市创建工作。
		政策法规	指保障智慧城市建设和运行的政策法规。
		经费规划和持续保障	指智慧城市建设的经费规划和保障措施。
		运行管理	指明确智慧城市的运营主体并建立运行监督体系。
	网络基础设施	无线网络	指无线网络的覆盖面、速度等方面的基础条件。
		宽带网络	指包括光纤在内的固定宽带接入覆盖面、接入速度等方面的基础条件。
		下一代广播电视网	指下一代广播电视网络建设和使用情况。
	公共平台与数据库	城市公共基础数据库	指建设城市基础空间数据库、人口基础数据库、法人基础数据库、宏观经济数据库、建筑物基础数据库等公共基础数据库。
		城市公共信息平台	指建设能对城市的各类公共信息进行统一管理、交换的信息平台，满足城市各类业务和行业发展对公共信息交换和服务的需求。
		信息安全	指智慧城市信息安全的保障措施和有效性。
智慧建设与宜居	城市建设管理	城乡规划	指编制完整合理的城乡规划，并根据城市发展的需要，制定道路交通规划、历史文化保护规划、城市景观风貌规划等具体的专项规划，以综合指导城市建设。
		数字化城市管理	指建有城市地理空间框架，并建成基于国家相关标准的数字化城市管理系统，建立完善的考核和激励机制，实现区域网格化管理。
		建筑市场管理	通过制定建筑市场管理的法律法规，并利用信息化手段促进政府在建筑勘察、设计、施工、监理等环节的监督和管理能力提升。
		房产管理	指通过制定和落实房产管理的有效政策，并利用信息技术手段进行房产管理，促进政府提升在住房规划、房产销售、中介服务、房产测绘等多个领域的综合管理服务能力。
		园林绿化	指通过遥感等先进技术手段的应用，提升园林绿化的监测和管理水平，提升城市园林绿化水平。
		历史文化保护	指通过信息技术手段的应用，促进城市历史文化的保护水平。
		建筑节能	指通过信息技术手段的应用，提升城市在建筑节能监督、评价、控制和管理等方面的工作水平。
		绿色建筑	指通过制定有效的政策，并结合信息技术手段的应用，提升城市在绿色建筑的建设、管理和评价方面的水平。

续表

一级指标	二级指标	三级指标	指标说明
智慧建设与宜居	城市功能提升	供水系统	指利用信息技术手段对从水源地监测到龙头水管理的整个供水过程实现实时监测管理，制定合理的信息公示制度，保障居民用水安全。
		排水系统	指生活、工业污水排放，城市雨水收集、疏导等方面的排水系统设施建设情况，以及利用现代信息技术手段提升其整体功能的发展状况。
		节水应用	指城市节水器具的使用和水资源的循环利用情况，以及利用现代信息技术手段提升其整体水平的发展状况。
		燃气系统	指城市清洁燃气使用的普及状况，以及利用现代信息技术手段提升其安全运行水平的发展状况。
		垃圾分类与处理	指社区垃圾分类的普及情况及垃圾无害化处理能力，以及利用现代信息技术手段提升其整体水平的发展状况。
		供热系统	指北方城市冬季供暖设施的建设情况，以及利用现代信息技术手段提升其整体水平的发展状况。
		照明系统	指城市各类照明设施的覆盖面和节能自动化应用程度。
		地下管线与空间综合管理	指实现城市地下管网数字化综合管理、监控，并利用三维可视化等技术手段提升管理水平。
智慧管理与服务	政务服务	决策支持	指建立支撑政府决策的信息化手段和制度。
		信息公开	指通过政府网站等途径，主动、及时、准确公开财政预算决算、重大建设项目批准和实施、社会公益事业建设等领域的政府信息。
		网上办事	指完善政务门户网站的功能，扩大网上办事的范围，提升网上办事的效率。
		政务服务体系	指各级各类政务服务平台的联结与融合，建立上下联动、层级清晰、覆盖城乡的政务服务体系。

一级 指标	二级 指标	三级指标		指标说明
智慧管理与服务	政务服务	基本公共服务	基本公共教育	指通过制定合理的教育发展规划，并利用信息技术手段提升目标人群获得基本公共教育服务的便捷度，并促进教育资源的覆盖和共享。
			劳动就业服务	指通过法规和制度的不断完善，结合现代信息技术手段的应用，提升城市就业服务的管理水平，通过建立就业信息服务平台等措施提升就业信息的发布能力，加大免费就业培训的保障力度，保护劳动者合法权益。
			社会保险	指通过信息技术手段的应用，在提升覆盖率的基础上，通过信息服务终端建设，提高目标人群享受基本养老保险，基本医疗保险，失业、工伤和生育保险服务的便捷程度，提升社会保险服务的质量监督水平，提高居民生活保障水平。
			社会服务	指通过信息技术手段的应用，在提升覆盖率的基础上，通过信息服务终端建设，提高目标人群享受社会救助、社会福利、基本养老服务和优抚安置等服务的便捷程度，提升服务的质量监督水平，提高服务的透明度，保障社会公平。
			医疗卫生	指通过信息技术手段应用，提升基本公共卫生服务的水平。通过信息化管理系统建设和终端服务，保障儿童、妇女、老人等各类人群获得满意的服务；通过建立食品药品的溯源系统等措施，保障食品药品安全供应，并促进社会舆论监督，提高服务质量监督的透明度。
			公共文化体育	指通过信息技术手段应用，促进公益性文化服务的服务面，提高广播影视接入的普及率，通过信息应用终端的普及，提升各类人群获得文化内容的便捷度；提升体育设施服务的覆盖度和使用率。
			残疾人服务	指在提高服务覆盖率的基础上，通过信息化、个性化应用开发，提升残疾人社会保障、基本服务的水平，提供健全的文、体、卫服务设施和丰富的服务内容。
			基本住房保障	指通过信息技术手段应用，提升廉租房、公租房、棚户区改造等方面的服务水平，增强服务的便利性、提升服务的透明度。

续表

一级指标	二级指标	三级指标	指标说明
智慧管理与服务	政务服务	专项应用	智能交通：指城市整体交通智慧化的建设及运行情况，包含公共交通建设、交通事故处理、电子地图应用、城市道路传感器建设和交通诱导信息应用等方面情况。
			智慧能源：指城市能源智慧化管理及利用的建设情况，包含智能表具安装、能源管理与利用、路灯智能化管理等方面的建设。
			智慧环保：指城市环境、生态智慧化管理与服务的建设情况，包含空气质量监测与服务、地表水环境质量监测与服务、环境噪声监测与服务、污染源监控、城市饮用水环境等方面的建设。
			智慧国土：指城市国土资源管理和服务的智慧化建设情况，包含土地利用规划实施、土地资源监测、土地利用变化监测、地籍管理等方面的建设。
			智慧应急：指城市智慧应急的建设情况，包含应急救援物资建设、应急反应机制、应急响应体系、灾害预警能力、防灾减灾能力、应急指挥系统等方面的建设。
			智慧安全：指城市公共安全体系智慧化建设，包含城市食品安全、药品安全、平安城市建设等建设情况。
			智慧物流：指物流智慧化管理和服务的建设水平，包含物流公共服务平台、智能仓储服务、物流呼叫中心、物流溯源体系等方面的建设。
			智慧社区：指社区管理和服务的数字化、便捷化、智慧化水平，包含社区服务信息推送、信息服务系统覆盖、社区传感器安装、社区运行保障等方面的建设。
			智能家居：指家居安全性、便利性、舒适性、艺术性和环保节能的建设状况，包含家居智能控制，如智能家电控制、灯光控制、防盗控制和门禁控制等，家居数字化服务内容，家居设施安装等方面的建设。
			智慧支付：指包含一卡通、手机支付、市民卡等智慧化支付新方式，支付终端卡设备、顾客支付服务便捷性、安全性和商家支付便捷性、安全性等方面的建设。
			智能金融：指城市金融体系智慧化建设与服务，包含诚信监管体系、投融资体系、金融安全体系等方面的建设。

续表

一级指标	二级指标	三级指标	指标说明
智慧产业与经济基本公共服务	产业规划	产业规划	指城市产业规划制定及完成情况，围绕城市产业发展、产业转型与升级、新兴产业发展的战略性产业规划编制、规划公示及实施的情况。
		创新投入	指城市创新产业投入情况，包括产业转型与升级的创新费用投入，新兴产业发展的创新投入等方面。
	产业升级	产业要素聚集	指城市为产业发展，产业转型与升级而实现的产业要素聚集情况，增长情况。
		传统产业改造	指在实现城市产业升级过程中，实现对传统产业的改造情况。
	新兴产业发展	高新技术产业	指城市高新技术产业的服务与发展，包含支撑高新技术产业的人才环境、科研环境、金融环境及管理服务状况，高新技术产业的发展状况及在城市整体产业中的水平状况。
		现代服务业	指城市现代服务业发展状况，包含现代服务业发展的政策环境、发展环境，发展水平及投入等方面。
		其他新兴产业	反映城市其他新兴产业的发展及提升状况。

二 国脉互联智慧城市评价指标体系

国脉互联（2012）智慧城市评价指标体系共涵盖 6 个一级指标、19 个二级指标、39 个三级指标，具体参见表 3—4。

表 3—4　　　　　　　国脉互联智慧城市评价指标体系

智慧基础设施	信息网络设施	宽带网络
		三网融合
	信息共享基础设施	公用云计算中心
		信息安全服务
		政务云
	城市基础设施	重点领域智能化转型

续表

智慧治理	智慧政务	决策能力
		政务服务及透明度
		业务协同水平
	智慧公共管理	智慧交通
		智慧城管
		智慧管网
		智慧安防
		智慧食品药品管理
		公众与社会参与度
智慧民生	智慧社会保障	社保体系建设水平
		社保信息化服务水平
	智慧健康保障	健康保障信息化服务水平
	智慧教育文化	教育文化信息化服务水平
	智慧社区服务	社区信息化服务水平
智慧产业	人均产值	人均产值
	投入产出比	投入产出比
	万元GDP资源消耗率	万元GDP资源消耗率
	两化融合	两化融合环境
		两化融合水平
		两化融合效益
智慧人群	信息利用能力	信息产品的应用
		信息资源的利用
	创新能力	创新环境
		知识创新能力
	人才质量	高等教育状况
		高级人才状况
		人才引进情况

续表

		环境建设水平
智慧环境	生态保护	环保信息化水平
	资源利用	资源节约水平
		资源智能化应用
	软环境建设	组织体系
		规划政策
		法规标准
		调研报告考核
		城市品牌

三 中国通信协会智慧城市发展水平评价指标体系

中国通信协会（2012）智慧城市评价指标体系总体可分为信息基础设施、智慧应用、支撑体系、价值实现四个维度，包括 19 个二级指标、57 个三级指标。该指标体系统筹考虑了城市信息网络基础设施发展水平、综合竞争力、政策法规、绿色低碳、人文科技等方面因素，还包括了智慧化交通管理、医疗教育体系、环保网络以及产业可持续发展能力、市民文化科学素养等软件条件，如表3—5所示。通过该体系，可将抽象的智慧城市具体化、指标化，形成鲜明的导向，确保城市管理更高效、城市环境更宜居、居民幸福指数不断提升。

表3—5　　　　中国通信协会智慧城市发展水平评价指标体系

信息基础设施	网络基础设施	光纤接入覆盖率、无线网络覆盖率、户均网络带宽、宽带用户普及率、移动电话普及率、3G 用户渗透率
	云平台	服务企业的百分比、云计算产业产值
	信息安全	物理安全指数、数据安全指数
智慧应用	智慧政务	政府在线服务渗透程度、信息资源对领导决策支持程度、网上办公占办公业务工作总量的比例、公众对政府工作基本满意提升率
	智慧交通	交通信息管理服务能力、智能传感终端安装率
	智慧物流	物流企业信息化使用率、物流电子商务交易金额占比、货物 RFID 标签使用率

续表

智慧应用	智慧旅游	通信与信息技术应用程度、旅游资源整合与共享程度
	智慧能源	能源利用的可靠性、能源的使用效率、新能源的应用程度
	智慧建筑	信息网络应用程度、环保节能技术应用程度
	智慧环保	环境质量自动化检测比例、重点污染源监控比例
	智慧医疗	市民电子健康档案建档率、电子病历使用率、医院间资源和信息共享率
	智慧教育	教育资源的共享程度、教育过程的优化程度、教育质量与效益的提升程度
	智慧家庭	家庭智能表具安装率、家庭信息化互动率、家庭信息化支出
支撑体系	政策法规	政策法规完善率、政策法规引导能力
	规范标准	信息标准完善率、设备标准完善率、技术标准完善率
	人才培养	每年相关宣传培训人员占总人口比例、智慧产业从业人数、大专及以上学历占总人口比重
价值实现	绿色城市（发展更科学）	新能源汽车比例、建筑物数字节能比例、万元 GDP 能耗年均下降率
	宜居城市（管理更高效）	网络资源满意度、交通信息获取便捷度、政府服务的便捷程度、城市就医方便程度、获取教育资源的便捷程度
	安全城市（生活更美好）	食品安全、环境安全、交通安全、防控犯罪安全等方面的满意度

四　南京智慧城市评价指标体系

南京市信息中心邓贤峰在 2010 年，根据智慧城市的内涵和发展特点总结提炼的智慧城市评价指标体系，包括城市网络互联、智慧产业、智慧服务、智慧人文 4 大领域，共 21 个评价指标。具体内容如表 3—6 所示。

表 3—6　　　　　　　　　**南京智慧城市评价指标体系**

一级指标	二级指标	单位	年目标值
网络互联领域	无线网络覆盖率	%	
	光纤接入覆盖率	%	
	户均网络带宽	Mbps	
	国家级重点实验室数量	个	
	智能电网技术和装备应用	个	

续表

一级指标	二级指标	单位	年目标值
智慧产业领域	智慧产业固定资产投资额	亿元	
	智慧产业 R&D 经费支出	亿元	
	智慧产业占 GDP 比重	%	
	智慧产业从业人数	万人	
	智慧产业年发明专利申请总量	件	
	电子商务交易额	亿元	
	万元 GDP 能耗	吨标准煤	
智慧服务领域	政府行政效能指数	分值	
	协同应用系统数量	个	
	智慧公共服务应用普及率	%	
	智慧服务建设资金投入额	亿元	
智慧人文领域	人均 GDP	美元	
	大专及以上文化程度人口比重	%	
	信息服务业从业人员占全社会从业人员比重	%	
	信息化水平指数	分值	
	城市公共服务满意度调查	分值	

五 上海浦东智慧城市评价指标体系

2011 年 7 月初，上海浦东智慧城市指标体系 1.0 正式对外发布，这是国内首个公开发布的智慧城市指标体系。该指标体系包括基础设施、公共管理和服务、信息服务经济发展、人文科学素养、市民主观感知 5 个维度、19 个二级指标、65 个三级指标。具体内容如表 3—7 所示。

表 3—7　　　　　　　上海浦东智慧城市评价指标体系 1.0

一级指标	二级指标	三级指标
智慧城市基础设施	宽带网络覆盖水平	家庭光纤可接入率
		无线网络覆盖率
		主要公共场所 WLAN 覆盖率
		下一代广播电视网（NGB）覆盖率

续表

一级指标	二级指标	三级指标
智慧城市基础设施	宽带网络接入水平	户均网络接入水平
		平均无线网络接入带宽
	基础设施投资建设水平	基础网络设施投资占社会固定资产总投资比重
		传感网络建设水平
智慧城市公共管理和服务	智慧化的政府服务	行政审批事项网上办理水平
		政府公务行为全程电子监察率
		政府非涉密公文网上流转率
		企业和政府网络互动率
		市民和政府网络互动率
	智慧化的交通管理	市民对交通信息的关注率
		公交站牌电子化率
		市民交通诱导信息服从率
		停车诱导系统覆盖率
		城市道路传感终端安装率
	智慧化的医疗体系	市民电子健康档案建档率
		电子病历使用率
		医院间资源和信息共享率
	智慧化的环保网络	环境质量自动化监测比例
		重点污染源及监控水平
		碳排放指标
	智慧化的能源管理	家庭智能表具安装率
		企业智能化能源管理比例
		道路路灯智能化管理比例
		新能源汽车比例
		建筑物数字化节能比例

续表

一级指标	二级指标	三级指标
智慧城市 公共管理 和服务	智慧化的城市安全	食品药品追溯系统覆盖率
		自然灾害预警发布率
		重大突发事件应急系统建设率
		城市网格化管理的覆盖率
		危化品运输监控水平
		户籍人口及常住人口信息跟踪
	智慧化的教育体系	城市教育支出水平
		家校信息化互动率
		网络教学比例
	智慧化的社区管理	社区信息服务系统覆盖率
		社区服务信息推送率
		社区老人信息化监护服务覆盖率
		居民小区安全监控传感器安装率
智慧城市 信息服务 经济发展	产业发展水平	信息服务业增加值占地区生产总值比重
		电子商务交易额占商品销售总额的比重
		信息服务业从业人员占社会从业人员总数的比例
	企业信息化运营水平	工业化和信息化融合指数
		企业网站建站率
		企业电子商务行为率
		企业信息化系统使用率
智慧城市 人文科学 素养	市民收入水平	人均可支配收入
	市民文化科学素养	大专及以上学历占总人口比重
		城市公众科学素养达标率
	市民信息化 宣传培训水平	每年相关宣传培训人员占总人口比例
	市民生活网络化水平	市民上网率
		移动互联网使用比例
		家庭网购比例

续表

一级指标	二级指标	三级指标
智慧城市市民主观感知	生活的便捷性	网络资费满意度
		交通信息获取便捷度
		城市就医方便程度
		政府服务的便捷程度
		获取教育资源的便捷程度
	生活的安全性	食品药品安全满意度
		环境安全满意度
		交通安全满意度
		防控犯罪满意度

2012 年 12 月，《智慧城市评价指标体系2.0》发布，其指标体系主要可分为智慧城市基础设施、智慧城市公共管理和服务、智慧城市信息服务经济发展、智慧城市人文科学素养、智慧城市市民主观感知、智慧城市软环境建设等 6 个维度，包括 18 个要素、37 个指标。

六　宁波智慧城市评价指标体系

宁波市智慧城市规划标准发展研究院联合浙江大学等著名高校和咨询机构的研究团队共同研究、起草的"智慧城市发展评价指标体系"，从属于 2011 年度部、市合作国家重大软科学研究计划项目"智慧城市建设若干关键问题研究"。整个指标体系由智慧基础设施、智慧治理、智慧民生、智慧产业、智慧人群和智慧环境 6 个一级指标、19 个二级指标、42 个三级指标构成，具体评估要点达 119 项。具体内容如表 3—8 所示。

表 3—8　　　　　宁波智慧城市评价指标体系

一级指标	二级指标	三级指标
智慧基础设施	信息网络设施	宽带网络
		三网融合
	信息共享基础设施	公共云计算中心
		信息安全服务
		政务云
	城市基础设施	重点领域信息化转型

一级指标	二级指标	三级指标
智慧治理	智慧政务	决策能力
		政务服务及透明度
		业务协同水平
	智慧公共管理	智慧交通
		智慧城管
		智慧管网
		智慧安防
		智慧食品药品管理
		公众与社会参与度
智慧民生	智慧社会保障	社保体系建设水平
		社保信息化服务水平
	智慧健康保障	健康保障信息化服务水平
	智慧教育文化	教育文化信息化服务水平
	智慧社区服务	社区信息化服务水平
智慧产业	人均产值	人均产值
	投入产出比	投入产出比
	万元 GDP 资源消耗率	万元 GDP 资源消耗率
	"两化"融合	"两化"融合环境
		"两化"融合水平
		"两化"融合效益
智慧人群	信息利用能力	信息产品的应用
		信息资源的利用
	创新能力	创新环境
		知识创新能力
	人才质量	高等教育状况
		高级人才近况
		人才引进情况
智慧环境	生态保护	环境建设水平
		环保信息化水平
	资源利用	资源节约水平
		资源智能化应用
	软环境建设	组织体系
		规划政策
		法规标准
		法规标准
		城市品牌

　　总体来看，国内外关于智慧城市评价指标体系的研究还处于探索阶段。已有的评价体系虽有一定的借鉴意义，但也存在不够系统全面、信息采集难、主观成分多、阶段性特点体现不够等不足，需要在快速发展的智慧城市建设实践中，进一步验证其导向作用并加以改进完善。

第四章　我国智慧城市实践研究

第一节　实践进程

相对于国外，我国的智慧城市实践稍晚。据国脉互联（2012）的研究结果，到目前为止，我国智慧城市实践进程经历了两个阶段的发展：萌芽期和推进期，参见图4—1。

2005年国内媒体开始介绍国外智慧城市的经验。2006年，南京市开始研究探索智慧城市发展道路。2009年9月，郑州联通计划5年投入100亿打造郑州"智慧城市"。2009年11月，温家宝总理在首都科技界大会上的《让科技引领中国可持续发展》报告中对"智慧地球"、"物联网"等进行了科学诠释和目标展望，标志"智慧城市"研究和实践引起国家层面重视。2009年11月，南京举办"智慧南京"高峰论坛，提出打造智慧城市。这一阶段是我国智慧城市实践的萌芽期。

2009年以来，IBM公司借着智慧城市这一概念的热度未散，在全国各地接连召开了22场有关智慧城市的讨论会。在先后与超过200名的市长以及近2000名各级城市政府官员的沟通与交流中，IBM公司顺利地将智慧城市这一理念在我国的社会各界普及开来，并得到了一致的认可。功夫不负有心人，在IBM公司不断的努力之下，包括南京、成都、沈阳在内的国内许多城市都加入到与IBM公司的战略合作中，开展智慧城市的建设（彭继东，2012）。

2010年是我国智慧城市建设的重要节点，从此之后我国的智慧城市实践进入推进阶段。2010年3月，深圳市出台了《关于转变工业经济发展方式的意见》，首次提出建设"智慧深圳"。2010年9月，宁波市出台了《中共宁波市委宁波市政府关于建设智慧城市的决定》。2010年10月，佛山市发布《"四化融合，智慧佛山"发展规划纲要（2010—2015年）》。

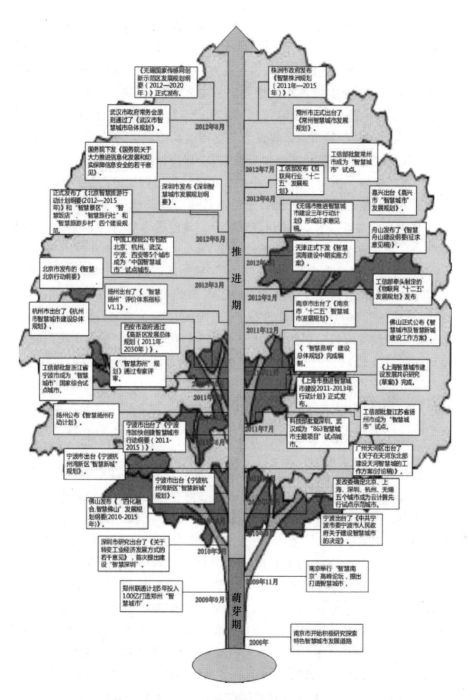

图 4—1　我国智慧城市实践进程

此后，国内的扬州、南京、上海、北京等市纷纷加入到智慧城市建设行列。

最近这几年来，我国智慧城市建设方兴未艾，呈遍地开花之势。工信部《2014 年 ICT 深度报告》数据显示，截至 2014 年底，100% 副省级以上城市、89% 的地级及以上城市（241 个）、47% 的县级及以上城市（51个），总共约 400 个城市宣布建设智慧城市，且随着时间的推移，数量将继续增加（工业和信息化部电信研究院，2014）。这些城市中，北京、上海、广东、深圳、杭州、南京、宁波、武汉、厦门等地方已制定形成智慧城市发展的专项规划，智慧城市建设项目和活动渐次推出。如北京市于2012 年 3 月发布了《智慧北京行动纲要》，编制了《智慧北京重点工作任务分工》和《智慧北京关键指标责任表》；上海市于 2011 年 9 月发布了《上海市推进智慧城市建设 2011—2013 年行动计划》；浙江省 2012 年发布了《浙江省人民政府关于务实推进智慧城市建设示范试点工作的指导意见》；宁波市于 2011—2012 年发布了《关于建设智慧城市的决定》《宁波加快创建智慧城市行动纲要（2011—2015）》《2012 年宁波市加快创建智慧城市行动计划》；扬州市 2011 年发布《智慧城市行动计划（2011—2015）》；杭州市 2012 年 10 月发布《"智慧杭州"建设总体规划（2012—2015）》；2011 年 12 月发布《南京市"十二五"智慧城市发展规划》等。智慧城市已成为"十二五"时期我国城市发展的新主题（国脉互联，2012）。

此外，我国智慧城市建设在纵向上不断拓展和延伸（《人民邮电报》，2015）。向上，拓展至智慧城市群。多个省份在全省范围内统筹推进智慧城市建设，提出构建智慧城市群。北京、河北、上海、江苏、浙江、福建、山东、河南、广东、陕西、宁夏等 10 多个省（区、市）制定出台了省级总体规划。广东省提出打造"珠三角智慧城市群"，陕西省提出到2017 年基本建成"关中智慧城市群"，江苏省已率先建成省级智慧城市群综合接入平台，计划在 2015 年初步建成"苏南智慧城市群"。浙江省也开创部、省、地市"3 + X"试点指导服务模式，上下联动，协同推动。向下，智慧城市正向县、镇延伸。2013 年 1 月，首批 90 个国家智慧城市试点，县、镇占 6 席；2013 年 8 月，第二批 103 个国家智慧城市试点中，县、镇扩大到 20 个。其中，福建、广东、山东等东部沿海省份的县级市数量最多。

第二节　发展环境

一　城镇信息化基础设施水平飞速提升

目前我国主要城市的 3G 网络已基本实现全覆盖，光纤入户率快速增长，宽带普及率全面提高，用户规模持续扩大（工信部，2013）。截至2013 年 11 月底，全国移动电话用户达到 12.23 亿户，其中 3G 用户 3.87亿户，占比达到 31.6%。互联网宽带接入用户新增 1822.1 万户，总用户达到 1.88 亿户，其中 4M 以上宽带用户比例达到 77.4%；农村地区宽带接入用户达到 4699.7 万户，新增 651 万户，城市和乡村宽带用户比例由2012 年同期的 3.31∶1 缩小到 3.0∶1。智能移动终端呈现加速增长态势。2013 年 1—10 月，我国智能手机出货量达到 3.48 亿部，同比增长 178%，自主品牌智能手机、智能电视国内销量继续快速增长。信息服务增势平稳。通信业完成业务收入 1.067 万亿元，增长 8.5%；我国电子商务市场交易规模达 9.7 万亿元，增长 34%；软件业前 10 月完成业务收入 2.53 万亿元，增长 24.1%。信息消费作为新的经济增长点的拉动作用日益明显。城镇信息化基础设施建设水平的飞速提升，为智慧城市的建设与发展提供了良好的基础。

二　国家政策大力支持智慧城市建设

建设智慧城市需要进一步抢抓新一代信息技术深化应用的重大机遇，解决信息化应用所面临的跨部门整合等复杂问题。解决这些问题需要政府部门致力于完善公共政策，优化发展环境，加强协调配合，更好地引导智慧城市健康发展。这几年，国家出台了以下相关政策。

2012 年 7 月《国务院关于大力推进信息化发展和切实保障信息安全的若干意见》（国发〔2012〕23 号）中第一次在国家层面明确提出：推动城市管理信息共享，推广网格化管理模式，加快实施智能电网、智能交通等试点示范，引导智慧城市建设健康发展。

2013 年 8 月，国务院出台了《关于促进信息消费扩大内需的若干意见》（国发〔2013〕32 号），明确提出加快智慧城市建设。其中第五章第十五节提出加快智慧城市建设的要点："在有条件的城市开展智慧城市试点示范建设。各试点城市要出台鼓励市场化投融资、信息系统服务外包、信息资源社会化开发利用等政策。支持公用设备设施的智能化改造升级，加快实施智能电网、智能交通、智能水务、智慧国土、智慧物流等工程。鼓励各类市场主体共同参与智慧城市建设。在国务院批准发行的地方政府债券额度内，由各省、自治区、直辖市人民政府统筹考虑安排部分资金用于智慧城市建设。鼓励符合条件的企业发行募集资金用于智慧城市建设的企业债。"

2013年11月5日，国家旅游局发布了《关于印发2014中国旅游主题年宣传主题及宣传口号的通知》，"美丽中国之旅——2014智慧旅游年"成为2014年旅游宣传主题。通知指出，各地要结合旅游业发展方向，以智慧旅游为主题，引导智慧旅游城市、景区等旅游目的地建设，尤其要在智慧服务、智慧管理和智慧营销三方面加强旅游资源和产品的开发和整合，促进以信息化带动旅游业向现代服务业转变，努力提升旅行社、旅游景区（点）、旅游酒店等旅游企业的现代科技管理水平和服务水平，创新发展模式，推动我国旅游业又好又快发展。旅游产业作为现代服务业中的重要支柱，既是民生的重要内容，又是拉动内需、带动经济发展及改善民生的重要产业，"智慧旅游年"将是智慧应用在行业落地的代表。其实不仅是国家旅游局，国家文物局、国家测绘局、国家交通部等部门也纷纷加强了行业的智慧化管理与推进，这是智慧化在各行各业影响不断深化的表现。智慧的理念已经开始深入到经济社会的各个角落。

2014年1月15日，国家发改委、工业和信息化部等12个部门联合印发《关于加快实施信息惠民工程有关工作的通知》，指出围绕当前群众广泛关注和亟待解决的医疗、教育、社保、就业、养老服务等民生问题，选择信息化手段成效高、社会效益好、示范意义大、带动效应强的内容作为工作重点，着力解决薄弱环节、关键问题，增强信息服务的有效供给能力，提升信息便民惠民利民水平。信息惠民是从民生服务的视角来践行推动智慧城市非常重要的工作。

2014年3月，国务院出台了《国家新型城镇化规划（2014—2020年）》，明确要求要推进智慧城市建设。其中第十八章"推动新型城市建设"中，提出推进智慧城市建设的要点：统筹城市发展的物质资源、信息资源和智力资源利用，推动物联网、云计算、大数据等新一代信息技术创新应用，实现与城市经济社会发展深度融合。强化信息网络、数据中心等信息基础设施建设。促进跨部门、跨行业、跨地区的政务信息共享和业务协同，强化信息资源社会化开发利用，推广智慧化信息应用和新型信息服务，促进城市规划管理信息化、基础设施智能化、公共服务便捷化、产业发展现代化、社会治理精细化。增强城市要害信息系统和关键信息资源的安全保障能力。

2014 年 8 月 27 日，国家发改委、工业和信息化部、科技部、公安部、财政部、国土资源部、住房和城乡建设部、交通运输部等八部委联合发布《关于促进智慧城市健康发展的指导意见》（发改高技〔2014〕1770号），明确提出了我国智慧城市的发展思路、建设原则、主要目标以及信息安全保障等要求，以统一思想、凝聚共识、汇聚力量，加强对各地智慧城市建设实践的引导。借此，我国智慧城市建设将结束政出多门、盲目建设的"乱象"，进入统筹推进的新阶段。《意见》提出智慧城市建设的指导思想是：按照走集约、智能、绿色、低碳的新型城镇化道路的总体要求，发挥市场在资源配置中的决定性作用，加强和完善政府引导，统筹物质、信息和智力资源，推动新一代信息技术创新应用，加强城市管理和服务体系智能化建设，积极发展民生服务智慧应用，强化网络安全保障，有效提高城市综合承载能力和居民幸福感受，促进城镇化发展质量和水平全面提升。《意见》同时提出，到 2020 年，建成一批特色鲜明的智慧城市，聚集和辐射带动作用大幅增强，综合竞争优势明显提高，在保障和改善民生服务、创新社会管理、维护网络安全等方面取得显著成效。此外，《意见》提出从国家层面建立工作协调机制。"国家发改委、工业和信息化部将会同有关部门建立推进智慧城市建设的工作协调机制，综合协调推进试点工作，中央各部门要给予大力支持和指导"，以确保智慧城市建设健康有序发展。

三　相关部委局纷纷开展智慧城市试点工作

近年来，国家发改委、住建部、工业和信息化部、中国工程院、科技部、国家标准委、国家测绘地理信息局等部委局纷纷开展智慧城市试点工作，鼓励有条件的地区在智慧城市建设方面开展积极探索，积累值得推广的经验。2010 年以来各部委局开展的智慧城市试点如表 4—1 所示。

近年来，工信部先后编制了《互联网行业"十二五"发展规划》《通信业"十二五"发展规划》《宽带网络基础设施"十二五"规划》《国际通信"十二五"发展规划》《电信网码号和互联网域名、IP 地址资源

"十二五"规划》等超过 10 个与智慧城市相关的规划，涉及信息化、信息安全、电子信息产业、软件业、通信业规划、物联网电子政务、电子商务规划等多个行业与领域。

2010 年，国家科技部批准武汉、深圳作为国家"863"智慧城市项目试点城市。同年，工信部会同国家发展改革委批准北京、上海、深圳、杭州、无锡 5 地率先成为国家云计算服务创新示范城市（未来 10 年智能交通系统的总投入将达到 1820 亿元。高速公路智能交通系统需求保持旺盛，估计未来 10 年市场总需求为 350 亿元左右；到 2015 年，我国云计算产业链规模将达 7500 亿元至 1 万亿元）。2012 年落实了无锡国家传感网创新示范区等 252 个物联网试点项目。

表 4—1　　　　2010 年以来各部委开展的智慧城市试点清单

试点年份	部委名称	试点名称	试点数量（个）
2010 年	科技部	国家"863"智慧城市项目试点城市	2
2012 年 4 月	中国工程院	"中国智慧城市"试点城市	5
2012 年 5 月	工信部	智慧城市建设试点示范城市	2
2013 年 9 月	国家测绘地理信息局	2013 年首批智慧城市时空信息云平台建设试点城市	10
2013 年 1 月	住建部	第一批国家智慧城市试点城市	90
2013 年 2 月	工信部、浙江省人民政府、国家标准化管理委员会、国家环保部、水利部、卫生部、国家旅游局、国家电网公司	智慧城市建设示范试点项目	6 个示范试点项目（包括智慧环境、智慧水务、智慧健康、智慧旅游、电动汽车、智慧电网等）
2013 年 8 月	住建部	第二批国家智慧城市试点城市	103
2013 年 9 月	工信部	首批基于云计算的电子政务公共平台建设和应用试点示范地区	59
2013 年 10 月	科技部和国家标准委	国家智慧城市试点示范城市	20
2013 年 11 月	国家发改委和工信部	中欧智慧城市合作试点城市	15
2013 年 12 月	工信部	首批国家信息消费试点城市	68
2014 年 6 月	国家发改委	信息惠民国家试点城市	80
2014 年 6 月	国家发改委	"宽带乡村"试点工程（一期）	6
2014 年 9 月	工信部和国家发改委	2014 年度"宽带中国"示范城市（城市群）	39

2012 年 4 月，中国工程院公布北京、杭州、武汉、宁波、西安 5 市为"中国智慧市"试点城市。

2012 年 5 月工信部发布了《关于征求智慧城市评估指标体系意见的通知》，2011 年 7 月和 2012 年 7 月工信部分别批复扬州、常州为智慧城市建设试点示范城市。

2012 年 12 月 8 日，国家测绘地理信息局下发《关于开展智慧城市时空信息云平台建设试点工作的通知》（国测国发〔2012〕122 号），决定开展智慧城市时空信息云平台建设试点，每个试点项目建设周期为 2—3 年。2013 年 9 月，国家测绘地理信息局公布 2013 年首批智慧城市时空信息云平台建设试点名单共计 10 个：太原市、广州市、徐州市、临沂市、郑州市、重庆市、武汉市、无锡市、淄博市、宁波市。

2012 年 12 月，住建部正式发布了《关于开展国家智慧城市试点工作的通知》，决定开展国家智慧城市试点工作，明确提出：建设智慧城市是贯彻党中央、国务院关于创新驱动发展、推动新型城镇化、全面建成小康社会的重要举措。各地要高度重视，抓住机遇，通过积极开展智慧城市建设，提升城市管理能力和服务水平，促进产业转型发展。住房和城乡建设部同时出台了《国家智慧城市（区、镇）试点指标体系（试行）》，为我国智慧城市试点建设提供了标准依据。在该指标体系的制定过程中，住建部不仅参考了《绿色 GDP 指标体系》《智慧 GDP 指标体系》《循环经济评价指标体系》《城市建设评价指标体系与方法研究》《国家生态园林城市标准指标》等多项国内外指标文件，还借鉴了上海浦东新区、南京、武汉等多个较早进行智慧城市研究地区的规划标准。

2013 年 1 月 29 日，住建部公布首批 90 个国家智慧城市试点名单，其中地级市 37 个，区（县）50 个，镇 3 个。2013 年 8 月 5 日，住房和城乡建设部对外公布 2013 年度国家智慧城市试点名单，确定 103 个城市（区、县、镇）为 2013 年度国家智慧城市试点，共包括 83 个市、区，20 个县、镇以及在 2012 年首批试点基础上扩大范围的 9 个市、区。目前住房城乡建设部国家智慧城市试点已达 193 个。两批国家智慧城市试点名单分别参见表 4—2、表 4—3。

表 4—2　　　　　　　　　第一批国家智慧城市试点名单

北京市	北京东城区、北京市朝阳区、北京未来科技城、北京市丽泽商务区
天津市	天津津南新区、天津市生态城
河北省	石家庄市、秦皇岛市、廊坊市、邯郸市、迁安市、北戴河新区
山西省	太原市、长治市、朔州市平鲁区
内蒙古自治区	乌海市
辽宁省	沈阳市浑南新区、大连生态科技新城
吉林省	辽源市、磐石市
黑龙江省	肇东市、肇源县、桦南县
上海市	上海市浦东新区
江苏省	无锡市、常州市、镇江市、泰州市、南京河西新城、苏州工业园区、盐城市城南新区、昆山市花桥经济技术开发区、昆山市张浦镇
浙江省	温州市、金华市、诸暨市、杭州市上城区、宁波市镇海区
安徽省	芜湖市、铜陵市、蚌埠市、淮南市
福建省	南平市、平潭市、福州市苍山区
江西省	萍乡市、南昌市红谷滩新区
山东省	东营市、威海市、德州市、新泰市、寿光市、昌邑市、肥城市、济南西区
河南省	郑州市、鹤壁市、漯河市、济源市、新郑市、洛阳新区
湖北省	武汉市、武汉市江岸区
湖南省	株洲市、韶山市、株洲市云龙示范区、浏阳市柏加镇、长沙市梅溪湖国际服务区
广东省	珠海市、广州市番禺区、广州市萝岗区、深圳市坪山新区、佛山市顺德区、佛山市乐从镇
海南省	万宁市
重庆市	重庆市南岸区、重庆市两江新区
四川省	雅安市、成都市温江区、郫县
贵州省	铜仁市、六盘水市、贵阳市乌当区
云南省	昆明市五华区
西藏自治区	拉萨市
陕西省	咸阳市、杨凌示范区
宁夏回族自治区	吴忠市
新疆维吾尔自治区	库尔勒市、奎屯市、

表4—3　　　　　　　　第二批国家智慧城市试点名单（2013年度）

市、区 （83个）	北京市	北京经济技术开发区
	天津市	武清区、河西区
	河北省	唐山市曹妃甸区
	山西省	阳泉市、大同市城区、晋城市
	内蒙古自治区	呼伦贝尔市、鄂尔多斯市、包头市石拐区
	辽宁省	营口市、庄河市、大连普湾新区
	吉林省	四平市、榆树市、长春高新技术产业开发区
	黑龙江省	齐齐哈尔市、牡丹江市、安达市
	江苏省	南通市、丹阳市、苏州吴中太湖新城、宿迁市洋河新城、昆山市
	浙江省	杭州市拱墅区、杭州市萧山区、宁波市（含海曙区、梅山保税港区、鄞州区咸祥镇）
	安徽省	阜阳市、黄山市、淮北市、合肥高新技术产业开发区、宁国港口生态工业园区
	福建省	莆田市、泉州台商投资区
	江西省	新余市、樟树市、共青城市
	山东省	烟台市、曲阜市、济宁市任城区、青岛市崂山区、青岛高新技术产业开发区、青岛中德生态园
	河南省	许昌市、舞钢市、灵宝市
	湖北省	黄冈市、咸宁市、宜昌市、襄阳市
	湖南省	岳阳市岳阳楼区
	广东省	肇庆市端州区、东莞市东城区、中山翠亨新区
	广西壮族自治区	南宁市、柳州市（含鱼峰区）、桂林市、贵港市
	重庆市	永川区、江北区
	四川省	绵阳市、遂宁市、崇州市
	贵州省	贵阳市、遵义市（含仁怀市、湄潭县）、毕节市、凯里市
	云南省	红河哈尼族彝族自治州蒙自市、红河哈尼族彝族自治州弥勒市
	西藏自治区	林芝地区
	陕西省	宝鸡市、渭南市、延安市
	甘肃省	兰州市、金昌市、白银市、陇南市、敦煌市
	宁夏回族自治区	银川市、石嘴山市（含大武口区）
	新疆维吾尔自治区	乌鲁木齐市、克拉玛依市、伊宁市

续表

县、镇 (20个)	北京市	房山区长阳镇
	河北省	唐山市滦南县、保定市博野县
	山西省	朔州市怀仁县
	吉林省	白山市抚松县、吉林市船营区搜登站镇
	山东省	潍坊市昌乐县、平度市明村镇
	江苏省	徐州市丰县、连云港市东海县
	安徽省	六安市霍山县
	浙江省	宁波市宁海县、临安市昌化镇
	江西省	上饶市婺源县
	湖南省	长沙市长沙县、郴州市永兴县、郴州市嘉禾县、常德市桃源县漳江镇
	贵州省	六盘水市盘县
	宁夏回族 自治区	银川市永宁县
2012年试点扩大范围(9个)	常州市	新增新北区
	武汉市	新增蔡甸区,2012年试点含江岸区
	沈阳市	新增沈河区、铁西区、沈北新区,2012年已批复浑南新区
	南京市	新增高淳区、麒麟科技创新园(生态科技城),2012年已批复河西新城区(建邺区)
	长沙大河西先导区	新增洋湖生态新城和滨江商务新城,2012年试点含梅溪湖区
	佛山市	新增南海区,2012年已批复顺德区、顺德区乐从镇

2013年2月,工信部、浙江省人民政府、国家标准化管理委员会在北京与国家环保部、水利部、卫生部、国家旅游局、国家电网公司签署了6项智慧城市建设示范试点项目合作协议,包括智慧环境、智慧水务、智慧健康、智慧旅游、电动汽车、智慧电网6个示范试点项目。试点项目覆盖了城市发展的主要领域。

2013年9月,工信部下发《关于组织开展部分地方"基于云计算的电子政务公共平台顶层设计实施试点"工作的函》(工信信函〔2013〕7号),确定北京市等18个省级地方和北京市海淀区等59个市(县、区)作为首批基于云计算的电子政务公共平台建设和应用试点示范地区,参见表4—4。

表4—4　　　　　　　工信部首批基于云计算的电子政务公共
平台建设和应用试点示范地区名单

省级		北京市、天津市、内蒙古自治区、黑龙江省、安徽省、福建省、江西省、山东省、湖南省、海南省、贵州省、云南省、陕西省、甘肃省、青岛市、深圳市、哈尔滨市、成都市
市（县、区）	北京市	海淀区、东城区、大兴区、顺义区
	内蒙古自治区	呼和浩特市、包头市、呼伦贝尔市、通辽市、赤峰市、锡林郭勒盟、鄂尔多斯市、巴彦淖尔市、乌海市、阿拉善盟
	安徽省	马鞍山市、池州市
	福建省	福州市、三明市、龙岩市、南平市、莆田市、福州市鼓楼区、福州市仓山区、三明市梅列区、三明市泰宁县、龙岩市上杭县、龙岩市新罗区、莆田市仙游县、莆田市城厢区、武夷山市、建阳市
	江西省	南昌市
	山东省	济南市、潍坊市、威海市、滕州市、诸城市
	贵州省	贵阳市、六盘水市、遵义市
	陕西省	咸阳市、渭南市、延安市、榆林市、西安市雁塔区、宝鸡市凤县、咸阳市礼泉县、铜川市王益区、渭南市合阳县、延安市安塞县、榆林市神木县、汉中市勉县、安康市石泉县、商洛市镇安县
	河南省	郑州市、济源市、焦作市、商丘市、新乡市

　　2013年10月，科技部和国家标准委下发通知，为了形成我国具有自主知识产权的智慧城市技术与标准体系和解决方案，为我国智慧城市建设提供科技支撑，将在南京等20座城市开展国家智慧城市试点示范工作。首批试点工作在全国共选择了20个城市，其中副省级城市9个，分别为南京、无锡、扬州、太原、济南、青岛、阳泉、大连、哈尔滨、大庆、合肥、武汉、襄阳、深圳、惠州、成都、西安、延安、杨凌示范区和克拉玛依。科技部和国家标准委将组织云计算、物联网、移动互联网等与智慧城市相关国家科技计划项目与各试点城市对接，开展试点示范，逐步形成我国自主的智慧城市技术与标准体系、解决方案和运营试点经验，并向全国其他城市积极推广试点成果。

　　2013年11月21日，在由发改委、工信部联合主办的中欧城镇化伙伴关系论坛上，双方围绕智能、可持续城市发展的主题，确定了各自的15个试点城市，共同作为中欧智慧城市合作试点城市。

　　2013年12月17日，工信部公布首批国家信息消费试点68个，试点期限为 2014—2015 年。名单如下：北京市、天津市、河北（石家庄市、秦皇岛市、唐山市、邯郸市永年县）、山西（太原市）、辽宁省（沈阳市、大连市）、吉林（吉林市、延边朝鲜族自治州、长春净月高新技术产业开发区）、黑龙江（哈尔滨市、大庆市）、上海市（长宁区、杨浦区）、江苏（南京市、盐城市、张家港市、扬州市广陵区）、浙江〔杭州市、金华市（义乌）、嘉兴市、宁波市〕、安徽（合肥市、芜湖市、马鞍山市）、福建（福州市、厦门市、石狮市）、江西（南昌市、赣州市章贡区）、山东（威海市、淄博市、济宁市、潍坊市）、河南（郑州市、济源市）、湖北（武汉市、襄阳市、孝感市孝南区）、湖南（株洲市、衡阳市、郴州市）、广东（汕头市、深圳市、珠海市、惠州市）、广西（南宁市、柳州市、桂林市）、海南（海口市）、重庆市、四川（成都市、绵阳市、南充市、乐山市）、贵州（安顺市西秀区、遵义市红花岗区）、云南（玉溪市）、陕西（宝鸡市）、甘肃（兰州市、嘉峪关市）、青海（西宁市、格尔木市）、宁夏（银川市）、新疆（克拉玛依市、伊宁市）。

2014 年 6 月 12 日，国家发改委下发《关于同意深圳市等 80 个城市建设信息惠民国家试点城市的通知》（发改高技〔2014〕1274 号），公布 80 个信息惠民国家试点城市，参见表 4—5。

表 4—5　　　国家发改委信息惠民国家试点城市名单

序号	城市	序号	城市	序号	城市
1	深圳市	28	济南市	55	银川市
2	佛山市	29	潍坊市	56	嘉兴市
3	苏州市	30	鹰潭市	57	本溪市
4	芜湖市	31	长春市	58	乌鲁木齐市
5	广州市	32	四平市	59	成都市
6	温州市	33	威海市	60	临汾市
7	厦门市	34	阜阳市	61	贵阳市
8	东莞市	35	福州市	62	泉州市
9	重庆市	36	大连市	63	格尔木市
10	咸阳市	37	洛阳市	64	大庆市
11	杭州市	38	孝感市	65	益阳市
12	西安市	39	新余市	66	沈阳市

续表

序号	城市	序号	城市	序号	城市
13	辽源市	40	淮安市	67	秦皇岛市
14	呼和浩特市	41	青岛市	68	玉溪市
15	无锡市	42	桂林市	69	石嘴山市
16	宁波市	43	郑州市	70	运城市
17	宜昌市	44	白银市	71	北京市
18	梧州市	45	南宁市	72	石河子市
19	上海市	46	济源市	73	湘潭市
20	上饶市	47	内江市	74	承德市
21	乌海市	48	七台河市	75	拉萨市
22	天津市	49	兰州市	76	保山市
23	合肥市	50	石家庄市	77	阿拉尔市
24	莆田市	51	吴忠市	78	克拉玛依市
25	绵阳市	52	襄阳市	79	文山州
26	长沙市	53	辽阳市	80	伊宁市
27	哈尔滨市	54	敦煌市		

2014年1月8日，工信部和国家发改委联合下发《关于开展创建"宽带中国"示范城市（城市群）工作的通知》（工信厅联通〔2014〕5号），印发《创建"宽带中国"示范城市（城市群）工作管理办法》。2014年9月26日，工信部与国家发改委联合发布公告，确定39个城市（城市群）为2014年度"宽带中国"示范城市（城市群），参见表4—6。

表4—6　　　　2014年度"宽带中国"示范城市（城市群）名单

直辖市及城市群（4个）	北京市、天津市、上海市、长株潭城市群
其他城市及省直管县 （35个）	石家庄市、大连市、本溪市、延边朝鲜族自治州、哈尔滨市、大庆市、南京市、苏州市、镇江市、昆山市、金华市、芜湖市、安庆市、福州市（含平潭）、厦门市、泉州市、南昌市、上饶市、青岛市、淄博市、威海市、临沂市、郑州市、洛阳市、武汉市、广州市、深圳市、中山市、成都市、攀枝花市、阿坝藏族羌族自治州、贵阳市、银川市、吴忠市、阿拉尔市

2014年6月10日，国家发改委下发《关于组织实施"宽带乡村"试

点工程（一期）的通知》（发改办高技〔2014〕1293号），确定在内蒙古自治区、四川省、贵州省、云南省、陕西省、甘肃省6个省、自治区开展"宽带乡村"试点工程（一期）。

四　第三方机构积极推动智慧城市建设

2013年10月10日，在工信部的指导支持下，中国智慧城市产业联盟在北京成立。该联盟由中国电子商会、中国航天科工集团等国内百余家大中型企事业单位、研究机构发起并建立。联盟成员名单中，中国移动、中国联通、中国电信、航天科技、航天长峰、科陆电子、国电南自、中兴通讯、大唐电信、皖通科技、荣之联、启明星辰、银江股份、同方股份等业内主流上市公司几乎全在其列。中国智慧城市产业联盟成立后将推动制定统一的符合中国国情的智慧城市产品技术标准和服务标准及评价体系，建立服务全国智慧城市公共服务综合管理平台，同时广泛开展智慧城市信息化专业人才培养认证。

至此，中国与智慧城市相关的国家级联盟达到四个，分别是：中国智慧城市产业联盟、国家智慧城市产业技术创新战略联盟、中国智慧城市规划建设推进联盟、中国智慧城市发展促进工作联盟（新华网，2013）。此外，中国智慧科学研究院、中国智慧城市网、国脉互联智慧城市研究中心等门户和研究机构纷纷组建，工信部、住建部、发改委等下属的支撑机构、行业组织、标准制定机构等也都按照自身定位加快智慧城市布局，中国智慧城市建设的第三方推进力量愈加强大。

第三方机构的存在可以弥补政府在市场化推进机制方面的不足，是发挥市场决定性作用和更好发挥政府作用之间的"调和剂"。作为政府和企业之间的桥梁，第三方机构可以为我国智慧城市建设提供很好的资源汇聚平台，为智慧城市建设提供产业促进、标准制定、应用技术开发、人才培训等各类公共服务。

五　智慧城市标准制定工作加速推进

标准体系在智慧城市建设中起到非常关键的作用。智慧城市建设的标准化有利于提高城市规划的通用性，降低建设成本，有利于促进产业链的分工合作，加强各政府部门之间的互联互通、共享协同，推广最佳的技术和应用实践。

我国多个标准化相关机构或协会已开展了智慧城市的标准体系框架的研究和部分标准的研制工作，涉及信息技术、通信技术以及相关行业或领域（中国电子技术标准化研究院，2013）。国家层面开展智慧城市标准研究的以全国性的标准化技术委员会为代表。此外，地方层面也有部分省市开展了智慧城市标准研究，比如浙江省、上海市、南京市、宁波市等地方已将智慧城市标准工作纳入工作任务，并成立了地方标准化组织，并开展了智慧城市评价指标体系、体系结构、信息资源目录和交换等标准规范的研究。

据悉，到2016年，国内将逐步建立健全中国智慧城市国家标准体系（黄心怡，2014）。其中，共性、关键性标准涵盖的主要标准领域主要包括：数据与服务融合平台、主数据、数据挖掘分析、跨系统信息交互、信息资源管理与信息系统运维等促进系统、数据与服务融合等。

国内目前负责智慧城市标准体系制定的标准组织包括全国通信标准化技术委员会、全国信息技术标准化技术委员会、全国智能建筑及居住区数字化标准化技术委员会等。据中国电子技术标准化研究院高林透露，目前已立项的智慧城市国家标准包括《智慧城市SOA标准应用指南》《智慧城市技术参考模型》《智慧城市评价模型及基础评价指标体系》等6项。

《智慧城市SOA标准应用指南》：由全国信息技术标准化技术委员会牵头负责，规定了智慧城市的SOA应用参考模型及智慧城市建设中SOA标准的综合应用建议，该标准适用于智慧城市整体及具体领域信息化项目的规划、设计、开发、实施、评估、运行和维护。

《智慧城市技术参考模型》：全国信息技术标准化技术委员会牵头负责，拟规定智慧城市的技术参考模型、基本技术原则和要求，适用于智慧城市整体规划及具体领域信息化项目的设计、开发、运行和维护，是指导和综合应用智慧城市的具体技术、服务实现标准的依据，也是建立智慧城市相关质量测评标准、工程标准及应用标准的依据。

《智慧城市评价模型及基础评价第1部分：信息基础设施》：全国通信标准化技术委员会牵头负责，拟规定智慧城市信息基础设施评价对象、范围和指标，并提出相应的评价指标。其中评价指标中包括技术原则和要求以及设计与使用原则。该标准适用于智慧城市整体规划及信息基础设施项目建设与评价，是指导智慧城市具体技术、服务实现的标准依据，也是建立智慧城市相关质量测评标准、工程标准及应用标准的依据。

《智慧城市评价模型及基础评价第 2 部分：信息化应用和服务》：全国信息技术标准化技术委员会牵头负责，规定了智慧城市信息化应用与服务评价模型、评价指标。适用于智慧城市整体规划及信息化应用与服务项目建设与评价。该标准是评估后续智慧城市具体应用与服务标准的依据。

《智慧城市评价模型及基础评价指标体系第 3 部分：建设管理》：全国智能建筑及居住区数字化标准化技术委员会牵头负责，标准中建设管理内容主要指城市建设中的水、电、煤气等基础设施管网的建设标准，结合移动互联网、物联网、云计算等先进信息技术与城市管理运营理念，致力于提高城市的基础设施的协同化、智慧化，提供城市生活的舒适度。

《信息安全技术智慧城市建设信息安全保障指南》：由全国信息安全标准化技术委员会负责。目前相关资料较少，应该是针对智慧城市建设带来的数据资源集中和共享，所面临的信息安全风险，进行的信息安全保障体系的标准制定。

此外，2013 年 11 月，国际标准化组织（ISO/IECJTC1）在全会中正式通过了我国提议成立"智慧城市研究组"的决议，并由工信部电子工业标准化研究院有关人员担任召集人和秘书，美国、法国、韩国、日本、加拿大、荷兰、德国、英国、新加坡均表示将积极参加研究组工作。此项决议通过是我国在智慧城市国际标准化工作中的重要突破，对于建立我国在智慧城市国际标准领域的领导地位、促进国际国内智慧城市标准协调开展具有重要意义。

六　国内外企业抢滩智慧城市规划和建设市场

智慧城市释放出深层次信息化需求，信息产业厂商迎来了分享行业成长的机会。自 2010 年起各家 IT 企业纷纷加强了在智慧城市领域的布局，抢滩智慧城市规划和建设市场。如 IBM 建立了智慧城市研究院，加快在全国布局，微软提出 City Next（未来城市）的全球计划。除欧美跨国巨头之外，连日本 NEC 以及韩国 KT 等公司也纷纷瞄上了中国智慧城市市场（赛普观察，2014）。

国内的神州数码、太极计算机、东软、三大运营商等行业内先行者已经开始布局智慧城市市场。神州数码智慧城市战略已在近 70 个城市展开布局，并与 15 个城市签署了战略合作框架协议；太极相继拿下北京、武汉、重庆等中心城市的智慧城市项目，把智慧城市作为三项主营业务之一，力争到 2016 年营业收入从 2011 年的 22 亿元增长到 100 亿元；截至 2012 年 6 月底，三大运营商已在全国 320 多个城市和当地政府合作建设智慧城市。此外，软件和产品开发商、信息技术服务提供商、系统集成商、管道提供商、平台运维商纷纷抢滩智慧城市市场。加之各类研究机构、行业组织也纷纷布局智慧城市，智慧城市规划建设的竞争异常激烈。

这些成功的市场的先行者都有一个共同特征：具备智慧城市建设全生命周期服务能力，即规划、咨询、实施、运维的项目经验和系统集成一级资质等相关从业资格。这给其他厂商很大的启发，大部分厂商往往只在某个特定的领域具有优势，要么是前期的咨询、规划，要么是后期的实施、运维。缺乏对智慧城市这样大规模的系统工程的整体掌控能力。面对智慧城市的市场的快速成长，相比自己独立开拓新的业务领域弥补能力不足，更现实的办法是联合业内相关企业建立合作联盟，形成全生命周期服务能力，共同开发智慧城市建设市场。

第三节 发展现状

一 智慧城市建设呈现东部沿海聚集、中西部热点涌现的区域格局

我国在建的智慧城市密布在环渤海、长三角、珠三角地区，三大区域的智慧城市数量占据了总数的 59.4%。其中，环渤海地区占总数的 20.3%；长三角地区占总数的 27.5%；珠三角地区占总数的 11.6%。此外，武汉城市群、成渝经济圈、关中—天水经济圈等中西部地区也已经呈现出较好的发展态势。总体已形成东部沿海聚集、中西部热点涌现的建设格局（赛迪顾问，2013）。

二 智慧城市发展水平在东西部之间、不同等级城市之间不平衡

我国智慧城市整体发展不平衡，东西部之间、不同等级城市之间智慧城市建设水平存在明显差距（国脉互联，2015）。西部地区智慧城市整体建设水平还较弱，而东部地域智慧城市发展水平领先于其他地区，2014 中国智慧城市评估前十名被长三角、珠三角和环渤海经济区包揽。参见图 4—2、图 4—3。

图4—2 2014年智慧城市评估地区得分率

东部包含华东、华南我国经济最发达的两个地区，经济开放程度高，诸多优秀的智慧城市均聚集在此处，加之地理位置上的优势使各城市间联系紧密，促进了城市之间的相互学习和借鉴，所以整体智慧城市发展速度快。

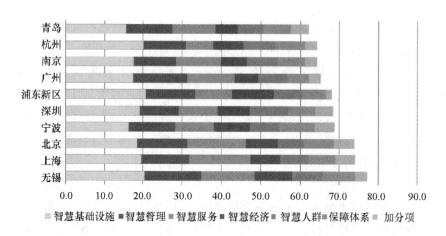

图4—3 2014年智慧城市评估排名前十名得分分析

资料来源：国脉互联《第四届（2014）中国智慧城市发展水平评估报告》。

此外，副省级及其以上城市智慧城市建设水平明显高于地市级和县级城市。国脉互联本次选择36个副省级及其以上城市、54个地市级城市、10个县市级城市进行评估，结果如图4—4所示。这除了与其经济、文化、科技发展水平正相关，以当地政府为首脑的政治发展水平也紧密相连。

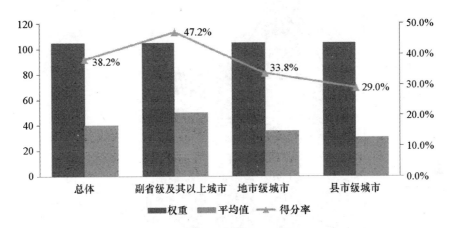

图 4—4 不同级别城市智慧城市建设水平得分情况
资料来源：国脉互联《第四届（2014）中国智慧城市发展水平评估报告》。

虽然各地在智慧城市的建设水平上差异性明显，但各地政府对智慧城市建设重视力度越来越大，大型运营公司也在各地积极运营。作为智慧城市建设卓有成效的城市，为我国其他城市智慧城市建设提供了良好的借鉴。

三 智慧基础设施投入力度不断加大，但各级城市差距明显

如图 4—5 所示，从区域划分看，东部沿海城市在信息网络普及上完成度极高，城市云平台应用情况也显著高于其他地区，依托于相对进步的信息基础网络设施，东部地区的智慧城市建设具备极好的技术支撑。从行政划分看，不同级别的城市在智慧基础设施建设上有明显差异，成阶梯状趋势。这与不同级别城市的资源占有量、设施完善度、发展优先级有着密切关系。

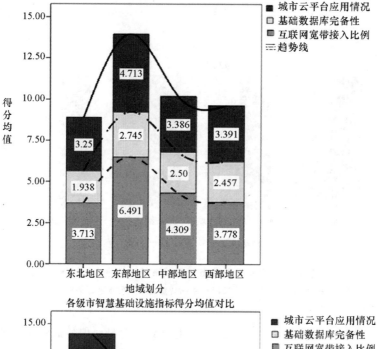

各地域智慧基础设施指标得分均值对比

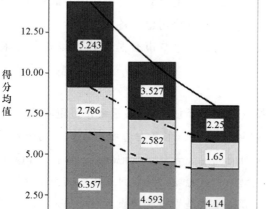

各级市智慧基础设施指标得分均值对比

智慧城市基础设施建设是智慧城市建设过程中不可或缺的内容，是衡量智慧城市建设发展水平的重要部分。

图4—5　各地域、各级市智慧城市基础设施指标得分均值对比

资料来源：国脉互联《第四届（2014）中国智慧城市发展水平评估报告》。

四　智慧管理地域和行政区划发展均显著不平衡,整合空间较大

如图4—6所示,从区域划分看,整体水平不高。不同地域的城市

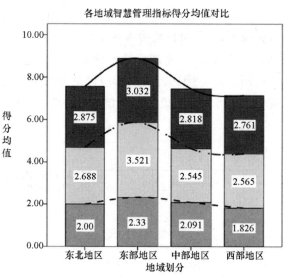

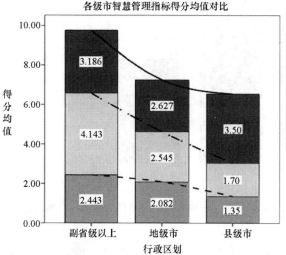

智慧管理是智慧城市的重要组成部分,是实现城市智慧化运行监测、公共安全及应急处置等高效运转的关键。

图4—6　各地域、各级市智慧管理指标得分均值对比

资料来源:国脉互联《第四届(2014)中国智慧城市发展水平评估报告》。

存在一定的差异。东部地区的智慧管理发展水平依然明显高于其他地区。从行政划分看,由于技术支持水平、人员素质水平等因素的制约,各级城市呈现出递减差异;县市级城市的公共管理社会参与度建设较好,得益于近年来基层民主、村民自治等政策的大力推广与普及工作。

五 智慧服务水平仍需提高,业务协同能力有待加强

如图4—7所示,各地区政府都在不断加强智慧服务力度,地区间差异性有一定缩小,但业务协同能力有待加强,从行政区域分布情况来看,县级城市政府更要加强对民生服务重视程度,提升民生服务项目工程,不断提升民生服务能力。

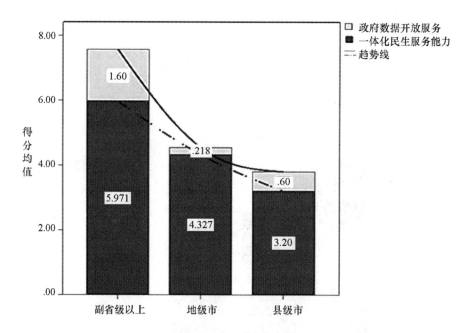

图4—7 (a)　各级市智慧服务、一体化民生服务能力指标得分情况分析

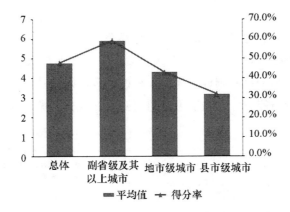

图4—7（b）　各级市智慧服务、一体化民生服务能力指标得分情况分析

资料来源：国脉互联《第四届（2014）中国智慧城市发展水平评估报告》。

六　智慧经济发展东西部之间差异显著

智慧经济是智慧城市可持续发展的保障，是我国在经济转型关键时期的重要力量。如图4—8所示，东部与西部之间智慧经济发展差异显著。这反映出沿海与内陆之间经济差异，究其原因包括两者之间经济开放程度、基础设施条件、交通运输条件、经济产业结构、技术人才结构等多方面差异。另外，创新成为制约智慧经济整体发展的重要因素。

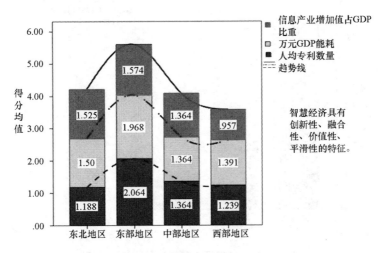

图4—8　各地域智慧经济指标得分情况分析图

资料来源：国脉互联《第四届（2014）中国智慧城市发展水平评估报告》。

七 智慧人群发展水平和规模亟待提升

如图4—9所示，各城市智慧人群发展水平差距较大。各城市应重视人才培养，加强网络基础设施建设，积极创造良好的社会环境，形成一个学习能力、参与能力、创新能力强的团队，提升智慧城市的发展动力。

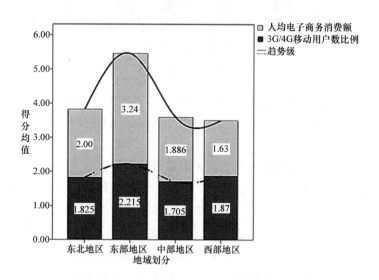

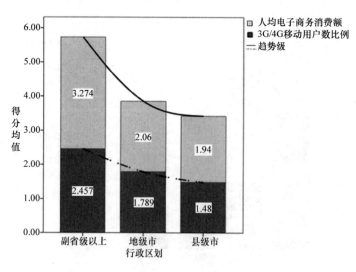

图4—9 各地域智慧人群指标得分情况分析

资料来源：国脉互联：《第四届（2014）中国智慧城市发展水平评估报告》。

第四节 发展趋势

一 对智慧城市理念的认识更加趋于一致

近几年，城市信息化领域同时存在着数字城市、智能城市、感知城市、智慧城市等不同关于城市信息化发展阶段的概念。随着信息化应用的实际探索与物联网、云计算等相关产业、技术的发展创新，业内对于智慧城市的理念更加趋于一致，基本都认同智慧城市是指融合物联网、云计算、移动互联网等新一代信息技术，具备迅捷信息采集、高速信息传输、高度集中计算、智能信息处理和无所不在的服务提供能力，实现城市内及时、互动、整合的信息感知、传递和处理，以提高民众生活幸福感、企业经济竞争力、城市可持续发展能力为目标的先进城市发展理念（赛迪顾问，2013）。

二 智慧城市的研究范围和区域实践将向上、向下延伸

向上延伸主要是指从城市级的研究范围和实践向省级延伸，从全省统筹的角度进行智慧城市顶层设计，从全省统筹的力度推动辖区内智慧城市建设，这将有效解决智慧城市建设过程中标准和规范不统一造成的城市信息孤岛问题。向下延伸主要是指智慧城市的研究方向更加细致，应用实践更加精致，区县级的智慧城市建设将被纳入所属市级智慧城市建设的研究及实践范围之内，充分发挥智慧城市建设在用信息化手段消除城乡二元结构方面的作用。

三 国家智慧城市标准、评估体系有望近期出台

目前，国家标准委已经牵头成立国家智慧城市标准化协调推进组、总体组和专家咨询组，国家智慧城市标准体系有望未来 3 年内出台。多项宏观政策和技术标准的推进，意味着中国智慧城市的顶层政策部署全面到位，也预示着中国智慧城市建设和发展迈上了一个政策环境更为完善、部级合作更为协同的新台阶。此外，中央各部委正牵头研究制订本领域智慧城市评价指标和评估体系，形成了以评估促建设、促管理、促改进的新思路和新做法，未来我国智慧城市有可能开展全国性综合评估，通过评估工作推进各地智慧城市建设落在实处。

四　智慧城市建设将更加突出惠民、便民服务

目前，随着我国智慧城市的不断发展，正逐步通过管理手段和理念转变、应用深化、技术进步和数据开发利用，来增强和凸显城市的管理和服务的实际效能，实现更好地为居民服务，信息惠民、便民服务已成为目前智慧城市建设的重要抓手和突破口（《人民邮电报》，2015）。比如广东省通过建设网上办事大厅，全面梳理各政府部门的职责边界，简化办事流程，承诺办事期限。为了更有效突出网上办事的便民实效，网上办事建立三级深度标准，从基本的办事指南、表格下载，到统一受理并统一反馈办理结果，再到全流程网上办理，层层递进，对不同网上办事深度提出明确目标，极大地增强了"以信息流代替人流"的政务办理服务效能。武汉市建立的"市民之家"集中了66个行政审批和公共服务职能部门、318个服务窗口，通过推动条块部门间的数据共享和系统互通，实现了426项行政审批和公共服务事项的一站式办理，一个审批数据的处理通过全流程由过去的2天缩短到37分钟。随着中央进一步深化行政审批制度改革和在国家信息惠民工程的带动下，未来更多的城市将减少审批事项、简化办理流程，强化信息惠民效能作为智慧城市建设的重要突破口，围绕医疗、教育、养老、社保等领域，以市民为中心，整合现有的、分散在各部门的服务，深入推进智慧服务的全生命周期应用，提高市民的生活品质与幸福感。

五　智慧城市建设运营模式呈现多元化态势

当前政府引导、市场主导的智慧城市建设运营模式成效开始显现（《人民邮电报》，2015）。比如上海浦东新区在2010—2013年三年中智慧城市建设的项目资金约300亿元。其中，政府投入为10亿元，社会化投入为290亿元。武汉市智慧城市建设以极小的引导资金撬动了大量社会资金的投入，近70%的武汉智慧城市项目都是民生项目，该领域市场活跃度较高，在总体投资13亿元当中，政府投资仅占550万元。在智慧化项目的建设与运营方面，建设—运营—转移（BOT）、政府购买服务等多元化建设运营模式在很多智慧城市开始实施。比如湖南省衡阳市采取"企业投资建设、政府租赁服务"的建设运营模式，与中兴网信公司签约，以BOT方式打造"数字衡阳"。可以预见，未来智慧城市建设运营模式必将是多元化的。

六　云计算和大数据成为智慧城市发展的潜在要求

除了土地、资金和人才，数据已经成为第四种资源，奥巴马将数据称为"新石油"。多年前就以备受关注的"云计算"以及正在变得时髦的"大数据"正在变得日益重要与实际，但是，颇显尴尬的是，在这种时髦之下，国内领先的 IT 公司均获得了"云补贴"，但至今没有玩出什么值得把玩的东西，跃跃欲试的跨国企业则在视线之外徘徊。《经济学人》杂志在介绍"商业领袖们的大数据经验"时，共享、速度、创新和人才被列为四大要点。当前，广东已经推出"大数据战略"，而其他省市也开始将"云计算"摆到一个可实施并符合实际的发展需求上来。无论怎样，对信息有效地平等化共享，对技术平等地民主化应用，对数据安全地自由开放，这应该是智慧城市发展的潜在要求（国脉互联，2014）。

七　智慧城市成为互联网最新趋势与新兴技术载体

工业和信息化部副部长杨学山先生曾表示：智慧城市是工业化、城镇化、信息化在特定历史时刻交汇的产物。而在互联网正在发生翻天覆地的变化、新兴技术更迭速度急剧加速的当下，智慧城市将导致新模式、新技术、新应用的另一种"融合"与"交汇"。"SOLOMO"倡导的社会化、本地化和移动化，以及语音技术、增强现实、人机交互甚至微博等新媒体，都将对智慧城市的市民生活产生化学反应，智慧城市成为互联网最新趋势与新兴技术的载体。

第五节　存在问题

当前我国智慧城市建设尚处于起步阶段，在体制机制、顶层设计、智慧应用、建设运营模式、核心资源开发利用、人才及管理架构、标准规范体系及信息安全七大领域仍存在比较突出的问题（杨冰之、姜德峰，2014）。能否尽快解决这些问题将直接影响到智慧城市的健康发展。

一　体制机制问题

主要表现为：智慧城市建设政出多门、主体不明。住建部、工信部、科技部、发改委等多部委均在牵头智慧城市建设。由于缺乏统一指导，一些城市智慧化建设依然各自为政，信息孤岛问题仍难以避免，重复建设现象严重，造成了人力、财力和物力的巨大浪费。其背后影响因素为：一是政府条块化管理模式的影响和制约。由于我国实施部门垂直条块化管理，横向之间缺乏联动，造成了信息孤岛及重复建设现象；二是政府各部门出于等级观念及自身利益考虑。同级政府各部门行政级别一样，由于等级观念的存在，尤其是出于部门权力、经济利益的影响，使其缺乏主动协作、相互支撑的动力。

二　顶层设计问题

智慧城市顶层设计及统筹布局的能力是决定智慧城市建设成败的关键。顶层设计是要明确智慧城市建设的重点内容、各重点内容之间的内在逻辑关系，避免分散投资和重复建设。目前智慧城市建设中所面临的突出问题是缺乏科学、统一的智慧城市顶层设计和总体规划，智慧城市建设存在一定盲目性。

其背后影响因素为：一是国家层面的顶层设计和宏观指导出台较晚（2014 年 8 月 27 日，八部委联合发布《关于促进智慧城市健康发展的指导意见》），落后于全国的智慧城市实践，另外国家层面的政策规划和法律规范也不健全；二是一些城市管理者在未透彻领会智慧城市的内涵和精髓，对城市发展基础和现状认识不足的情况下盲目跟风，导致智慧城市建设千城一面；三是没有将原有信息化系统有机整合，真正实现资源共享与融合。顶层设计的缺失造成智慧城市建设没有整体的、长远的统一规划，重复建设和信息孤岛等城市信息化建设的老问题层出不穷，同时也加大了智慧城市建设压力和投资风险。

三　智慧应用问题

主要表现为：各智慧城市同质化建设现象突出，智慧应用与公众服务需求匹配度不高；各主体对智慧城市建设的感知度和参与度不高；互联网思维及云计算、大数据工具的应用还不够。

其背后影响因素为：一是没有厘清智慧应用建设与公众服务需求的本质关系，同时政府缺乏智慧城市方面的宣传；二是体制机制束缚，缺乏创新环境；三是物联网、云计算、大数据等信息技术大都还不成熟，还存在应用支撑不足的实际情况。

四　建设运营模式问题

主要表现为：政府承担建设运营的大部分资金，将出现持续投资建设的困难及担忧；引入市场的机制还未形成，安全、高效的运营模式还不多；建设与运营分开的现象还比较普遍，已影响到了智慧城市建设的效率和质量；企业参与热情高涨，政府应对策略不够等。

其背后影响因素是：政府、企业还没有进行角色转换，还未完全适应智慧城市环境下政府作为指定标准及管理办法、购买服务的角色，企业参与建设，且进行运营的角色。事实上，目前政府在很多项目上没有准确自身定位，很多企业还没有形成建设、运营一条龙的服务模式。

五　核心资源开发利用问题

主要表现为：基础数据库建设进展不大；信息资源互联互通、相互共享大部分停留在思路想法上；政府数据资源的价值基本没有得到开发利用；数据开放还没有得到应有的重视。

其背后影响因素是：一是对数据资源重要性认识不够，没有利用数据资源提供决策支撑的传统及做法，这是影响我国智慧城市建设的重要障碍；二是缺乏相关的信息资源管理及开发利用的法律法规，使政府各部门对信息资源开发共享没有动力；三是没有建立体系化的信息安全保障机制，使各政府各部门对信息安全十分谨慎，并认为自己独自管理，才能保证安全，致使信息共享及开发利用不能得到很好的实施；四是现有的数据挖掘、决策支撑等技术，还不能有效支撑新的业务需求。

六　人才及管理架构问题

主要表现为：以部门为主，以技术支撑为主的人才分布，制约了智慧城市建设；普遍缺乏整体操盘的关键人才及专业人才；未建立形成专业的智慧城市 CIO 制度及整体保障团队。

其背后影响因素为：一是整体观念落后，对智慧城市建设的人才队伍重视不够；二是市场缺少复合型的智慧城市建设运营人才；三是机制束缚，部门界限没有打破，无法形成整体的人才团队支撑。

七 标准体系及信息安全问题

主要表现为：标准不统一，无法实现互联互通、信息共享；缺乏标准规范，各部门应用系统无法对接、许多创新应用无法推广，新旧设备无法兼容，造成重复建设、资源浪费；信息安全保障方面的法律法规还不健全；信息安全技术水平还比较低；各地智慧城市建设运营方面潜在的安全问题还比较普遍等。

其背后影响因素为：一是政府相关部门缺乏协调，标准制定滞后；二是政府、企业及行业协会等各自为政，也制约了标准规范的制定；三是各地政府部门对信息安全普遍重视不够；四是缺乏统一部门管理，职责不清，容易出现安全隐患。

第六节 策略建议

一 体制机制策略

2014 年底，国家发改委、工信部、住建部等 25 个部委已建立智慧城市部际协调机制和工作小组，协调解决智慧城市建设过程中跨部门、跨领域的重大问题，部委层面的条块管理的束缚有望被打破。希望这些部委加强横向联系，使各省市相关部门之间可以顺畅地推进信息共享及业务协同。

地方政府应尽快明确智慧城市建设的主体单位，加强省各主管部门的合作、沟通与交流，统筹考虑各部委的智慧城市建设试点的落地实施，规范和指导本省智慧城市建设，切实避免各自为政、重复建设的现象（杨冰之、姜德峰，2014）。

地方政府还应把政府信息资源管理应用纳入绩效考核体系，并切实落实奖惩措施包括数据采集、存储、管理、共享及公共服务平台建设运营等方面的职责。建立重要应用领域的部门间信息共享机制及标准规范等，使各部门间的信息共享及业务协同在技术标准与制度层面都有章可循，不断打破条块化管理的束缚。对部门职能相近或相互交织比较多的进行融合，理顺智慧城市管理与服务职能。

二　顶层设计策略

建设智慧城市时，应加强智慧城市顶层设计和宏观指导，从全局的视角出发，进行总体架构的设计，关注当地经济社会发展的实际需要和城市特点，以及当前需要重点解决的关键问题，对整个架构的各个方面、各个层次、各种参与力量、各种正面的促进因素和负面的限制因素进行统筹考虑和设计。全面规划城市建设基础设施、应用系统和信息产业，结合城市特色明确建设方向，强化资源整合和信息共享，制定切实可行的分阶段实施步骤，保证智慧城市建设有一个良好的开端。

三　智慧应用策略

城市信息平台创新建设方面：城市信息平台应该提供标准化的服务，包括常用软件、桌面云，以及基本数据分析、数据挖掘、决策支持、评估考核等服务，以适应公共服务标准化、便捷化的需求等。此外，城市信息平台不仅为各个相关部门提供数据接口，而且要对社会进行开放，为企业、公众提供脱密的数据共享及信息资源二次开发应用提供便利。

城市管理方面：以管理事项为核心，制定一揽子的解决方案，实现信息互联互通、一体化管理。以共同治理为关键，构建人人可以参与的管理体系及智能化公共管理平台，包括信息采集、业务联动、政民互动平台等。

公共服务方面：以服务事项为核心，建立一站式的服务系统，实现整体化、便捷化的服务。以共同参与为重点，构建以"我为人人、人人为我"的服务体系及服务平台，实现各种资源价值的最大化。以线上、线下相结合的方式为主，构建包括网上办事平台、智能卡、智能终端、便民服务中心等多种服务渠道。

四　建设运营模式策略

政府应该转变角色定位，以制定标准规范、购买服务、管理好、应用好智慧城市的各个系统为主，无须亲自参与建设运营。

企业应转变建设者的角色，要形成建设、运营一体化的服务模式。加强本地化团队建设，以满足智慧城市建设运营对本地化服务机构的需求。加强市场化运营项目的创新，增强项目自我造血功能；加强与政府合作，保障信息安全。

五　核心资源开发利用策略

政府应提高对信息资源价值的认识,制定信息资源管理应用的相关法律法规。加快人口、法人、空间地理、宏观经济等四大基础数据库建设,加强政府信息共享,各系统之间要有统一接口、统一数据格式进行互联互通,同时具备可扩展性、可接入性。加强大数据应用系统的试点建设,提升相关城市管理服务领域的信息资源开发应用水平。建立政府数据开放平台,让企业及研究机构参与政府数据的开发应用,使其发挥更大价值。

企业应加强大数据开发应用技术的研发,提升信息资源开发利用水平。加强城市管理服务的应用创新,提升信息资源的价值。

六　人才及管理架构策略

各地政府应建立统一的技术支撑与管理团队,实现统一的信息资源开发、业务支撑及安全管理等。制定信息化方面的人才引进及培养计划,包括现有人才队伍的培训及专业人才的引进,为政府在智慧城市建设运营方面提供人才支撑。

企业应主动加强智慧城市建设运营专业团队的构建。加强与高校合作,培养物联网、云计算、大数据等技术开发及智慧城市管理方面的专业人才。

七　标准体系及信息安全策略

国家要尽快研究制定智慧城市方面的相关标准体系,建立统一的信息安全法律法规体系。相关部委要建立各应用系统的标准规范:包括智慧交通、智慧医疗、智慧家居、智能电网等,以形成规范的标准体系,促进相关应用的推广,并带动相关产业的发展。地方政府要根据自身情况,制定智慧城市方面的规章制度,建立体系化的智慧城市评估标准体系及绩效考核体系。

企业要加大技术创新投入,突破高端芯片、关键组件、基础软件等核心技术,减少对国外技术和产品的依赖。加强智慧城市标准体系研究,协助政府出台相关评价指标体系。加强企业间的合作,制定相关技术标准,加快智慧城市相关应用的推广。

第五章　陕西智慧城市实践概况

第一节　实践进程

一　西安最早开始

查阅资料得知，陕西智慧城市建设最早起源于西安。2012 年 3 月 8 日，西安市人民政府与中国电信陕西公司签订"智慧城市"建设战略合作协议。双方将在"十二五"期间加快西安"智慧城市"建设，全面推进智慧政务、智慧产业、智慧民生三大工程，全力提升西安城市智慧化应用与服务水平（华商网，2012）。根据协议，中国电信陕西公司将在"十二五"期间投入超过 150 亿元，采用光通信技术、IP 技术和云计算等新一代信息技术，对西安市现有网络进行全面升级、优化和改造，实现互联网、物联网、通信网等网络资源的整合与共享，建设超过 40000 平方米的云计算中心，为广大用户提供配套完善、全程服务、辐射西北地区的信息化服务云平台；聚焦政府关注、社会关切、公众关心的教育、医疗、城市管理等领域，打造智慧应急指挥、智慧教育等丰富的信息应用，全方位提升西安信息化应用水平。

二　宝鸡紧步跟随

2012 年 5 月 10 日，宝鸡市人民政府与中国联通陕西省分公司在西安签订了"智慧城市"建设战略合作协议。根据协议，双方将本着"政府主导、社会参与、行业联动、企业实施"的原则，分阶段在十个方面开展合作（陕西联通，2012）：一是完善智慧城市信息化基础设施建设，促进城乡信息化协调发展。二是加快政务信息化及城市应急管理体系建设，切实提高应急联动和指挥调度能力，助推城市信息化应用和建设。三是完善智慧城市管理，加快"数字城管"和"数字交通"建设，建成覆盖宝鸡市三区九县的数字化城市管理系统,实现城市管理数字化、网络化和空间可视化,进一步提高城市管理水平和效率。完善公安、城管、公路等监控体系和信息网络系统,建立智能化城市交通综合管理和服务系统。四是加快城市一卡通系统建设,提升公共信息化服务水平。五是完善"平安城市"工程,为宝鸡市经济社会发展保驾护航。六是推进智慧社区建设,在试点基础上,搭建社区政务、智慧家居系统、智慧楼宇管理、智慧社区服务、社区远程监控等智慧应用系统,使居民生活向"智能化发展"。七是积极推进智慧教育文化体系建设,重点建设教育综合信息网、网络学校、数字化课件、教学资源库、虚拟图书馆、教学综合管理系统、远程教育系统等资源共享数据库及共享应用平台系统,提供多渠道的教育培训就业服务,建设学习型城市。八是构建宝鸡市旅游公共信息服务平台,为游客提供更加便捷的旅游信息化服务。九是创新服务应用,通过示范带动,推进传统服务企业加快向现代智慧服务产业转型。十是推进"数字卫生"系统建设,建立卫生服务网络和城市社区卫生服务体系,以及全市居民电子健康档案;推进远程挂号、数字远程医疗服务等智慧医疗系统建设,提升医疗服务水平。

三　其他地市全面展开

2013 年,陕西省多地市积极开展国家智慧城市申报和智慧城市创建工作。陕西省住房和城乡建设厅成立了创建专家组,为全省智慧城市申报和创建提供技术支持,指导创建工作科学开展。2013 年 1 月 29 日,咸阳市、杨凌示范区入选住建部首批 90 个国家智慧城市试点名单。2013 年 8 月 5 日,宝鸡市、渭南市、延安市入选住建部 2013 年度国家智慧城市试点名单。2013 年 7 月,随着商洛市被纳入国家测绘地理信息局 2013 年全国数字城市地理空间框架建设推广计划,陕西省完成了全部地级市的数字城市地理空间框架建设项目立项工作(《陕西日报》,2013)。此项目将建立起 10 个市级数字地理空间框架,形成权威的、唯一的、通用的地理信息公共平台,以实现地理空间信息资源的开发利用与共建共享。2013 年 11 月 15 日,西安、延安、杨凌三地区被确定为科技部智慧城市试点。截至 2013 年底,陕西省 10 个地市政府与中国联通陕西省分公司先后签订了智慧城市建设战略合作协议,陆续开展了智慧城市顶层设计、智慧城市实施方案及发展纲要编制等工作,并加大信息化基础设施建设投入,在交通、教育、医疗、环保、农业等民生领域取得重大进展，电子政务、城市一卡通、智慧社区等一大批项目建成投入使用，极大地提升了陕西省的信息化建设水平（吴大伟，2014）。

第二节　相关举措

2013 年以来，陕西省将智慧城市创建作为完善城市综合功能、提升城市服务水平、促进和谐城市建设、推动经济发展的重要手段，出台了一系列文件，并召开会议总结部署全省智慧城市建设示范试点工作，为智慧城市创建工作有序推进夯实了基础。

一　发布《"数字陕西·智慧城市"发展纲要（2013—2017）》

2013 年 7 月，经省政府同意，陕西省信息化领导小组印发《"数字陕西·智慧城市"发展纲要（2013—2017）》（以下简称《纲要》）和《"数字陕西·智慧城市"发展纲要实施意见》。《纲要》从"数字陕西·智慧城市"体系架构、主要任务、重点工程及建设模式、支撑体系建设等几个方面明确了智慧城市建设的方式和要求。

《纲要》明确提出"数字陕西·智慧城市"建设的指导思想：紧紧抓住新一代信息技术带来的发展机遇，深入贯彻落实党的"十八大"精神，推动信息化与工业化、城镇化与农业现代化的深度融合和协调发展，围绕省委、省政府提出的"科学发展、富民强省"战略任务，建设更加健康、高校、便捷和绿色的"智慧城市"。以市民生活、城市运行、企业运营和政务服务等领域智慧应用为突破口，建立覆盖城乡居民人享有的信息化公共服务体系，全面提升信息化在城市综合管理和便民、利民、惠民服务中的应用水平，加快推进陕西省社会创新发展和产业转型升级。其建设目标是：到 2017 年年底，初步形成以信息化公共平台为基础，推进惠及城乡居民的"数字陕西·智慧城市"基本框架，取得智慧应用服务体系阶段性成果。形成示范带动效应突出、信息安全总体可控的良好局面，基本建成关中智慧城市群，全省信息化水平总指数超过 0.85，力争达到 0.90，信息化整体水平迈入全国先进行列。

二　发布《关于促进信息消费扩大内需的实施意见》

2014 年 1 月，陕西省政府发布《关于促进信息消费扩大内需的实施意见》。根据意见要求，陕西将重点建设"数字陕西—智慧城市"和"宽带陕西"工程。加快智慧教育、智慧医疗、智慧食品药品监管等省级重点应用工程，以及智慧信用、智能交通等省市共建重点应用工程和城市一卡通、智慧城管、智慧社区等市级重点服务工程建设。到 2015 年，基本建成"数字陕西"，2017 年基本建成"关中智慧城市群"。在"数字陕西—智慧城市"支撑服务体系建设方面，陕西将建设大带宽、高品质、双冗余的省、市、县、乡四级电子政务网。实现各级政务部门网络互联、业务互通，有效支撑社会管理和公众服务业务。在"宽带陕西"建设方面，陕西将推进城镇光纤到户，扩大农村地区宽带网络覆盖范围；积极开展城市公共区域无线网络热点建设；加快建设西安国家级互联网骨干直联点，增加网间互联带宽，扩充出省带宽。到 2017 年，全省将发展宽带用户 850 万户，建设无线网络热点 30 万个，西安直联点互联带宽达到 100G，出省带宽超过 5TB。

三　发布《陕西省智慧城市体系架构和总体要求》及其他技术规范

2014 年 5—10 月，为贯彻落实《"数字陕西—智慧城市"发展纲要 (2013—2017 年)》，由陕西省工信厅、陕西省信息化领导小组办公室联合发布陕西省首个智慧城市技术规范《陕西省智慧城市体系架构和总体要求》(以下简称《总体要求》)、《信息化公共平台技术规范》《陕西省社会公共服务卡技术规范》及《智慧教育》《智慧医疗》等共 3 批 5 类 12 个技术规范，为陕西省智慧城市建设统一技术架构和标准奠定了基础。其中《总体要求》属于智慧城市公共支撑类规范，从顶层设计出发，对智慧城市概念、智慧城市体系架构、智慧城市总体要求、智慧城市标准体系等方面作了规定，明确了陕西省智慧城市以省、市、县三级信息化公共平台为核心的体系架构，同时对省级智慧应用、省市共建智慧应用、市级智慧应用、行业智慧应用也做了要求和规定。《总体要求》对全省地市、各部门在统一技术架构下开展智慧城市建设具有重要指导意义。

四　发布《关于开展智慧城市试点工作的指导意见》

2014 年 7 月 16 日，陕西省政府发布智慧城市试点工作指导意见。总体要求是：遵循《"数字陕西智慧城市"发展纲要（2013—2017 年）》，以政务应用为引领，信息产业为支撑，大力发展智慧民生服务。在信息化公共平台顶层设计框架下，统筹规划智慧应用体系，集约建设基础设施和资源。按照部门职责权属牵头负责，分类推进智慧城市建设；省市协同，分级推进智慧城市建设。建立覆盖城乡居民、与产业良性互动、可持续发展的智慧城市服务体系。试点目标是：通过智慧城市试点工作，城市信息化基础设施更加完善，城市现代化管理水平显著增强，智慧应用效能明显，形成以信息化公共平台为基础推进惠及城乡居民的智慧城市基本框架。形成具有特色的智慧城市投资、建设、运营、管理、服务体系。试点建设任务如下：

（一）省级部门智慧城市业务应用试点

省级业务主管部门依托省信息化公共服务平台部署智慧医疗、智慧教育、智慧环保、智慧食品药品监管、智慧信用等业务系统，并将服务功能覆盖到市、县及乡镇；市、县级相关业务部门配合省级智慧应用在本区域的落地应用，实现纵向跨级智慧应用。

在智慧城市业务系统建设应用中，必须开展开放数据试点工作。一是业务主管部门要充分共享平台上已有的人口、法人、空间地理等基础数据库；二是各部门根据信息资源共享范围，将本部门可公开的非涉密数据，共享到省、市级信息化公共服务平台的共享数据库，实现各业务部门之间的数据交换与融合；三是将部分非涉密、可公开的业务数据，提供给企业和个人开展深度挖掘和特色应用。

（二）市级智慧城市区域试点

各试点城市依托市级信息化公共平台部署智慧城管、城市一卡通、市级智慧门户、智慧社区、城市应急等应用，同时承接省级纵向智慧应用在区域内应用落地，并将基础性智慧业务应用延伸区县。

各试点城市必须开展开放政务数据工作，梳理各部门信息资源，依据《陕西省智慧城市建设要求与技术规范》，建设基础数据库、共享数据库和业务专属数据库，提供数据服务、目录服务、数据交换、数据融合和认证与授权控制等支撑服务，实现业务部门与信息化公共服务平台、各业务

部门之间以及省、市两级信息化公共平台的数据共享与交换。积极依托第
三方企业开展信息资源增值服务。

各试点市要选择2个区县依托区县电子政务实体平台开展便民服务、
城镇（社区）综合管理等信息化应用，同时承接省、市级纵向智慧应用
在本区域的落地应用。县级业务部门重点做好基础数据采集工作，实现与
省市两级数据共享交换平台的服务对接。

五　发布《陕西省新型城镇化规划（2014—2020年）》

2014年9月24日，陕西省发布《陕西省新型城镇化规划（2014—
2020年）》，提出要大力推进城镇光纤到户，继续推进关中无线城市群建
设，加大热点区域无线网络覆盖。加快下一代广播电视网建设，加快推进
有线电视网络数字化和双向化改造；持续扩大第三代移动通信网络覆盖，
积极开展第四代移动通信实验网建设。建设智慧城市信息化公共平台，推
行一网通、一站通、一卡通、一张图，构建智慧城市支撑服务体系。推进
大西安建设下一代互联网、电子商务、无线宽带和信息惠民示范城市，引
领全省智能城市发展，推进宝鸡、渭南、延安、杨凌示范区智慧城市建
设，加快市县数字城市地理空间框架建设。

六　召开全省智慧城市建设试点工作会议

2014年10月16日，陕西省政府在咸阳召开全省智慧城市建设试点
工作会议，总结部署全省信息化和智慧城市建设示范试点工作。这次会议
是贯彻国家发改委、工信部等八部委《关于促进智慧城市健康发展的指
导意见》和《"数字陕西"·智慧城市发展纲要》精神的要求，加快
"数字陕西"建设的重要举措。省工信厅厅长蒋跃通报了陕西省智慧城市
5个试点单位名单和总体方案。咸阳市、渭南市、省卫计委、省教育厅和
省食品药品监督管理局介绍了各自单位试点实施方案。副省长李金柱出席
会议并提出当前推进智慧城市建设的重点工作：

做好顶层设计，统筹推进。在信息化公共平台顶层设计框架下，统筹
规划智慧应用体系，集约建设基础设施和资源。按照政府和主管部门职
责，分类、分级推进智慧城市建设，逐步建立覆盖城乡居民、与产业良性
互动、可持续发展的智慧城市服务体系。

坚持民生优先，重点推广纵向跨级智慧应用、区域覆盖智慧应用和本

地服务民生应用。一是智慧政务引领。建立完善的市、县两级信息化公共平台，整合政府信息资源平台，实现政务信息充分共享；统筹建设党政机关公文交换、网上办公应用平台，探索和完善电子政务建设、应用与运维机制，实现电子政务高效运作；创新管理和服务理念，积极构建为企业和公众提供服务的"一站式"政府门户网站。二是智慧民生服务。以市民需求为导向，加快构建普惠化公共服务体系和实施信息惠民工程。积极推进智慧医院、远程医疗建设，普及应用电子病历和健康档案，加快社会公共服务卡的应用集成和全省一卡通用；完善利用信息化手段扩大优质教育资源覆盖面的有效机制，推进优质教育资源共享与服务；推广社区综合服务信息平台，整合基层公共服务资源，面向社区提供集政务、商务、物业和信息服务等一站式属地化便民服务。三是智慧产业支撑。进一步推进信息化与工业化融合，采用先进信息技术改造提升传统产业，促进以智慧产业为代表的新兴产业蓬勃发展。

突出三类试点。一是市级智慧城市综合试点，突出区域统筹应用和数据开放，重点是陕西省"三通一图"（一网通、一站通、一卡通、一张地理信息图）在市级落地，构建智慧城市信息基础资源支撑服务体系，实现互联互通、资源共享，尽快形成为民服务的合力。咸阳作为综合试点城市，在智慧城市建设方面已经取得了一些成绩、积累了好的经验，下一步工作重点是要加快建成覆盖全市的"一卡通"、"一号通"、"一站通"、"一格通"。二是渭南要重点推广"12345"市民服务热线"一号通"和食品安全在线监管服务平台在全市的应用，为市民提供全方位、全天候、高效率的政府公开信息服务，做到市民只记一个号码、只打一次电话，就能得到满意答复和优质服务。三是省级有关部门要突出纵向跨级应用和数据开放，加快陕西省社会公共服务卡（居民健康卡）、数字教育资源智能服务、省食品安全在线监管服务平台三个试点项目建设，为在更多领域开展智慧应用探索路径、树立典范。

第三节　进展情况

近年来，渭南市、咸阳市、杨凌示范区、延安市、宝鸡市这些国家智慧城市试点，因地制宜，各有侧重，取得了实质性进展（《陕西日报》，2014）。

一 渭南：光纤建设基本实现全覆盖

国家试点明确后，渭南市智慧应用项目有序开展，各项目工程实施部门年度实施方案基本编制完成，智慧民政、智慧畜牧、智慧审计、智慧档案馆等项目试点已经进入推广建设阶段。全市光纤建设覆盖数量已达15万余户，WiFi热点布放达到500余处，实现全市光缆通达率100%，实现行政村100%光覆盖，为智慧城市应用系统建设提供网络基础设施保障。市级信息化综合服务平台采用虚拟化技术已基本建成，能够面向全市政府各级各部门和社会各领域的信息化建设提供信息化综合服务。韩城、华阴、大荔等9个县市区电子政务统一平台已全部建成。各基础数据库建设进展顺利，进入了行业应用阶段。

二 咸阳：注重顶层设计，各项工程进展顺利

为了提高智慧城市建设水平，咸阳市与中国城市科学研究会及软通动力信息技术（集团）有限公司签署了合作框架协议，全力做好智慧城市顶层设计和建设实施。智慧咸阳建设从2012年全面启动实施，目前各重点建设项目总体进展顺利。在"一个中心、两个平台、七大应用系统"10个重点项目中，市信息化基础资源综合服务中心项目、市政务服务中心信息系统、市公交"一卡通"、智慧城管项目已经建成运行或试运行。地理信息公共服务平台系统开发、内外网二维、三维地图已经完成，正加紧与正在试运行的数字城管系统进行对接。社会管理与服务综合信息平台招标和开发前期准备工作已经完成。新农合医疗信息服务、智慧信用信息系统近期可建成运行。应急指挥综合信息系统即将开工建设。智慧旅游服务信息系统已与联通咸阳分公司签订了战略合作协议，并启动建设。咸阳市民文化中心、市区集中供热老旧管网工程、天然气输配三期工程等7个项目已完成了可研报告和立项，正加紧前期工作。

三 杨凌示范区：借助契机，打造现代智慧农业

杨凌示范区致力于将智慧城市与农业发展建设相结合，打造现代信息化农业发展新模式。截至目前，杨凌示范区已经完成智慧城市创建工作所有的建设任务，项目已全面投入使用。杨凌示范区已经在全区主要道路、重要路口、党政领导机关、城区一般道路、街区、繁华地段、公共场所、

治安复杂地段安装 390 个摄像头；建设完成 8 个智慧卡口，对进出示范区主要进出通道的车辆进行全面监控。

四 延安：健全组织机构，构建特色农业应用

延安市成立了智慧城市创建领导小组，具体负责日常协调推进工作。延安市智慧城市的创建特色是以洛川苹果为示范构建智慧特色农业应用，构建全市红色旅游体验。同时，按照基础信息数据平台、产能及服务应用三大类，延安智慧城市创建共 15 个项目，总投资 20.94 亿元，其中财政投入 1.88 亿元，融资 8.34 亿元，社会资金 1.82 亿元，通信运营商 8 亿元。

五 宝鸡：确保资金到位，巧辟蹊径瞄准手机应用

宝鸡市及时组织责任部门单位，召开创建"智慧城市"动员大会，确保"智慧城市"各个项目顺利开展。市上已拨付十万元作为前期创建工作经费。同时，积极联系联通宝鸡分公司，制定"智慧宝鸡"APP 手机客户端实施方案，争取年底前投入使用。太白山智慧旅游项目一期工程完成并投入运营。组织协调市招商局，将"智慧招商"项目统一规划纳入"智慧宝鸡"公共服务平台。

2015 年，陕西省住房和城乡建设厅将在全省范围内进行认真调查与摸底，做好第三批智慧城市申报的前期准备，加强宣传培训工作，并组织有关人员学习先进城市的先进理念和工作经验，进一步扩大创建成果，为全省新型城镇化建设快速推进奠定基础。

第六章 国内外智慧城市建设案例研究

第一节 国外案例

一 美国

2009 年 1 月，奥巴马就任美国总统后，IBM 公司运用"智慧地球"这一概念，建议奥巴马政府投资新一代的智慧型信息基础设施。奥巴马积极回应 IBM 的"智慧地球"概念，并将其上升为国家战略，在美国 7870 亿美元的《经济复苏和再投资法》中鼓励物联网技术发展。2010 年 3 月美国联邦通信委员会（FCC）正式对外公布了未来 10 年美国的高速宽带发展计划，将目前的宽带网速度提高 25 倍，到 2020 年以前，让 1 亿户美国家庭互联网传输的平均速度从现在的每秒 4 兆提高到每秒 100 兆。美国的智慧城市实践如下：

（一）波尔多市——美国首个智慧电网城市

2009 年 2 月，美国总统奥巴马发布的《经济复苏计划》提出，计划在未来的 3 年之内，为百姓家庭安装 4000 万个智能电表，以降低用户能源开支，实现能源独立性和减少温室气体排放。2009 年 4 月美国能源部宣布，将投资 34 亿美元用于资助智能电网技术开发，投资 6.15 亿美元用于资助智能电网的示范项目。2009 年 6 月，美国商务部和能源部共同发布了第一批智能电网的行业标准，这标志着美国智能电网项目正式启动。

在这一过程中，美国科罗拉多州的波尔多市较早地启动了智能电网城市工程。波尔多将现有的变电站升级，使之能够远程监控，并进行实时的信息收集和发布，使消费者能够对家庭能源进行自动化操作；对电网接入升级以支持家用太阳能电池板、电池、风力涡轮机和混合动力车等独立的发电和储能设备，使电网电力能便利地传输到这些设备上；同时建立新的测量系统，这个系统不仅可以测量用电，还可以将信息实时、高速、双向地与电网互联。波尔多市的家庭可以和电网互动，每户家庭都安装了智能电表，居民可以了解实时电价，合理安排用电。届时该市将成为一座全集成的智能电网城市。

（二）圣何塞市——智能道路照明工程

加利福尼亚州的圣何塞市为美国第十大城市，该市每年的路灯照明花费为 350 万美元。如果算上维护和更换路灯，花费还将更高。为此，圣何塞市于 2009 年 4 月启动了智能道路照明工程，其控制网络技术不受灯具的约束，有效地为各种户外和室内照明市场带来节能、降低运行成本、实施远程监控以及提高服务质量等好处。智能控制联网技术以新型灯具的效率为基础，通过诸如失效路灯的早期排查、停电检测、光输出平衡以及调光等功能来降低成本和改善服务，同时使城市的街道、道路和公路更安全美观。

（三）迪比克市——美国第一个智慧城市

2009 年 9 月，美国与 IBM 共同宣布，将建设美国第一个智慧城市。IBM 将采用一系列新技术武装迪比克市，将其完全数字化并将城市的所有资源连接起来，可以侦测、分析和整合各种数据，并智能化地响应市民的需求，降低城市的能耗和成本，更适合居住和商业的发展。IBM 还提出了未来几年内的一个计划：在美国爱荷华州的小城迪比克开展一个项目，该项目将通过使用传感器、软件和互联网让政府和市民能够测量、检测和调整他们使用水、电和交通的方式，以期打造更加节能、智能化的城市。

（四）哥伦布市——2013 年全球 7 大智慧城市之一

美国俄亥俄州的州府哥伦布市是 2013 年全球 7 大智慧城市之一。其智慧城市建设的主要措施如下：

信息基础设施部署。2012 年 12 月，哥伦布市通过无线网络部署第一阶段方案实现了网络速度从 70Mbps 到 117Mbps 的跨越。2013 年 5 月，哥伦布市完成了多阶段无线网络铺设计划的第二步，中央商务区移动设备的下载速度得以超过 150Mbps，为北美最快的无线网络。

开放创新与未来铺垫。哥伦布市发布了一个免费的移动应用程序（适用于 iPhone、iPad 和 Droid 终端），名为 My Columbus，以此加强辖区居民和游客对城市和社区资源的访问与使用。哥伦布市的开放创新还体现在对未来的响应上，新能源、低碳、3D 打印机、健康、新能源汽车成为哥伦布市的重要投入方向。

绿色可持续发展。哥伦布市所致力的能源改革最早开始于 2005 年，政府分析城市释放的温室气体量，并推出了公共教育活动"实现绿色哥伦布"。

（五）纽约——"连接的城市"

2009 年 10 月，纽约市政府宣布启动"连接的城市"行动，以增加民众与政府的联系、企业与政府的联系、企业与民众的联系及民众间的联系。这项行动的内容主要包括：①实施移动通信和 311 网络热线服务；②启动电子健康记录与服务；③整顿全市数据中心，实施"纽约市 IT 基础设施服务行动"计划；④改造升级政府部门的电子邮件系统，提高政府工作效率；⑤建立"纽约市商业快递"网站，提高政府对企业的服务效率；⑥把宽带服务引进每个社区和每所学校，向低收入群体普及宽带服务；⑦建立智能交通系统和智能停车系统。

二　欧盟

早在 21 世纪初，欧洲就开始了智慧城市的实践。2000 年英国南安普顿市启动了智能卡项目，自此欧洲智慧城市建设的序幕正式拉开（武锋，2013）。此后，欧洲各国相继开始建设智慧城市，并取得了相当可观的成绩。欧洲的智慧城市更多关注信息通信技术在城市生态环境、交通、医疗、智能建筑等民生领域的作用，希望借助知识共享和低碳战略来实现减排目标，推动城市低碳、绿色、可持续发展，建设绿色智慧城市。

欧盟在其新能源研究投资方案中，为"智慧城市"建设投资 110 亿欧元，选择 25—30 个城市发展低碳住宅、智能交通、智能电网，提升能源效率，应对气候变化。这些城市包括哥本哈根、赫尔辛基、阿姆斯特丹、巴塞罗那、斯德哥尔摩、曼彻斯特等。欧盟还重点支持未来互联网、云计算、物联网等关键领域的研究，鼓励城市与企业界伙伴组成团队申请欧盟资助，研究如何整合性地管理城市能源流（energy flows），包括交通、水、垃圾处理、建筑供暖与制冷系统等。

2007 年 10 月，奥地利维也纳大学区域科学中心、荷兰代尔夫特理工大学等机构合作，从智慧经济、智慧人群、智慧治理、智慧生活、智慧移动、智慧环境六个维度，通过一系列要素指标来衡量典型欧洲中等城市的可持续发展与竞争力。据其发布的《欧洲中等城市智慧城市排名》报告，排名前三位的分别是卢森堡、丹麦的奥胡斯（Aarhus）、芬兰的图尔库（Turku）；丹麦和芬兰位居榜单前列的城市较多，城市总体的智慧化程度较高。《欧洲中等城市智慧城市排名》报告还首次正式提出了智慧城市愿景及发展目标。

2009年11月，欧盟提出2011—2015年信息化建设的主要目标，包括信息通信技术与可持续的低碳经济、信息通信技术与研究创新、高速开放的互联网、在线市场与接入创新、国际信息通信技术竞争及其对经济增长和就业的影响、公共服务和信息通信技术对提高人们生活品质的作用。其构建内容主要涉及两方面，一是社会的发展需要由一种绿色的理念指导，这种理念在社会发展中的外在表现就是"可持续性"、"低碳性"、"环境友好性"等；二是信息通信技术在这一发展中应该起的作用，以及如何突破、改进目标应用发展中的瓶颈。

2010年，欧洲各国500多名市长和代表在欧盟总部签署《市长盟约》，承诺努力节能减排，力争2020年温室气体排放量在1990年的基础上减少20%以上。2010年5月，欧盟委员会出台《欧洲2020年战略》，将"欧洲数字化议程"确立为欧盟促进经济增长的7大旗舰计划之一，旨在通过信息通信技术的深度应用和广泛普及，取得稳定、持续和全面的经济增长。同时提出未来3项重点任务，其中之一就是实现智慧型增长。智慧型增长意味着要充分利用新一代信息通信技术，强化知识创造和创新，发挥信息技术和智力资源在经济增长和社会发展中的重要作用，实现城市协调、绿色、可持续发展。

2011年6月21日，欧盟能源委员公布"欧盟新智慧城市与社区行动"报告（EU's New Smart Cities and Communities Initiative）。报告指出，现在是建设智慧城市、智慧社区的最好时机。无论城市还是工业部门，都希望找到综合的、可持续的解决方案，以便为居民提供清洁、安全与价格合理的能源。

以下是欧洲智慧城市实践案例：

（一）瑞典斯德哥尔摩

2009年，欧盟委员会将斯德哥尔摩命名为欧洲第一个绿色首都。理由是斯德哥尔摩的城市发展整体构想提出，经济增长与可持续发展相结合，到

2050 年成为不依赖矿物燃料的城市。同年，斯德哥尔摩成为由美国智囊机构
"智能社区论坛"颁发的"2009 年度智慧城市"奖获得者。理由是：该城市
在智能交通、宽带部署、创造和维持知识型劳动力的能力、数字包容性、城
市创新能力、市场营销与宣传能力等领域均有优秀表现。

1. 智能交通

智能交通是智慧斯德哥尔摩最重要的应用领域。瑞典皇家理工学院与
IBM 合作，采用 IBM 的流分析技术，从近 15000 辆出租车驾驶室内的全
球定位系统中收集实时信息，帮助斯德哥尔摩改善整体交通和通勤状况。
此外，该系统还帮助收集和分析货车、交通流量、运输系统、污染检测、
天气信息等数据，从而寻找降低二氧化碳排放的可靠途径。斯德哥尔摩
2006 年开始试用智能交通系统，到 2009 年交通堵塞降低 25%，交通排队
所需时间降低 50%，城市污染下降 15%，新增 4 万人每天乘用公共交通
工具，出租车收入增长 10%。

2. 宽带部署

20 世纪 90 年代初，瑞典放开了电信服务市场。斯德哥尔摩市政府于
1994 年成立了一家名为 Stokab 的公司，负责建设整个市政区光纤网络。
Stokab 公司用遍布全市的光纤传输基础设施为相互竞争的 400 多家运营商
提供基础的传输服务，为所有运营商提供一个公平竞技的平台。这种模式
使得该市通信成本远低于让运营商各自建立网络的成本。Stokab 建立传输
基础设施后，斯德哥尔摩市政府于 2007 年宣布一项四年内投资 7220 万美
元，开发供市民使用的电子服务计划。目前该城市已在提供一系列便民的
在线服务。

（二）荷兰阿姆斯特丹

荷兰阿姆斯特丹以可持续发展为主要目标，提出了可持续的生活、可
持续的工作、可持续的交通、可持续的城市空间四大战略。

1. 可持续的生活战略

阿姆斯特丹拥有 40 万户居民，是荷兰最大的城市。居民二氧化碳排
放量占全市二氧化碳排放总量的 33%。通过智能化的节能技术，可以很
大程度地降低城市居民的二氧化碳排放量。在该市 Geuzenveld 地区，电网
管理者为超过 500 户家庭安装智能电表和能源反馈显示设备，促使居民更
加关心自家的能源使用情况并学会制定家庭节能方案。这项举措帮助这些
家庭节省能源 8% 以上，其二氧化碳排放量则降低近 9%。

2. 可持续的工作战略

阿姆斯特丹可持续的工作战略的内涵在于建立智能化大厦，降低商业工作领域的能源消耗。位于阿姆斯特丹世贸中心附近、总建筑面积接近4万平方米的 ITO Tower 大厦是可持续工作的示范性、实验性项目。该大厦主要通过智能传感器技术，智能物业管理系统，智能电源插座等智能设备降低工作区能耗，提升绿色能源的使用效率。

3. 可持续的交通战略

主要是在港口电站配备电源接口，为传统交通工具提供清洁能源。阿姆斯特丹的 Ship To Grid 项目为轿车、公车、卡车、游轮等交通工具提供清洁能源。其中的智能电话支付系统和清洁能源发电体系都是阿姆斯特丹市在智慧城市建设领域的创新型技术。阿姆斯特丹港口的73个靠岸电站中，现已配备154个电源接口，可为使用电源动力的游船与货船充电。这样可以减少柴汽油和其他不可生能源的使用量，降低能耗，保护环境。

4. 可持续的公共空间战略

2009年6月启动的气候大街（Climate Street）项目，主要是对后勤部门、公共空间和商户进行智能化改造。包括，垃圾运输、回收使用清洁能源车辆，街道照明使用可随行人数量调节的智能照明系统，大量使用太阳能发光设备，为商户安装智能电表和能源反馈装置等。这些技术措施提高了街区的电源使用率，改善了当地的环境，也让很多商户有了节约能源、废物回收的意识。

阿姆斯特丹建设智慧城市的背后，有着担忧当地日益严重的自然环境问题的诉求。阿姆斯特丹面积219平方公里，仅占荷兰国土面积的0.5%，而它的二氧化碳排放量相当于荷兰全国的33%。若按目前的发展速度，预计到2025年，阿姆斯特丹的二氧化碳排放量将达每年635万吨，较2006年增长25%以上。通过实施可持续的智慧城市战略，阿姆斯特丹预计可将2025年二氧化碳排放量在635万吨这个基础上降低60%，实现整个城市的可持续发展。

（三）德国

1. 德国智慧城市建设的特色

德国的智慧城市以柏林、法兰克福、弗里德里希哈芬市（Friedrichshafen——德国南部的一座风景秀丽的小城市）为代表（信息系统工程编辑部，2014）。

柏林的智慧城市建设主要是由柏林伙伴公司负责的，柏林伙伴公司是柏林市政府旨在促进经济社会发展而成立的一个专门机构。柏林的目标是成为欧洲领先的电动汽车大都市。2011年3月，柏林提出"2020年电动汽车行动计划"（Action Plan for Electromobility Berlin 2020），其中一个重要的项目就是奔驰smart的car2go项目。在该项目中，注册用户可以在大约250平方公里的区域内租用到配备了智能熄火启动系统、空调和导航系统的smart fortwo车辆，并根据自己的意愿长时间驾驶这些汽车，然后在运营区域内的任何公共停车场归还汽车。

法兰克福的智慧城市建设主要是由法兰克福环保局负责。与其他城市相比，法兰克福更加注重绿色发展，其目标是建设绿色城市，并在"2014年欧洲绿色之都"的评选活动中进入了最后的决赛阶段。在环保方面，法兰克福除了关注绿化以外，还比较重视空气的质量。特别是在控制二氧化碳排放方面，采取了大量的应对措施。第一，低排放公交车。法兰克福在数年前就率先启用了低排放公交车，在公交系统，法兰克福坚持使用配备高标准（EEV）的车辆。第二，天然气汽车。2005年，法兰克福市政府决定将其车队全部改换为天然气汽车，目前，市政府及其下属企业已经有400辆天然气汽车投入使用。第三，低排放区域。2008年10月，法兰克福在市区划出一片面积约110平方公里的区域设为低排放区。所有的高排放车辆都不允许驶入该区域，只有黄标车（欧3）和绿标车（欧4）才可以进入。从2012年开始，只有绿标车方可驶入，否则，就会受到40欧元的罚款处理。第四，鼓励自行车出行。

与柏林、法兰克福等其他德国城市不同的是，弗里德里希哈芬市的智慧城市建设的领域更广、项目也更多。2007年以来，弗里德里希哈芬市已经在医疗、教育等领域启动了逾40个智慧城市建设项目，"远程诊疗"和"独立生活"是两个相对成熟且与老百姓日常生活关系密切的项目。"远程诊疗"是一个针对慢性心脏病患者的远程监控项目。通过利用互联网、手机等ICT手段，患者可以定期将血压、体重等监控数据从家里传到医院的远程医疗中心。这样，患者一方面可以持续监控身体状况并提早确定潜在的风险，另一方面还可以及时得到医生的建议并减少去医院的次数。也就是说，该项目实施之后，弗里德里希哈芬市的老百姓就可以免去经常上医院量血压、称体重的路途劳顿，从而在一定程度上提高了人们的生活质量。为了应对日益来临的老龄化社会，弗里德里希哈芬市启动了

"独立生活"项目。该项目的服务对象是当地拥有行动受限困扰的居民，目标是提升上述居民的自我服务能力。通过在家里安装一种特殊的装置，行动不便者可以更轻松地使用一些服务，比如药品、商品、食品的配送和看护，等等。也就是说，有了 ICT 技术的帮助，行动不便者可以（比以前）更长时间地待在家里，即变得更加独立了。

2. 德国智慧城市建设的做法

一是专门机构负责。经考察发现，德国城市在建设智慧城市过程中，都有专门的机构负责。这些机构或者是政府部门，如法兰克福的环保局，或者是政府特意成立的下属机构，如柏林的柏林伙伴公司和弗里德里希哈芬市的虚拟市场有限公司，其职责都是代表当地政府提出一些长期的、宏观的规划目标，并从市场上挑选最具吸引力并适合当地实际的智慧城市项目。因此，我国在建设智慧城市的过程中也应保证有专门的负责机构而不能是政出多门。

二是政企合作模式。为了更好地建设智慧城市，德国城市一般会选择PPP（Public—Private—Partnership）模式，即政府与企业合作的模式。合作有两种情况：一种是政府首先会在某个方面提出长远的宏观目标，并通过财政补贴的方式引导企业进行相关研究，最终从若干参与者中选出合适的合作者。另一种是像德国电信、西门子、宝马等大型企业为了推销本公司的某种产品或服务，会在全国范围内选择一个或几个城市进行试点，符合条件的或对项目感兴趣的城市会积极参加这些企业开展的试点竞赛。因此，我国在建设智慧城市的过程中，也要发挥政府和市场两方面的重要作用，政府不能对智慧城市建设大包大揽，而是在仔细认真调查研究的基础上提出在某个时期要达成的目标，关于建设内容以及如何建设等具体细节问题应交由市场来完成。

三是多方出资。在德国智慧城市建设项目中，根据提出某项目标主体的不同，德国城市会有不同的资金来源，如欧盟、联邦政府、州政府、市政府以及相关企业。如果是前三者提出目标要求城市完成，那么它们就会给这些城市一定比例的建设资金。比如，为实现节能减排，欧盟提出"力争到 2020 年将温室气体排放量在 1990 年的基础上减少 20% 以上"的目标，并投资 1.15 亿欧元帮助 500 多个城市进行节能建设。德国联邦政府提出"电动汽车国家发展计划"，并选取了包括柏林在内的 4 个州开展试点。在这个为期 4 年（截止时间为 2016 年）的项目中，联邦政府投入

8000 万欧元，柏林州政府投入 6000 万欧元，参与企业投入 6000 万欧元。因此，我国各城市在建设智慧城市的过程中，也可以积极争取各方面的资金，比如中央资金、省政府资金以及有意愿参与本市智慧城市建设企业的投资。

四是因地制宜。"智慧城市"建设是一个复杂的系统工程，它必将是一个长期的发展过程，不可能毕其功于一役，每个城市在建设智慧城市的时候应充分认识到其建设的长期性和复杂性，充分考虑当地的资源禀赋、经济水平、产业基础、信息化水平、市民素质等各种因素。德国各个城市的智慧城市建设虽然多集中在节能、环保等领域，但就具体项目来讲，不同的城市绝对不会雷同。因此，我国在今后建设智慧城市的过程中，必须充分考虑当地居民的需求和所需解决问题的迫切程度，进行统筹规划，分步实施。

五是务求实效。德国对"智慧城市"的认识非常理性和务实。德国人并不认为"智慧城市"有统一的模式，而且在建设智慧城市的过程中并未过多使用甚至几乎没有使用国人熟知的物联网、云计算等新兴信息技术，只要能够促进市民生活质量改善和城市竞争力提升的工作即可视为建设智慧城市。因此，我国在今后建设智慧城市的过程中，要充分考虑市民生活质量的改善和城市竞争力的提升，而不能盲目跟风，做表面文章。

六是以人为本。在建设智慧城市的过程中，"以人为本"的理念在柏林、法兰克福等各个德国城市都得到了充分体现。在策划某个智慧城市项目时，这些城市的政府会做仔细认真的前期调研，在此基础上充分考虑当地居民的需求，还会在项目实施之前选择若干志愿者进行实际体验，之后根据志愿者的意见和建议对项目方案进行修改完善并在更广范围推广。因此，我国的智慧城市建设也应突出以人为本，要把满足广大人民群众的利益作为核心宗旨，最大限度地满足人们在城市生活中的物质需求、精神需求和感官享受，把提升市民的生活幸福指数作为城市信息化建设的核心目标，真正把百姓需求和幸福感受放在第一位。

（四）法国巴黎

法国巴黎，埃菲尔铁塔、凯旋门、凡尔赛宫、卢浮宫、巴黎圣母院等都是世界闻名的风景线。2012 年，全球十大智慧城市评比，巴黎位列第三。

1. 智慧型广告牌

在巴黎街头有这样一种广告牌，远远望去，就像是镶嵌在城市外衣上一朵朵耀眼亮丽的时尚之花。广告牌的上部、下方轻轻地延伸出一条小小的曲线，很自然地变成了雨棚、座椅、无障碍坡道。而在有梯级的地方，智慧型广告牌可以变身为无障碍坡道，行人拉着行李箱轻轻松松就可过台阶。

2. 电动汽车共享计划

市民租用公共电动汽车，只需每小时花上 10 欧元，就可以开走一辆电动汽车。汽车电池采用锂金属聚合物，汽车充电一次能行驶 250 公里。抵达目的地时，将车连到充电桩上，就是交还汽车了。这种车不仅环保，而且发动时悄静无声，有效地减少了城市的噪声污染。

3. 智能巴士亭

未来，在巴黎公交站，智能巴士亭具备无线上网、自动售卖、自助式图书借阅等功能。内装有一块显示屏，乘客或路人可以在显示屏上进行15 种方便快捷的应用程序操作。这些应用程序可以帮助市民查询公交换乘信息，登陆新闻网站浏览新闻资讯等。

（五）英国

1. 格洛斯特开展智能屋试点

2007 年英国在格洛斯特建立了"智能屋"试点，将传感器安装在房子周围，传感器传回的信息使中央电脑能够控制各种家庭设备。智能屋装有以电脑终端为核心的监测、通信网络，使用红外线和感应式坐垫可以自动监测老年人在屋内的走动。屋中配有医疗设备，可以为老年人测心率和血压等，并将测量结果自动传输给相关医生。

2. 伦敦"贝丁顿零化石能源发展"生态社区

贝丁顿社区是英国最大的低碳可持续发展社区，其建筑构造是从提高能源利用角度考虑，是表里如一的"绿色"建筑。该社区的楼顶风帽是一种自然通风装置，设有进气和出气两套管道，室外冷空气进入和室内热空气排出时会在其中发生热交换，这样可以节约供暖所需的能源。由于采取了建筑隔热、智能供热、天然采光等设计，综合使用太阳能、风能、生物质能等可再生能源，该小区与周围普通住宅区相比可节约 81% 的供热能耗以及 45% 的电力消耗。

（六）爱沙尼亚

在爱沙尼亚，通过网站文件系统，内阁会议已变成无纸会议，同时所有的爱沙尼亚学校均可上网。带有 IC 卡的身份证和手机是爱沙尼亚人的两大信用终端，通过它们人们可以实现自己的全方位电子生活。此外，爱沙尼亚 98% 的银行交易是通过网络完成的，91% 的所得税通过电子平台申报，电信运营商和银行的双头监管使电子支付在爱沙尼亚的普及率非常之高。通过银行开办的手机支付业务，人们可以在汽车旅馆、美容院、出租车等所有贴着"蓝黄两色"标识的地方"刷手机"消费。不断扩大的无线网络覆盖范围遍及爱沙尼亚各区，有的地区免费无线网络覆盖率甚至超过了 98%，成为名副其实的"无线城市"。

（七）丹麦哥本哈根市

据哥本哈根投促局（2014）报道，哥本哈根再次获得欧洲最智慧城市称号。目前，哥本哈根是全球人均碳足迹最低的国家，也有超越世界上任何主要城市的最积极的减碳计划，其目标是 2025 年实现碳中和。为了实现这个大目标，哥本哈根还制定了核心目标，包括提升能源效率、使用再生能源、绿色建筑标准（到 2020 年所有新建建筑物均达到碳中和）和增加交通方式等。

丹麦首都哥本哈根市素有"自行车之城"的称号。2010 年，哥本哈根开始推广一种智慧型自行车，让骑车变得更轻松。这种自行车的车轮装有可以存储能量的电池，并在车把手上安装射频识别技术（RFIT）或是全球定位系统（GPS），汇聚成"自行车流"。通过信号系统保障出行畅通。与此同时，政府大力完善沿途配套设施建设，如建立服务站点、提供简便修理工具等，这为自行车出行提供便利。数据显示，这种新型自行车与配套设施确实有效果，越来越多的市民拉长骑自行车的距离，以减少使用会产生温室气体的运输工具。预计到 2015 年，哥本哈根市民往返城郊选择自行车出行的人数比例将达到 50%。

三　日　本

2002 年 7 月，全球众多联网及移动电话使用者因观看日韩世界杯而到访日本。为了应对当时有线和无线网络应用匮乏的情况，日本政府召开 IT 战略会议，创立 IT 战略总部，集中研究国家信息化战略。2003 年 1 月，IT 战略总部提出了推行"e—Japan"战略的口号。2004 年，日本总务省提出"U—Japan"计划，旨在推进日本信息通信技术建设，发展无所不在的网络和相关产业，计划到 2010 年将日本建设成一个"任何时间、任何地点、任何人、任何物"都可以上网的环境，并由此催生新一代信息科技革命。

2009 年 7 月，日本政府 IT 战略本部推出了以 2015 年为截止期的中长期信息技术发展战略"I—Japan"。"I—Japan"战略旨在构建一个以人为本、充满活力的数字化社会，让数字信息技术如同空气和水一般融入每个角落，并由此改革整个经济社会，催生新的活力，积极实现自主创新。"I—Japan"战略的要点在于实现数字技术的易用性，突破阻碍数字技术适用的各种壁垒，确保信息安全，最终通过数字化和信息技术向经济社会的渗透，打造全新的日本。"I—Japan"战略由 3 个关键部分组成，一是建立电子政务，医疗保健和人才教育核心领域信息系统，二是培育新产业，三是整顿数字化基础设施。

（一）建设内容

日本智慧城市建设的初期，主要是从汽车交通和基础信息网络两大方面入手，建立智慧城市的雏形，然后再向其他方面扩展。

在汽车交通方面，丰田公司提出"智能化高速公路"设想，包括汽车、高速公路、交通管理 3 大块。汽车实现高度信息化，车载终端可以利用外部信息选择最佳行驶方案，可以选择安全运行状态，避免追尾、碰撞障碍物和违规行驶等问题。包括高速公路在内的所有公路均由信息技术控制，随时提供充足的信息服务，并避免各种自然灾害的发生。

在信息网络方面，日本智慧城市建设现已初见成效。目前光纤网络已经进入城市的各个环节，网络带宽达 100G 以上，模拟电视全部退出，有线电视已经成为家庭信息终端机。

当前，日本智慧城市建设是以企业和地方政府为主力军，主要向节能和环保方向发展。东芝公司计划在大阪附近建设一座智能化的样板城市，市内全部采用可再生能源，并配备有通信功能的新一代智能电表和家用蓄电池，使节能效果达到最佳；污水经处理后循环进入自来水管道，实现水资源的最大化利用。松下公司计划在神奈川县建设一个智能园区，采用太阳能电池板发电，家庭燃料电池蓄电，LED 照明，并建有电动汽车快速充电站等。

（二）政府推进政策措施

日本政府主要扮演推动者和协调者的角色。政府极力将企业推到前台，发挥企业的积极性，充分利用企业拥有的先进技术和管理经验。而政府的作用是总体规划，确定发展智慧城市的重点区域和重点项目。

日本政府决定先在大城市周边地区建立智慧城市的样板，待其初步成熟和市民基本认可后再向市区推广。日本政府强调智慧城市建设以民生为重点，让市民看到实实在在的利益，得到市民的充分理解。地方政府参与智慧城市建设的积极性尤其高涨，如横滨市、丰田市、京都市、北九州市都向日本政府提交了发展智慧城市的整体规划，规划的重点是利用最新节能技术和信息技术，对家庭、建筑物和社区实施智能化能源和资源管理。其政策目标更倾向民生，如建立"智能家庭"试点，让城市居民实际看到并感受到智能生活的好处，进而得到市民的支持。

此外，日本政府全力支持企业参与国际智慧城市项目的竞争。经济产业省已经拨出上百亿日元专款，支持国际商业合作项目。日本还经常举办与智慧城市有关的展览会，提高日本在国际智慧城市建设市场上的影响力。这些举措将为日本争取未来全球智慧城市标准化和规范化建设中的重要地位奠定了基础。

四　韩国

作为亚洲地区网络覆盖率最高的国家，韩国的移动通信、信息家电、数字内容等居世界前列。2004 年，面对全球信息产业新一轮"U"化战略的政策动向，韩国信息通信部提出"U—Korea"战略，并于 2006 年 3 月确定总体政策规划。根据规划，"U—Korea"发展期为 2006—2010 年，成熟期为 2011—2015 年。

（一）智慧韩国：U—Korea

"U—Korea"战略是一种以无线传感网络为基础，把韩国的所有资源数字化、网络化、可视化、智能化，以此促进韩国经济发展和社会变革的国家战略。"U—Korea"旨在建立信息技术无所不在的社会，即通过布建智能网络、推广最新信息技术应用等信息基础环境建设，让韩国民众可以随时随地享受科技智能服务。其最终目的，除运用 IT 科技为民众创造食、衣、住、行、体育、娱乐等各方面无所不在的便利生活服务之外，也希望通过扶植韩国 IT 产业发展新兴应用技术，强化产业优势和国家竞争力。

（二）智慧城市：U—City

2009 年，韩国通过了 U—City 综合计划，将 U—City 建设纳入国家预算，在未来 5 年投入 4900 亿韩元（约合 4.15 亿美元）支撑 U—City 建设，大力支持核心技术国产化，标志着智慧城市建设上升至国家战略层面。

1. "U—City" 定义、目标以及推进战略

韩国对 U—City 的官方定义为：在道路、桥梁、学校、医院等城市基础设施之中搭建融合信息通信技术的泛在网平台，实现可随时随地提供交通、环境、福利等各种泛在网服务的城市。

全韩国的 U—City 建设规划与管理由政府国土海洋部负责，该部为 U—City 建设制定了两大目标与四大推进战略。两大目标：一是让 U—City 成为韩国经济增长新引擎，培育 U—City 新型产业；二是将 U—City 建设模式向国外推广。四大推进战略：一是构建 U—City 制度平台，包括 U—City 综合规划，U—City 规划、建设指南，建设工程与 IT 的融合技术指南，U—City 管理运营指南，U—服务标准，分类标准指南。二是开发核心技术，包括 U—生态城研发项目，推进技术开发与拓展国外市场，U—City 相关技术开发以及制定相关标准。三是扶持 U—City 产业发展，包括 U—City 试点建设，U—City 相关产业的培育，建设工程与 IT 的融合，组建韩国泛在网城市协会。四是培育人才，包括培育高级人才，培育专业技能人才，开设教育门户，公务员培训。

2. "U—City" 智慧城市建设推进情况

韩国约有 40 多个地区正在建设 U—City。各广域地方政府均有为期 5—10 年的 U—City 规划。2008 年 9 月建成的华城东滩新城市是韩国首座 U—City 示范城市。韩国几个有代表性的 U—City 建设试点如表 6—1 所示。

表 6—1　　　　　　　韩国几个有代表性的 U—City 建设试点

地区	面积	人口	投资规划	试点期	建设内容
华城东滩	9036 平方公里	12 万	2007 年前（一期）：338 亿韩元	2005—2007.12（一期）	搭建城市综合信息中心、公共信息通信网
			2008 年（二期）：112 亿韩元	2008.2—2008.8（二期）	5 项服务（一期）：监控摄像、交通信息、交通信号控制、上下水道漏水管理等
					7 项服务（二期）：媒体看板等

续表

地区	面积	人口	投资规划	试点期	建设内容
龙仁	2146 平方公里	2.8 万	2008 年（建设）：110 亿韩元	2004.2—2008.12	搭建公共信息通信网
			2008 年（运营维护）：66 亿韩元		7 项服务：监控摄像、交通信息、上水道信息化、下水道综合监控、远程抄表、停车场媒体看板等
恩平新城	9549 平方公里	12.4 万	990 亿韩元	2005.5—2009.12	搭建城市综合网络中心、体现公共服务的家庭网络、Wibro 等有线无线网络基础设施
					提供综合生活卡、智能交通、社会福利（残疾人、儿童、老年群体服务）、U—环境等48 项服务
板桥新城	9307 平方公里	8.7 万	2008 年前：9 亿韩元	2003—2009	搭建综合监控室、公共信息通信网
			2008 年后：841 亿韩元		13 项服务：气象、大气、水质、上水道、监控摄像、交通信号控制服务、交通弱势群体支援、自然灾害预测、远程教育等
幸福城市	7314 平方公里	50 万	2755 亿韩元	2005.5—2030.12	搭建综合信息中心、公共信息通信网
					49 项服务：交通服务（实时信号控制、交通信息提供、公交车信息系统）、安防服务（监控摄像头）、U—环境、设施管理等
松岛	53.3 平方公里	25 万	1647 亿韩元	2008—2013（一期）	搭建综合信息中心、公共信息通信网
				2014—2020（二期）	49 项服务：交通服务（实时信号控制、交通信息提供、公交车信息系统）、安防服务（监控摄像头）、U—环境、设施管理等

五　新加坡

新加坡 20 世纪 80 年代开始信息化规划和建设。1992 年，新加坡提出 IT2000——智慧岛计划，计划在 10 年内建设覆盖全国的高速宽带多媒体网络，普及信息技术，在地区和全球范围内建立联系更为密切的电子社会，将新加坡建成智慧岛和全球性 IT 中心。2000 年，新加坡提出"信息通信 21 世纪计划", 计划到 2005 年成为网络时代的"一流经济体"。2006 年 6 月, 新加坡公布"智慧国 2015 (IN2015)"计划。这是一个为期十年的信息通信产业发展蓝图, 旨在通过对基础设施、产业发展与人才培养, 以及利用信息通信产业进行经济部门转型等多方面的战略规划, 实现新加坡智慧国家与全球都市的未来愿景。

"智慧国 2015 计划"的发展目标为: 到 2015 年, 在利用信息通信为经济和社会创造附加值方面名列全球之首; 信息通信业价值增长至原来的两倍, 达 260 亿新元; 信息通信业出口额增长至原来的 3 倍, 达 600 亿新元; 新增 8 万个工作岗位, 至少 90% 的家庭使用宽带, 电脑在拥有学龄前儿童的家庭普及率达到 100%。

为了确保顺利实现"智慧国 2015 计划"各项目标, 新加坡政府专门确定了 4 项关键战略: 建设新一代信息通信基础设施, 发展具有全球竞争力的信息通信产业, 开发精通信息通信并具有国际竞争力的信息通信人力资源, 实现关键经济领域、政府和社会的转型。

（一）建设新一代信息通信基础设施

"智慧国 2015 计划"的要点战略之一就是发展完善的基础设施, 目标是 2012 年建成新一代全国信息通信基础设施, 包括超高速且具有普适性的有线和无线两种宽带网络。同时新加坡政府还推出相应的平台和新服务, 进一步加强新一代信息通信基础设施建设, 为经济增长和社会发展打好基础。

（二）发展具有全球竞争力的信息通信产业

新加坡政府通过吸引国外领先企业、刺激信息通信创新和促进本地企业的国际化发展, 全力发展具有国际竞争力信息通信产业, 希望充满活力的信息通信产业促进其他经济活动的增长。

（三）开发精通信息通信、具有国际竞争力的人力资源

人才无疑是推动产业发展的关键因素。新加坡政府设立了到 2015 年再创造 8 万个工作机会的目标。同时通过提供培训和奖学金等多种方式, 培养和开发优秀信息通信人才。推出帮助专业从业人员获取在金融服务、医疗保健、食宿招待和零售等多领域混合技能的技术策略家项目。培训和发展信息通信专业人员在一些新兴领域如云计算、绿色科技、信息通信技术安全和网络工程等的能力而推出的信息通信领导力和发展项目等。

（四）实现关键经济领域、政府和社会的转型

发展信息通信技术的最终目的，是借此促进其他关键经济领域的发展，提升国家和信息通信产业的经济竞争力，惠及更多的国民。

新加坡在全球范围内引领电子政府发展，最初制定的"整合政府2010"（IGov2010）的目标是通过信息通信系统与公民建立良好联系。2011年6月，新加坡发布下一阶段电子政府总体规划"电子政府2015"，指导政府机构在未来五年实施新的信息通信项目。该计划旨在将系统、流程和服务的整合由政府内部扩展到政府外部；远景是建立一个与国民互动、共同创新的合作型政府。

此外，新加坡已在"智慧国2015"计划中确定实现9个部门的行业转型，它们分别为数字娱乐媒体、教育、医疗卫生、中小企业发展、交通、金融、旅游、酒店和零售、贸易和物流产业。新加坡政府通过提供辅助资金、技术支持、合作征求计划等方式，推出了多个项目以促进信息通信技术在这些行业的应用，进而帮助提高行业的服务质量，实现整体经济发展。

目前"智慧国2015计划"的实施时间已经过半。在该计划的推动下，新加坡通信行业在国民经济中的支柱作用日益凸显，信息通信产业的发展在亚洲排名首位，并且在全球排名前10。在IMD世界竞争力年鉴2010年报告中，新加坡跃升两级，排名第一。新加坡政府正在继续推进"智慧国2015计划"，而且将把近期出现的许多战略性领域，如云计算、商业分析、绿色信息通信技术等，包含到"智慧国2015"计划中来。

六 马来西亚

马来西亚前总理马哈蒂尔倡导了"信息技术觉醒运动"，他在1995年年底提出建设总面积为750平方公里的多媒体超级走廊规划（Multimedia Super Corridor，MSC）。该走廊范围涵盖吉隆坡城市中心、布特拉贾亚（Putrajaya）政府行政中心、电子信息城（Cyberjaya）、高科技技术孵化创新园区和吉隆坡国际机场，整个项目具体包括7个"旗舰计划"：即电子政府、智慧学校、远程医疗、多用途智慧卡、研究与开发中心、无国界行销中心和全球制造网。整个MSC计划将持续到2020年，该项目完成后，MSC将拥有世界最先进的信息技术硬件设施，以吸引世界性的高技术企业前来投资，从而实现马哈蒂尔塑造马来西亚"知

识经济"社会的梦想。

七　经验启示

(一)　将智慧城市建设上升到国家战略层面

智慧城市建设对政策具有较强依赖度，因此政府进行主导，并制定和推进一系列强有力政策、规划和顶层设计，在世界各地智慧城市建设中至关重要。以上国家大都将建设智慧城市提升到国家战略的高度，纷纷出台一系列相关鼓励政策，明确智慧城市建设过程中的方向、目标以及重点建设内容，以此来推动本国智慧城市建设。

(二)　智慧城市建设以智慧应用为核心

注重智慧应用，避免简单的技术应用与单纯的智能管控。国外智慧城市建设不仅定位于信息技术升级，更定位于城市的经济、文化、社会、环境及市民的整体发展，其重点应用领域包括政务、产业、交通、环境、福利、文化等。比如新加坡、纽约和斯德哥尔摩都把惠民放在智慧城市建设的核心位置（武琪，2013）。

(三)　智慧城市建设从实际出发，因地制宜

发达国家在工业基础雄厚的条件下建设智慧城市，重在绿色发展和智慧服务，而我国是在工业基础相对薄弱的情况下建设智慧城市。另外，发达国家城市包括信息化和信息安全等相关法律法规比较完善，而我国相关的法律法规尚不健全，建设智慧城市会遇到更多问题。为此，建设智慧城市一定要借鉴国外成功经验并吸取教训，从实际出发，按照试点先行、因地制宜、循序渐进的方式，在局部地区、局部领域首先开展试点工作，有计划、分步骤地有序推进，不断探索满足当地需要的智慧城市建设模式和发展机制，待条件成熟时，再扩大试点范围，积极稳妥地推进智慧城市的建设（涂平、陈磊，2013）。

(四)　智慧城市建设吸引企业和民众参与

智慧城市的建设资金巨大，仅靠政府是很难长效推进的。为此，政府应调动、鼓励和吸引社会力量，积极推动企业和公众的广泛参与，同时引入竞争机制，激发市场活力，促使智慧城市建设形成相应的产业链，从而保障城市可持续发展。此外，还要注重创新机制，开放共享机制，实现政企合作。以上智慧城市建设中，政府无一例外地都与相关企业合作，给予相关企业政策支持，并引入竞争机制。

第二节 国内案例

一 智慧北京

2012 年 3 月，北京市政府发布《智慧北京行动纲要》。依据该纲要，未来五年北京将按照"4＋4"的总体发展思路，推广四类智慧应用，构建四层智慧支撑，开展城市智能运行、市民数字生活、企业网络运营、政府整合服务、新一代信息基础设施、智慧应用支撑平台、产业提升对接和发展环境创新八大行动计划。北京市政府还编制了《智慧北京重点工作任务分工》和《智慧北京关键指标责任表》。各部门、各区县根据任务分工和责任表制定年度实施方案，经市信息化专家咨询委员会审核后，报市信息化工作领导小组审定。各相关行业主管部门组织电信运营商、公共事业单位制定企业应承担的智慧北京建设计划。

（一）分 3 个层次开展顶层设计

智慧北京顶层设计工作分市、区（县）、部门和行业 3 个层次开展。市、区县两级信息化主管部门在北京市信息化专家咨询委员会指导下统筹本级各部门开展顶层设计。

（二）4 类智慧应用

北京市"智慧城市"建设为应用导向型，以解决城市发展的迫切需求和人民生活水平的提高为重点，关注企业、市民、政府的智能化应用，通过应用带动产业发展。北京市通过城市智能运行行动计划、市民数字生活行动计划、企业网络运营行动计划和政府整合服务行动计划等四大计划，推进智慧应用的发展。

城市智能运行方面，加强人口精确管理，寓管理于服务；实现交通智能管控，居民可以随时获取出行信息；完善资源环境与城市安全智能监控，智能电表、智能热力表 95% 以上。

市民数字生活方面，实现人人享有医疗、教育等便捷的电子民生服务，电子健康档案覆盖 90% 以上，居民形成数字消费习惯，八成以上居民通过网络进行购物消费，建设 2000 个智慧社区（村）。

企业网络运营方面，实现 80% 企业有业务系统，50% 企业应用电子商务，信息技术成为企业创新的驱动力，形成 8—10 个世界一流的智慧企业。

政府整合服务方面，以市民为中心的集成化电子公共服务，90%服务在线办理；所有部门互联协同共享，80%共享需求得到满足；全面感知支撑智能化决策。

（三）4个智慧支撑

北京市通过信息基础设施提升行动计划、智慧共用平台建设行动计划、应用与产业对接行动计划、发展环境创新行动计划等四大计划，推进智慧支撑的发展。

基础设施方面，10兆无线宽带覆盖城乡；家庭高速光纤入户达到100兆，高端功能区和重点企业达到10千兆；形成统一的政务物联数据专网；建成高端数据中心。

平台建设方面，统筹建设智能政务支撑平台、企业信息化公共平台、电子商务公共平台、社会应用公共平台和6—8个政务云数据中心。产业方面，实现6800亿软件与信息服务业；1万亿电子商务交易额；500亿云计算产业，10亿元的企业超过50家，10家企业进入世界一流企业行列。

政策措施方面，北京市实施发展环境创新行动计划。法规标准方面，推动完善地方性信息化促进、信息安全等法规，加快制定全局性的标准、规范。

资金保障方面，引导多方参与智慧北京建设，采用建设——转移（BT）、建设——运营——转移（BOT）等模式加快信息化发展。

（四）政府主导和市场主导并举、分类推进

在智慧北京推进过程中，将"4类智慧应用"和"4个智慧支撑"划分为政府主导领域和市场主导领域，分类推进。政府主导领域为城市管理公共服务、社会管理、市场监管、电子政务的信息基础设施等领域。市场主导为企业信息化、数字生活、智慧社区、公共信息基础设施等领域。

此外，为推动智慧北京工作开展，"中关村国家自主创新示范区"建设了智能体验中心。体验中心展示内容以云计算、物联网和移动互联网产业规划蓝图为核心，通过产品演示、场景模拟、数字内容等高科技展示手段，使传播内容适用于不同受众群体。以绿色环保节能为主线，并采用中关村领先的产品和技术，把体验中心打造成为自主创新产品展示平台的同时，更突出展示了中关村的企业精神和创业文化，突显中关村的创新精神内涵。

二　智慧上海

推进智慧城市建设，是上海加快实现创新驱动、转型发展的重要手段，深化实践"城市，让生活更美好"的重要举措，也是上海信息化新一轮加速发展的必然要求。20 世纪 90 年代以来，上海把信息化作为覆盖现代化建设全局的战略举措，经过三个五年规划的持续推进，当前整体水平保持国内领先，部分指标达到发达国家先进水平，一批新兴技术创新成果在上海世博会上得到充分展示和示范应用，这些都奠定了建设智慧城市的基础。

2010 年 12 月，上海市"十二五"规划正式提出建设面向未来的智慧城市，并于 2011 年 8 月编制完成了《上海市推进"智慧城市"建设 2011—2013 年行动计划》，以提升上海信息基础设施服务能力作为三年的行动计划的重心。

（一）指导思想

高举中国特色社会主义伟大旗帜，以邓小平理论和"三个代表"重要思想为指导，深入贯彻落实科学发展观，围绕上海加快推进"四个率先"、加快建设"四个中心"和社会主义现代化国际大都市的战略目标，按照创新驱动、转型发展的总体要求，大力实施信息化领先发展和带动战略，以提升网络宽带化和应用智能化水平为主线，着力构建国际水平的信息基础设施体系、便捷高效的信息感知和智能应用体系、创新活跃的新一代信息技术产业体系、可信可靠的区域信息安全保障体系，充分发挥市场机制和企业主体作用，注重政府引导，完善市场监管，大力推进以数字化、网络化、智能化为主要特征的面向未来的智慧城市建设，全面提高城市现代化水平，让市民共享智慧城市建设成果。

（二）建设目标

总体目标是到 2013 年底，基本形成基础设施能级跃升、示范带动效应突出、重点应用效能明显、关键技术取得突破、相关产业国际可比、信息安全总体可控的良好局面，为全面实现上海信息化整体水平继续保持国内领先、迈入国际先进行列的"十二五"规划目标奠定坚实基础。

具体目标为：实现百兆接入能力全覆盖，家庭平均接入带宽达到 20Mbps，互联网国际和国内出口带宽分别达到 1Tbps 和 5Tbps；信息化与工业化融合指数达到 80，电子商务年交易额达到 8500 亿元；信息产业总规模达到 1.28 万亿元，信息服务业增加值占全市生产总值比重达到 6.2%，成为国内新一代信息技术创新引领区和产业集聚区，成为现代信息服务业发展高地。

（三）主要任务

围绕构建国际水平的信息基础设施体系，通过政府规划引导，推动相关企业重点实施宽带城市、无线城市、通信枢纽、三网融合、功能设施 5 个专项，落实完善规划体系、规范建设管理、强化机制建设 3 项重点任务，全面提升上海信息基础设施服务能级。

围绕构建便捷高效的信息感知和智能应用体系，重点推进城市建设管理、城市运行安全、智能交通、社会事业与公共服务、电子政务、信息资源开发利用、促进"四个中心"建设、"两化"深度融合 8 个专项，促进城市运行管理水平、经济发展水平、公共服务水平和居民生活质量明显提升。

围绕构建创新活跃的新一代信息技术产业体系，以企业为主体，重点实施云计算、物联网、TD—LTE、高端软件、集成电路、下一代网络（NGN）、车联网、信息服务 8 个专项，加强技术研发，推进示范应用，加快产业发展。

围绕构建可信、可靠、可控的城市信息安全保障体系，组织实施信息安全基础建设、监管服务、产业支撑 3 个专项，落实信息安全综合监管、完善网络空间治理机制、提高全民信息安全意识 3 项重点任务，确保信息安全总体可控。

（四）政策措施

组织领导方面：为形成建设智慧城市的合力，上海市成立推进智慧城市建设领导小组，统筹推进全市智慧城市建设工作；成立智慧城市建设专家委员会，建立专家决策咨询机制；同时依托相关机构，建立智慧城市建设促进中心。

法规方面：加快地方性法规和产业政策的研究制定，着力突破集成电路保税、互联网服务等政策。

资金保障方面：创新政府扶持资金支持方式，吸引集聚民资、外资等社会资本参与智慧城市建设。

评价指标体系方面：着力研究建立完善的智慧城市建设统计制度和社会评估体系，于 2011 年发布了《智慧城市评价指标体系 1.0》，2012 年

12 月发布《智慧城市评价指标体系 2.0》。

三 智慧宁波

2010 年 9 月，宁波在国内率先提出智慧城市发展战略。市本级和各县（市）区成立加快创建智慧城市协调推进领导小组，编制完成了《宁波市加快创建智慧城市行动纲要（2011—2015）》，还成立了智慧城市规划标准发展研究院和智慧城市建设专家咨询委员会。

2011 年，宁波市范围内共确定了 61 个智慧应用体系示范工程项目，坚持试点先行，示范带动，项目建设效益明显。成功举办首届中国（宁波）智慧城市技术与应用产品博览会，签署 16 个总投资金额共约 65 亿元的智慧城市合作项目。

2012 年，宁波计划斥资逾 50 亿元，推进信息网络基础工程、政府云计算中心、基础信息共享工程、智慧应用工程等 30 个智慧城市建设重大项目及 19 个智慧产业重大项目建设。

（一）发展目标

第一阶段，到 2015 年，宁波信息化水平继续保持全国领先，智慧应用体系、智慧产业基地、智慧基础设施和居民信息应用能力建设取得明显成效。建成一批智慧城市示范工程，智慧城市应用商业模式创建和标准化建设走在全国前列，力争在优势领域形成对智慧城市建设的引领能力，为建成智慧城市奠定基础。

第二阶段，到 2020 年，将宁波建设成为智慧应用水平领先、智慧产业集群发展、智慧基础设施比较完善、具有国际港口城市特色的智慧城市。

（二）主要任务

宁波以十大智慧应用体系商业和服务模式创新为重点，加快推进智慧城市应用体系建设。

10 大应用体系：一是智慧物流；二是智慧制造；三是智慧贸易；四是智慧能源；五是智慧公共服务；六是智慧社会管理；七是智慧交通；八是智慧健康保障；九是智慧安居服务；十是智慧文化服务。

宁波以建设 6 大智慧产业基地为重点，加快推进智慧产业发展。6 大基地分别为：网络数据基地、软件研发推广产业基地、智慧装备和产品研发与制造基地、智慧服务业示范推广基地、智慧农业示范推广基地、智慧企业总部基地。

2012 年，宁波智慧城市建设将着力于 4 个方面：加强智慧基础设施建设和基础资源的整合共享、提高智慧应用水平、培育智慧产业、优化智慧城市发展环境。

（三）政策措施

在资金投入方面：宁波市政府将每年安排不少于 5 亿元的扶持资金，各县（市）区在年度预算中安排扶持资金，确保全市每年不少于 10 亿元，并引导更多社会资金投向智慧城市建设。

在组织架构方面：宁波成立了智慧城市建设专家委员会，建立专家决策咨询机制，并成立了智慧城市规划标准发展研究院，为智慧城市整体建设提供有力支撑。

四　智慧武汉

武汉是国家科技部认定的首批创新试点城市，全国两型社会示范区，是国内开展物联网研究较早、技术研发实力较强的城市之一，东湖高新技术开发区是仅次于北京中关村的中国第二大智力密集区，拥有非常丰富的高新技术人才资源。通过推进数字武汉、光城计划，大大提高了武汉的城市信息化水平。

武汉市 2010 年提出建设智慧城市的战略构想，在全国第一个提出了建设智慧城市的发展战略，并参与国家"863"智慧城市项目，成为科技部首批两家智慧城市试点城市之一。武汉市委、市政府成立了智慧城市建设领导小组，分别由武汉市科技局和武汉市信息产业办负责智慧城市的顶层设计和建设实施。武汉"十二五"规划中确定将全面发展云计算、物联网产业，实施智能交通、智能电网、智能安防设施、智能环境监测、数字化医疗等十大类物联网示范工程，致力于将武汉打造成为中部"智慧之都"。

（一）发展思路

武汉本着"总体规划先行、行业应用并举"的发展思路，瞄准国际一流水平编制智慧城市建设总体规划，开展智慧城市"概念设计"和"总体规划与设计"两个阶段的全球公开招标，委托中标单位编制国内首份具有理论科学性和战略前瞻性的《智慧城市概念设计方案》及《武汉智慧城市总体规划与设计方案》。目前已基本完成智慧城市总体规划与设计工作,在城市交通、市政管理、医疗卫生等 13 个重点领域制订未来 5—10 年发展线路图。

（二）主要任务和建设内容

依据规划,未来武汉智慧城市建设将以感知基础设施、网络基础设施、云计算中心等基础信息设施为基础平台,构建应用、产业和运行 3 大核心体系,并选取智慧社会综合管理与服务、智慧国土规划、智慧市政设施、智慧公共安全、智慧医疗卫生、智慧旅游、智慧交通、智慧城管、智慧文化、智慧教育、智慧环保、智慧水务、智慧食品药品安全、智慧社区和智慧物流等 15 个重点领域,全面实现城市信息的高效传递和智能响应。建设智能交通、城市基础设施、公共应急决策、能源与资源管理等 4 个示范应用工程。突破智能感知、时空协同、泛在互联、数据活化、安全可信和服务发布等 6 大关键技术。培育具有核心竞争力的创新型企业,构建"智慧"产业体系,带动物联网产业链、智慧软件产业和制造业发展,发挥光通信器件、光纤传感技术、系统和网络技术、海量存储以及空间信息等方面的技术优势和光通信产业、激光产业等相关产业优势,做强智慧产业。

（三）建立技术标准体系

武汉建立了较为完善的技术标准体系,包括《智慧城市的名词术语》《智慧城市的需求》《智慧城市的体系架构与技术要求》《智慧城市的应用场景》等。同时在智慧交通、智慧电网、智慧家居等专业应用领域也制定了技术要求与测试规范。

（四）政策措施

在资金投入方面:增加政府投入,拓宽投入渠道。加大对智慧城市相关项目的资金投入,争取国家和省科技部门、经济综合管理和各相关产业管理部门对智慧城市建设的指导与支持。吸引和鼓励民间资本、金融资本、国际资本对智慧城市建设的投入。武汉市计划每年投入 10 亿元,并引导企业和社会投资 150 亿元,打造光电子与新一代移动通信、智慧城市等十个重点领域的科技专项。

在人才支撑方面:加强培养引进,开发创新人才。发挥现有"3551人才引进和培养计划"、"511 黄鹤英才计划"的引导作用,培养引进一批战略型、创新型、复合型高层次人才。

五　智慧扬州

2000 年，扬州就已成为全国首批信息化试点城市。2008 年以来，扬州市陆续实施了"国家 863 中小城市 3S 应用"、"人口基础信息共享系统"、"数字化城管"、"数字化校园"、"市民卡"等一批试点示范项目建设。2011 年，扬州被国家工信部信息化推进司批准为"全国中小城市智慧城市试点示范城市"。同年扬州正式出台《"智慧城市"行动计划》，规划从 2011 年起至 2015 年，实施经济转型升级、科技创新推进等 7 大计划、共 28 个重点项目。

（一）发展目标

通过全社会的共同努力，将扬州建设成为经济发展创新持续，城市运行精准高效、公共服务文明便捷，城市生活安全舒适，具有现代化国际旅游城市特色、古代文化与现代文明交相辉映的智慧名城，成为国内中小城市智慧化建设的典范。

扬州未来五年"智慧城市"建设的 3 大目标：一是加速经济结构转型升级，推动创新扬州建设；二是强化城市运行精细高效，推动精致扬州建设；三是提升城市宜居和公众生活文明，推动幸福扬州建设。

（二）主要任务

基于经济发展、政务服务、城市管理、民生幸福、信息基础等 5 个核心领域，实施"智慧城市"7 项主要任务（专项计划）。经济转型升级计划、科技创新推进计划、信息资源整合计划，重点支撑"创新扬州"建设。电子政务优化计划、城市管理精细计划、基础设施提升计划重点支撑"精致扬州"建设。民生幸福体验计划，重点支撑"幸福扬州"建设。同时按照"有利于推动城市信息共享和业务协同、有利于解决社会民生的迫切需求、有利于发挥智能化试点示范作用"3 个标准，提出"十二五"期间重点推进 28 个信息化项目及时间进度要求。

在智慧应用方面，围绕能源、交通、水资源、通信等城市核心基础设施，重点实施 5 个项目：智能电网综合示范工程项目、智能交通建设项目、智能水资源管理系统项目、"无线扬州"智能应用项目、政务信息安全保障体系建设项目。

在智慧产业方面，加快发展"智慧城市"建设的相关产业，特别是大力推进软件与信息服务业、科技研发产业、文化创意产业。

（三）政策措施

为建设智慧城市，扬州市成立了强有力的推进小组，强调一把手工程，包括市委、市政府也是一把手担任具体的领导小组组长，同时要求县市区政府一把手也担任推进小组的组长，甚至各个政府部门也是要求一把手亲自参与。

扬州市出台了《"智慧城市"建设项目管理办法》和《"智慧城市"建设考核管理办法》，进一步完善了《扬州市信息化建设管理办法》《扬州市信息资源共享管理办法》《扬州市网络服务业管理办法》等规范性文件，在实践中不断完善优化，目标是成为省级、国家级"智慧城市"建设的规范。

财税方面：市、各县（市、区）政府在年度投资预算中安排"智慧城市"建设专项资金，确保信息化建设项目的顺利实施。创新城市信息化建设与信息产业发展的投融资管理机制。拓宽投融资渠道，充分调动社会各界的积极性，逐步构建起以政府投资为引导，企业投资为主体，金融机构积极支撑，民间资本广泛参与的"智慧城市"投融资模式。

六 智慧渭南

"十二五"期间，渭南不断加快城市发展，城市运行也产生越来越大的压力，城镇化与社会管理服务、人与自然、经济发展与资源约束等矛盾日益突出。现实环境与社会期望的差距，导致各种新问题和新矛盾不断产生。加快智慧城市建设，是解决城市发展各种困难和矛盾的有效途径。陕西省渭南市高度重视智慧城市建设。2012年底，渭南市政府发布《渭南智慧城市建设规划（2013—2017）》明确提出对未来5年的智慧城市建设目标任务、基础设施、应用推进、产业融合等进行全面、系统的科学规划。

（一）建设目标

通过智慧渭南建设，力争到2017年数字化、网络化、智能化、工业化、城镇化相融合所带来的城市功能、运行效率和生活品质显著提升，城市竞争力得到较大提高，使城市运行更智能、城市发展更低碳、城市管理更精细、城市生活更便捷、城市社会更和谐。

（二）总体架构

智慧渭南总体架构规划为相互支撑、协同运作的4层架构，如图6—1所示。

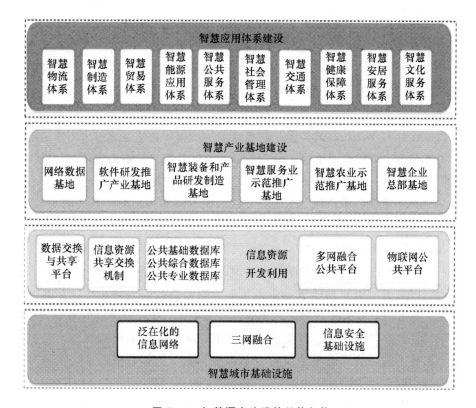

图 6—1 智慧渭南建设的总体架构

（三）主要任务

智慧渭南"十二五"期间主要建设任务为：建设"一个中心、三大平台、四项体系、六大领域"，即以信息化综合服务中心建设为核心，以完善综合服务外网、内网、互联网统一接入三大平台为基础，以构建标准法规、资源共享与服务体系、信息安全保障、运营管理四大体系为导向，大力推进基础设施、公共服务、城市管理、社会民生、资源环境、产业经济六大类应用领域建设，实现信息技术与政府管理服务职能、信息技术与产业行业发展、信息技术与市民生活的有机融合，紧密围绕有利于信息资源整合、社会民生热点需求和城市运行重点需求，推进 30 多个重点项目的组织实施。

（四）建设及运营模式

一是建设主体多元化。充分发挥各通信运营商在智慧渭南建设中的主力军作用，各级政府通过与各通信运营商建立长效合作机制，结成政企合作的紧密合作伙伴。积极争取更多通信运营资源在渭南落地，鼓励在渭南试点示范新技术应用，形成新一代通信技术产业基地。支持运营商的信息基础设施建设和业务创新，鼓励参与智慧渭南应用体系开发和运营。要积极与国内外知名企业、大型央企建立互惠互利的合作关系，签订长期战略合作协议，引导其将研发中心、核心部件生产基地落户渭南，共同参与智慧渭南设计、建设与运营。强化信息化应用设施和系统是城市公用事业建设的重要内容，城建、交通、公用事业等领域的国有投资和建设企业是智慧渭南应用系统建设的重要力量，应积极承担相应建设任务。

二是建设资金多元化。要研究成立以国有资本为主的信息投资公司，为智慧渭南建设设立投融资平台，拓展建设资金渠道。加大政府财政投入，将智慧渭南建设项目纳入全市国民经济计划，进入相应财政专项，完善和加强政府投资信息化专项资金制度，扩大智慧渭南资金投入预算，形成市、区（县、市）两级政府投入机制。要坚持政府引导和市场运作相结合，形成以政府投入为导向、企业投入为主体、社会资金共同参与的格局，加快建立"谁投资，谁受益；谁使用，谁付费"的运营机制，鼓励社会各界参与。按照各类建设项目的服务对象、公益性质、商业价值不同，分别确定相应的投资主体、建设运营主体。

三是服务业态创新。要充分利用渭南 IT 产业发达的优势，鼓励整合方案解决商、软件开发商、产品提供商、通信运营商等企业资源，围绕智慧渭南建设，建立企业投融资平台，深入研发相关技术和产品，认真研究制定标准规范，不断创新服务模式，形成具备总设计、总承包、总集成、总开发、善运营突出实力的产业链，培育建设智慧城市的综合优势和整体优势，为智慧渭南建设提供强有力支撑，成为我国智慧城市建设的重要力量。

四是建设运营模式创新。智慧渭南建设要积极研究，灵活采用科学合理、可持续的建设和运营模式，包括政府财政投入、政府财政补助、政府资本金注入、政府贷款贴息、政府购买服务（服务外包模式）、企业投资建设和运营（BOO、BOT 等）、政府投资建设企业运营等。

（五）政策措施

组织领导方面：成立由市政府主要领导挂帅、相关部门负责人参加的智慧渭南建设领导小组。领导小组下设办公室，落实领导小组部署的工作，督促检查实施进程，承担处理日常工作。办公室以专职人员为主组成，人员可由市政府各部门抽调。领导小组及办公室也可与市信息化工作领导小组及办公室协同办公。同时，建立智慧渭南联席会议制度，充分发挥智慧城市工作领导小组的协调联动和组织推进作用，形成跨部门的统一管理机制。

优化环境方面：加强区域智慧城市建设经验交流与合作，特别是与长三角主要城市以及渭南圈城市的合作。一是完善政府、行业协会、企业等不同层面的协同推进机制，扩大信息基础设施共享，优化智慧渭南建设和信息产业领域的合作环境。二是加强区域共同公共信息平台建设，全面提供信息交流、政务公开、经贸合作等服务，大力推动在交通、旅游、公安、商贸、环保、卫生等领域智慧城市建设应用合作。三是加强与国内外智慧城市建设先进地区的交流与合作，借鉴其成熟完善的智慧城市建设经验，提升智慧渭南建设的速度与质量。

七　智慧咸阳

近年来，咸阳市紧紧抓住全国智慧城市试点工作与国家开发银行携手合作的契机，包装、筛选了37个项目，总投资约106亿元，其中融资贷款项目25个，贷款总额约51.2亿元，快速上报国家住建部和国开行并多次赴京进行衔接。截至目前，已争取国开行贷款10.3亿元。建设宽带咸阳和4G网络等信息化基础设施完成投资6.3亿元。市门户网站连续四年进入全国地市级政府网站十强。

2013年1月29日，国家住房和城乡建设部在北京召开首批创建国家智慧城市试点工作会议，发布首批创建国家智慧城市试点名单，咸阳市被确定为首批创建国家智慧城市试点市，跃入了国家智慧城市建设的第一方阵。2013年3月，为了切实推进信息化进程，确保智慧城市建设的各项目标任务顺利完成，咸阳制定如下实施方案：

（一）指导思想

将智慧城市建设纳入全市的城市发展战略，按照建设国际化大都市的要求，全面落实科学发展观，坚持以政务信息化为先导，以信息化综合服务中心为支撑，以基础资源共享和信息资源整合为重点，加大信息资源开发利用力度，促进信息化与工业化、城镇化、市场化和国际化的融合，加快全市向信息社会转型，营造安全、和谐、便捷、宜居的城市环境，提高人民群众的满意度和对美好生活的感知度，建设智慧城市，打造幸福咸阳。

（二）主要目标

争取到"十二五"末，全市建成具有领先水平的信息通信基础设施，互联网普及率居于全省前列，实现城市宽带进楼入户、农村所有行政村能宽带上网，建成信息化网络全覆盖的光网城市。加快电子政务、电子商务、行业信息化、无线城市建设，信息技术在经济社会各个领域应用取得明显进展。大力推动基于新一代信息技术的各类新兴智慧型产品和服务的研制和应用，促进经济发展方式转变和产业转型升级，加快推进智慧产业发展，两化融合取得新突破，建成西安—咸阳国家级两化融合试验区。市级信息化综合服务中心和县级电子政务统一平台建成，实现80%市级、60%县级行政许可网上办理，90%市级部门、60%县级部门无纸化办公。社会信息化普及应用水平明显提高，建成城乡一体化社会保障信息系统，实现社会保障服务"一卡通"和公用事业服务电子支付"一卡通"。信息技术创新、信息资源深度开发和广泛利用及信息安全保障水平进一步提高，全市信息化综合指数达到0.85，初步形成智慧城市基本框架，智慧城市建设和全市国民经济和社会信息化总体水平处于全省前列。

（三）主要任务

根据省上要求和市"十二五"国民经济和社会信息化发展规划部署，"十二五"期间，咸阳智慧城市建设的主要任务是大力推动物联网、云计算等新一代信息技术在经济、社会和城市管理等方面的应用，重点抓好"一个中心两个平台"建设，着力推进"六大应用"。

"一个中心"是大力整合各类信息系统和信息资源，建设市信息化基础资源综合服务中心，为智慧城市和全市各部门的其他业务应用系统提供统一的机房、网络资源、存储灾备、安全保障和运维服务，实现信息基础设施资源互通共享。"两个平台"是建设全市社会管理与服务综合信息平台，提升政府科学决策水平和为公众服务水平，促进教育、文化、医疗等信息服务进入社区和家庭；建设市地理信息公共服务平台，推进地理信息在公安、城管、应急、交通、土地、人口等方面的共享应用。

"六大应用"是建设完善市综合应急指挥系统，提高各级对各类突发事件防范和应急处理的保障能力；建设市数字城管系统，实现城市部件信息的跨部门共享，提高政府的社会管理能力；建设市政府政务（市民）服务中心信息化系统，推动审批部门业务系统互联互通，促进资源共享和协同审批；建设市新农合医疗信息服务系统，为广大农民提供方便快捷的服务，提高全市新农合管理水平；建设市中小企业信息服务系统，为中小企业发展提供良好的服务；建设市城市"一卡通"系统，实现公共交通出行及小额消费支付等一卡消费，并实现同西安市的互联互通。

（四）重点项目

包括9大项目：咸阳市信息化基础资源综合服务中心；咸阳市社会管理与服务综合信息平台；咸阳市地理信息公共服务平台；咸阳市综合应急指挥系统；咸阳市数字城管系统；咸阳市政府政务（市民）服务中心信息化系统；咸阳市新型农村合作医疗信息服务系统；咸阳市中小企业信息服务系统；咸阳市城市"一卡通"系统。

（五）资金筹措及建设模式

一是政府要加大信息化建设资金投入，将政府和公益服务的信息化建设资金及运行维护费用列入财政预算，建立专项资金，使之与国民经济增长相适应。从2012年起，市政府连续六年每年安排2400万—2600万元专项资金，用于智慧城市重点项目建设。各县市区也要加大信息化建设的投资力度，保证信息化建设的顺利进行；二是大力争取国家和省上在信息化项目资金等方面对咸阳的倾斜支持；三是运用市场机制，鼓励和吸引各电信运营商和社会资本参与信息化建设，采取企业投入、政府分期偿还等方式，拓宽多元化投融资渠道，解决建设资金问题。

"一中心两平台六大应用"建设总投资约1.7亿元，采取争取中省支持、市县政府投资、企业投资和企业垫资建设政府分期偿还等形式进行建设，其中市财政投资1.51亿元。咸阳市信息化基础资源综合服务中心、咸阳市综合应急指挥系统和咸阳市数字城管系统采取企业垫资建设政府分六年偿还的模式。

八　智慧郫县

2006年以来，温江区按照"智慧之城 生态之都 共建共享 城市梦想"的总体战略定位，依托完善的基础设施，大力实施信息化带动战略，以体制创新为动力、技术创新为内容、管理创新为手段，在西部率先建成为政府部门、社会公众、企事业单位提供便捷高效服务的公共信息平台。在政务应用领域建成涵盖科技、审计、供电、公安、规划、国土、房管、城市管理等30多个部门，初步建成公务车监控管理信息系统、智慧规划、智慧城管、智慧公安、智慧环保、智慧工商等各类应用工程，各部门实现快速高效的工作协同，极大提升了政府效能。

2013年，作为国家第一批"智慧城市"试点城市，郫县与住房和城乡建设部、四川省住房和城乡建设厅正式签署了《郫县创建国家智慧城市任务书》，计划总投资上百亿元，通过三到五年的时间，基本建成"智慧城市"综合体系。

（一）建设目标

通过五年时间的努力，使郫县智慧化发展、智慧化管理、智慧化生活水平显著提升，具备智慧型城市特点，基本建成"智慧城市"的综合体系。同时使民生改善不断加强、改革开放取得突破、结构调整、成效明显人居环境更加优良、经济实力显著增强（GDP达400亿元，人均GDP1万美元）。

（二）需克服的问题

信息基础设施建设有待加强，资金保障困难；信息化资源综合利用率较低，整合程度有待提高；信息化人才资源相对匮乏；机制体制建设需要进一步完善。

（三）建设内容框架体系结构

"智慧郫县"建设的内容框架体系结构如图6—2所示。

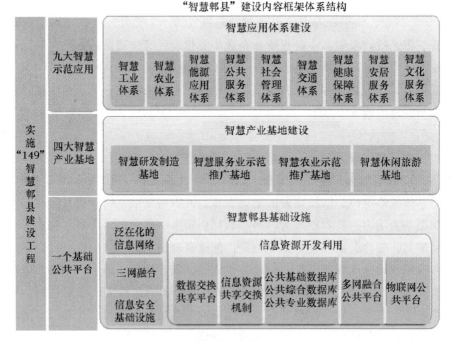

图6—2 "智慧郫县"建设的内容框架体系结构

（四）实施阶段

2012—2013 年，启动阶段：编制智慧城市顶层设计，出台相关政策支持，逐步完善相关的标准体系、信息安全体系等；计划投入 10 亿元，重点启动一批公共信息平台建设；

2014—2015 年，全面建设阶段：加大在专业系统方面的提升，围绕"宜居郫县"开展相关的项目建设工作，计划投入 45 亿元，重点建设专业系统及公共服务；

2015—2016 年，深化阶段：深化智慧郫县建设，计划投入 15 亿元，重点投入到各个行业的综合分析，为城市的后续建设及发展等各方面提供决策依据。

（五）重点项目

共 5 个重点项目：生态全覆盖检测；社会管理大联动；围绕建设"智慧工业园区"，全面提升成都现代工业港和川菜产业功能区信息基础建设水平；围绕打造"产城一体"的数字德源新城，打造高端集聚的信息产业；以食品安全追溯体系试点——郫县豆瓣产业质量信息化管理系统建设为推手，推动物联网信息技术在传统企业的研发设计、生产、管理和营销等各环节的信息化应用。

（六）政策措施

组织领导方面：高度重视，成立智慧郫县建设与管理委员会，合理分配各项工作。智慧郫县建设与管理委员会下设办公室，办公室下设项目推进监督专委会、智慧郫县专家顾问管委会、项目实施专委会。

资金投入方面：地方财政投入 20 亿元左右，争取国家贷款 30 亿元左右，撬动市场资金 20 亿元左右。

人才保障方面：落实人才配备计划，重视信息化人才的引进和培养工作，完善人才管理机制，加快推进智慧城市建设提供有力保证。

政策法规体系方面：将结合自身特点和智慧城市建设需要出台一系列相关的政策法规。

标准规范体系方面：智慧郫县标准规范体系由信息化基础标准、信息网络和计算机基础标准、信息分类与编码标准、信息技术应用标准和信息化安全标准 5 个分体系组成。

安全保障体系：在系统平台建设之初，必须对系统的安全性进行周密的设计，才能实现系统的高可靠性、高可用性和高可控性，切实保障系统平台的安全。

九 其他城市

（一）无锡

无锡是中国物联网产业的"桥头堡"、研发中心、中国第一个"物联网城市"，也是全国五个"云计算"试点城市中唯一的一个地级市。无锡已建成国家传感网创新示范区（国家传感信息中心），系统打造物联网技术研发、项目孵化、产业化及商业应用的完整产业链。2009 年 8 月，国务院总理温家宝提出将无锡建成"感知中国"中心。随后，无锡市在 2012 年政府工作报告中提出，启动实施智慧城市计划，推进感知环保、感知交通、感知电力等一批应用示范工程，使之尽快形成产业规模。2012 年 8 月，国务院正式批复了《关于无锡国家传感网创新示范区发展规划纲要》。目前，无锡集聚了国内外物联网重要研发机构 32 家。按照从产业发展向应用推广的思路，无锡市已开展了包括"感知环境·智慧环保"国家级示范工程、"感知太湖·智慧水利"示范工程等多项示范工程。

无锡在"十二五"规划及"传感网产业发展建设规划"中均明确表示要将无锡建设为国际一流的智慧城市。目前，《无锡市推进智慧城市建设三年行动计划》（以下简称《行动计划》）也已形成征求意见稿。《行动计划》指出，在 2012—2014 年，无锡将在全市九大领域开展 30 多项重点示范工程建设，在社区安全一体化建设、城市应急指挥、公共场所安全改造、城市要地及周界集控平台建设、危险品使用及转运安全监控等方面全面推进智能化，让物联网全面融合到市民生活当中。物联网在无锡的广泛深入运用正是无锡打造"智慧城市发展"的具体实践。在未来 5—10 年无锡要提升区域性中心城市国际化水平，要走新型城市化道路，要在城市发展科技内涵取得革命性突破。打造好"智慧城市发展"这个软件，充分利用建设好国家传感网创新示范区的难得机遇，巩固、提升和扩大无锡在物联网技术研发应用方面的先发优势，抢先进入全国和世界"感知城市"发展的第一方阵。

无锡不仅在物联网和云计算方面处于全国领先优势，同时智能体验中心也是新领域宣传和推广普及的重要平台，在无锡开始了大面积的建设及实施。以"中国联通无锡物联网体验中心"为例，通过逼真的三维全景鸟瞰及 POS 机上手机刷卡等一系列的真实互动告诉体验者，这并不是展示未来科技的宣传片，而是我们身边真真切切的"物联网"应用。

（二）佛山

佛山是国内 300 余地级市中首个全面系统制定智慧城市发展战略，并迅速公开发布、快速推进实施的地区。佛山市传统制造业优势明显，是"珠江三角洲国家级信息化和工业化融合试验区"。随着两化融合的不断推进，佛山在信息化改造提升传统产业以及城市信息化基础设施建设等方面都取得了明显的成效。

佛山在智慧城市建设中，以产业转型为核心，以从"产城割裂"走向"产城互动"，从"产业佛山"迈向"城市佛山"为目标，提出了打造"智慧型经济"战略的形象说法，并于 2010 年 10 月发布《"四化融合，智慧佛山"发展规划纲要（2010—2015 年）》（以下简称《纲要》）。到 2015 年，佛山要建设成战略性新兴产业聚集区，"四化融合"先行地，宜商宜居的美好家园。《纲要》提出了信息化带动工业化、信息化提升城镇化、信息化加快国际化 3 大任务，提出了"四化融合，智慧佛山"的发展战略，重点建设战略性新兴产业发展工程、物联网产业发展、传统产业改造提升工程、"三网融合"推进工程、信息资源共享工程、智能交通工程、智能教育工程、智能卫生工程、智能社会保障工程、电子商务工程、电子口岸工程等 16 项重点工程。

"智慧佛山"实施以来，在智慧社区、智慧医疗、智慧交通、智慧教育、智能社会保障等领域全方位、多层次、立体式地推动民生智能工程，并取得了令人瞩目的成绩。在智慧产业发展方面，佛山抓住成为国家新兴产业基地、省战略性新兴产业重点地区契机，将智慧产业作为发展新兴产业主要内容，引进建设佛山超级计算中心、世纪互联南中国总部基地、南海云计算中心等大项目，初步奠定了在国内智慧产业领域的优势地位，推动了产业转型升级。

目前，佛山已成为"智慧广东建设示范试点城市"，与此同时，由中国电子信息产业发展研究院发布的《"智慧佛山"发展特色与模式研究暨阶段性成果评估》显示佛山智慧城市建设进入快速发展阶段，呈现出独有特色，形成了"佛山模式"。在这个创新型经济为特征的新一轮发展中，佛山坚持科学发展，转变发展方式，赢得先机，走在我国智慧城市建设的前列。

（三）廊坊

廊坊地处京津两大直辖市之间，环渤海经济圈腹地，区位优势独特。随着富士康、华为等电子行业巨头落户，廊坊的电子信息产业呈现良好的发展势头。廊坊的信息化建设也取得了一定的成果，国内首座国家电网标准全功能智能小区、电子政务、数字城管、平安城市视频监控等已实现，为打造智慧城市奠定了基础。特别是中国廊坊国际智能产业示范园区的建设，实现了在智能管理、智能生产、智能流通、智能消费、智能交通等多领域的突破创新，充分发挥了智能化产业园区的智能产业集聚化优势，对于推动廊坊经济结构优化升级、建设"智慧廊坊"具有重要的作用。

廊坊市将以打造智慧城市为契机，以建设"京津冀电子信息走廊、环渤海休闲商务中心"为目标，以承接京津功能转移、产业外溢为重点，大力发展物联网、云计算等新兴技术产业，构建绿色基地、园区，统筹规划基础设施和生态环保建设，将生态智能的建设理念融入建筑、交通、水系、产业等城市细节，突出智能化绿色管理，建设智能城市管理系统，努力把廊坊打造成生态智能城市。固安工业园区作为廊坊新区科学发展实践的重点区域，始终以"建设开发区城市，实践科学发展观"为宗旨，不仅注重产业的集群效应，同时注重整个区域的全面协调发展。"固安未来城市体验中心"的建设成为园区内一个新的亮点，通过互动体验将生态智能城市的概念及内容完整的展现在大众面前，提供了一个未来城市生活的各个方面互动平台，并迅速吸引了国内外众多知名企业入区发展，迅速走在区域投资和发展的最前沿，成为北京地区及环渤海经济圈最具投资价值的区域之一。

（四）成都

一个高效运转的政府、一个可持续发展的产业环境、一个便捷的民生环境，正是智慧城市需要解决的问题。近年来，成都市全面推进通信枢纽建设，实施了一系列信息化重大应用工程，在国内率先开展了以智能化为特征的物联网技术在城市交通、食品安全、环境保护、现代物流、城市管理、安全监管等领域的示范应用，在智慧城市建设方面进行了积极探索。成都智慧城市建设一直致力于信息化与产业提升、市民生活、公共管理的同步推进，建设内容主要包含"智慧政务"、"智慧产业"、"智慧民生"3大工程，并率先在"天府新区"打造具有四川特色的智慧城市样板。其主要成效和做法如下：

智慧城市政策支持措施逐步健全。坚持"统筹规划、政策支持、政府引导、企业主体、合力推进"思路，注重将智慧成都建设纳入经济社会发展重要内容统筹推进，制定出台了一系列规划和配套政策，形成政府、企业和城市居民共同推动智慧城市建设的合力。

智慧城市基础设施支撑不断强化。大力实施宽带成都、光网城市、无线城市、三网融合等工程。

各领域智能化示范应用深入推进。成都市侧重民生和公共服务重点行业、领域，推进智能应用体系建设，促进了城市管理的精细化、便捷化、智能化，提高了政府公共服务能力和效率。

智慧城市助推信息产业加快发展。抓住智慧城市建设创造的应用需求和市场机会，积极培育物联网、云计算、移动互联等战略性新兴产业和新的经济增长点，促进了智慧城市建设与信息产业良性互动发展。目前，成都已成为中西部地区最具竞争力的 IT 产业聚集地。

成都智慧城市建设下一步将结合实际，以保障和改善民生、创新社会管理、改善城市生态环境、产业结构调整、健全政策机制等方面取得成效，促进城镇化转型升级发展为目标，从完善智慧城市建设政策体系、构建完善智慧城市技术支撑体系、推进城市规划设计科学化、推进城市社会管理精细化、推进基本公共服务均等化、推进产业发展现代化、推进资源开放共享、加强智慧城市信息安全管理 8 个方面，继续探索智慧城市建设路径。

（五）天津

智慧城市建设将以人为本、技术带动。到 2015 年，天津市将基本实现城市出口带宽 1.5T 以上，光纤入户覆盖率达到 90% 以上，无线宽带覆盖率达到 100%；2020 年城市出口带宽在 2015 年的基础上翻一番，光纤入户率达到 98% 以上。全面创新网格化管理模式，加强城市空间要素可视化管理。全面推进医疗保健智能化、教育培训智能化、科技创新服务智能化、智能家庭和智能社区建设；2020 年形成医疗、社保、交通等公共事业"一卡通"全面覆盖城乡的智能化社会服务体系。到 2020 年，"智慧天津"基本建成，届时天津将成为智慧基础设施完善、智慧应用水平显著提升、智慧产业领先，具有现代化、智能化的北方经济中心和国际港口城市。

（六）广州

广州智慧城市发展思路是"一个中心"，"三个坚持"。"一个中心"就是以建立国家中心城市为中心；"三个坚持"是坚持继续创新和需求驱动相结合，构建物联网应用体系，推进智慧城市建设；坚持重点突破与长远谋划相结合，构建物联网产业体系，培养新的增长点；坚持政产学研用相结合，构建物联网创新体系，提升核心竞争力。广州智慧城市发展的总体框架是建成一批示范应用，创造一个发展环境，完善一批基础设施，形成一批技术成果，打造一批产业集群。

（七）深圳

"智慧深圳的愿景"是建设"人文深圳，创新深圳，绿色深圳"，并以此作为建设国家创新型城市的突破口。智慧深圳的总体目标是建设"智慧产业生态系统"和"智慧城市生态系统"等两大智慧生态系统。"智慧深圳"将充分利用信息技术，分析整合城市运行的关键信息，对各方需求作出智能响应，形成新的生活、产业发展、社会管理模式，构建面向未来全新的城市形态。打造以无线城市为载体的"智慧深圳"，将是深圳未来继续保持发展优势和核心竞争力的有力保障。

（八）青岛

2013 年 10 月，青岛市被科技部、国家标准化管理委员会确定为国家智慧城市技术和标准试点城市。青岛市作为山东半岛蓝色经济区核心区域的龙头城市，是国家电子信息产业基地，拥有国家家电产业园和通信产业园，具有雄厚的信息产业基础。

近年来，青岛市从基础建设、产业经济、城市管理、社会民生、资源环境等方面开展了多项智慧城市建设相关工作。深入推进信息资源开发利用和整合共享，构建智慧公共服务、智慧物流、智慧制造、智慧交通体系。现有包括青岛市电子政务云计算中心与灾备中心一体化、医药卫生信息化建设等 7 个示范工程。拥有青岛市公共安全应急指挥系统、数字化园区规划、电子政务系统、智能交通建设与研发等方面智慧城市建设与运营经验。"数字城市"、"两化融合"、"无线城市"、"3G/4G 试点城市"，均走在全国城市前列。

青岛市将根据《青岛市智慧城市试点示范方案》，重点围绕一园（世博园）、一区（高新区）、两类技术方向（大数据融合和挖掘等共性技术，智慧生活、智能交通、智能制造等领域的应用技术）、3 个示范领域（智慧生活、智慧产业、智慧管理)、8 个示范应用方向（智慧健康、智慧社区、智慧家庭、智慧制造、电子商务、智慧交通、智慧海洋、云计算中心）开展智慧城市的试点示范工作。

（九）浦东新区

在智慧城市建设的大军中，浦东新区作为国内率先倡导并推动智慧城市建设的先行者之一，在智慧城市规划、应用体系建设、产业应用联动、指标体系以及发展软环境建设等方面推出了许多具有全国示范引领效应的思路和做法，并在政府政务、城市公共安全、居民生活等多个领域的信息化进行全面发展，取得一定成效等。自 2008 年起浦东成为国内最早一个建设智慧城市的城区，到 2011 年在实践的基础上第一个提出《智慧城市指标体系 1.0》对智慧城市的内涵和外延做了前瞻性探索，在中国未来城镇化进程以及城市发展转型中扮演重要角色。

（十）上海世博园

上海世博会的成功举办、世博会运营的成功，标志着我国具备了实施智慧城市建设的能力。世博园本身就像一座小城镇。在长达半年的时间里，世博园这座小城镇面临接待 7000 万名游客的挑战，要始终保持最佳状态，没有创新的智慧和实践是不可能的，没有一整套体系是不可能的，没有一支强有力的队伍是不可能的。因此，世博园的设计、建设和运营支持，都使之成为展望智慧城市的一个最好窗口，培养人才的最佳实践。

从支持世博正常运行的信息系统角度来看，与未来智慧城市的支持性信息系统有若干相通之处：

第一，世博的信息系统几乎是从零开始，完全针对本届世博会的特定情况而设计、建造的复杂系统，而这与智慧城市的建设情况一致。智慧城市的建设也是要从每个城市不同的具体情况出发来规划和实施。尽管可以借鉴其他城市、其他领域的有共性的解决方案，但在整体上，智慧城市建设不可千篇一律，每一个智慧城市都应是独特、灵活，能够支持该城市特色和发展目标。

第二，世博信息系统的建设和维护是一个典型的在实践中逐渐完善、在开放环境中不断进步的过程，既没有如奥运会那样成熟的系统可利用，也不是放在实验室环境中一蹴而就的理想系统，而必须不断接受现实的考验，并且根据现实中暴露出来的问题不断改进。这与智慧城市系统是完全一致的，智慧城市不是从哪里拿一个现成系统一安装就可以应用的，智慧城市的设计、建设、完善是一个过程，是与实践互动的过程。

第三，世博的 IT 系统在统一的指导思想下，将世博园区的安保、票务、人员、物流、商业等十多项核心功能系统地组织起来，将各功能系统在现实世界中的关系在计算机和网络中表达出来，这就体现了智慧城市的"系统之系统"的思想。

第四，世博信息系统项目的实施是世博局信息化部主导，但同时又有多个主体参与。不但有多家厂商参与设计实施，各国家馆和企业馆对于信息系统也有自己独特的考虑。这就需要世博信息系统的主管领导组织一方面要掌握信息主权，另一方面要与各方协调合作，做到既统筹，又灵活。这一点与真实的智慧城市建设中的情形十分相似。因此，在世博信息系统建设过程中所形成的管理和制度经验将为中国智慧城市建设提供宝贵的借鉴。

可见，如果将世博园本身看成一座城市，那么其背后的运营支持系统，特别是信息系统，就能够比较集中地体现出未来智慧城市的一些特点。世博会的成功举行，本身就是智慧城市优势和魅力的一个集中展示，体现了我国在这方面的实力，也积累了宝贵的实践经验。

（十一）乐从

作为我国第一个国家级智慧城镇试点示范项目，乐从的智慧城镇建设将为我国两万多个城镇建设提供参考价值（王彦彬，2012）。佛山乐从镇是全国首座智慧城镇示范区，一个以新兴产业建设智慧城镇的典型代表，同时也是世界最大的家具市场、全国最大的钢铁市场、华南最大的塑料市场。而发展至今传统产业遭遇了转型升级的压力，城市与产业及社会管理模式亟待提升。

佛山新城的启动建设，让乐从从顺德最偏远的镇街一跃成为佛山发展的"强中心"。而乐从在智慧城镇的建设则以"强中心"的标准来实施。在促进传统产业转型升级的同时，乐从也积极跻身探索战略性新兴产业，乐从充分发挥"广东省物联网应用产业基地"的发展优势，积极谋划将物联网、云计算等信息技术应用到城市经济社会管理的各个领域，运用信息技术促进城镇化发展，力促城镇化和信息化深度融合，全面打造"智慧型"新城镇，着力破解经济社会管理新难题。

乐从做物联网产业基地不仅仅是增加了一个新的产业，更核心意义在于提升乐从地区整体的核心竞争力，将让顺德乐从的城市管理更有序、更智慧、更节能、更低碳。此外，乐从还以物联天下为运营平台，引入 IBM、软通动力等国际名企。随着这些企业的入驻，物联网产业将与乐从传统产业相融合，将加快乐从智慧城镇的建设。

（十二）柳州

柳州开展智慧城市建设以优质的宽带网络为依托。"十一五"期间，柳州市与中国电信广西公司在平安柳州、数字城管、农村信息化、社会公共信息服务等领域开展了广泛交流与密切合作，尤其是在联手推进城市信息化建设中成效卓著，成功打造了全区最大的"柳州天网"工程。

根据市委、市政府"十二五"发展规划和战略合作协议，中国电信广西公司将配合柳州市政府打好"八大升级战役"，加快实现"八大转型"，在"十二五"规划期内加快智慧城市建设，推进智慧政务、智慧民生、智慧产业3大工程，推动智慧城市重点项目全面突破，加速柳州市国民经济、民生工程和政务服务的智能化，建设"五美五好"柳州，全力打造"智慧城市·光网柳州"。同时，争取五年内建成智慧政务、智慧医疗、智慧交通、智慧教育等一批成熟的智慧应用项目，打造智慧城市样板工程。

广西柳州市聚焦宽带网络在城市加快升级转型的关键时期投入智慧城市的建设。迭代式的发展可以成为众多小城市在智慧城市建设的样板。

（十三）克拉玛依

克拉玛依是一座因油而生、因油而兴的城市。克拉玛依在智慧城市的建设是围绕油田开展起来的。从1995年开始，克拉玛依就一直致力于"数字油田"建设。2008年，克拉玛依率先在全国建成"数字油田"。2008年9月，"克拉玛依区数字化城市管理"模式通过住房和城乡建设部的验收，成为西北首家全国"数字化城市管理试点地区"。2010年，克拉玛依在全球首次提出"智能油田"概念。

克拉玛依一直注重城市信息化建设。克拉玛依市通过与IBM等国际IT企业合作，完成了信息产业发展规划编制，自治区重要信息系统灾备中心、华为云计算中心、天地图北方灾备中心等一大批具有示范意义的信息产业重大项目落户克拉玛依。信息化已经成为助推克拉玛依跨越式发展、可持续发展的强大动力。目前，克拉玛依市启动了"632"建设工程。建设油气生产、炼油化工、技术服务、机械制造、石油储备、工程教育"六大基地"，以发展金融、信息、旅游"三大新兴产业"，打造高品质的城市、最安全的城市"两个平台"。

预计 2015 年，克拉玛依将建成初级智慧型城市，进入"网络形态"和"智能形态"。2020 年，克拉玛依将初步建成智能油田。

克拉玛依的智慧城市建设对于资源型城市有一定借鉴作用，通过大力推进城市信息化建设，加速两化融合提高城市的创新力与竞争力。未来克拉玛依需要在智慧城市中提高对人文的注重，信息化只是智慧城市的一个方面。

（十四）辽源

辽源是一个资源枯竭型城市，是全国首批 12 个资源型城市经济转型试点城市之一。据悉，吉林移动将在 5 年内为"数字辽源"建设投入 10 亿元。辽源与吉林移动在实施"数字城市"、"基础网络"、"信息兴业"、"信息兴农"、"信息兴教"等 5 大工程方面开始了深度合作。围绕智慧城市建设的目标体系，辽源重点打造 3 个应用服务平台。

一是构建产业链协同服务平台，以商务应用、行业应用、企业应用为核心，加快建设智能工业园区。大力发展战略新兴产业，加快发展电子商务、物流集散、企业协理、云计算应用等信息服务业，带动软件产业园建设，加快信息产业发展。

二是构建政务信息化应用平台，加强政务信息化应用平台建设，扩大网上政务服务范围，重点建设网上审批、网上投诉、官方微博、政府公共服务呼叫中心等系统。

三是构建城市智能管理平台，依托东北云计算中心和应用软件基础平台，整合和分配城市管理资源，深化政府各职能部门在管理和业务等方面的信息化应用，实现对城市的科学、精细、长效管理。

预计 2015 年，辽源将完成"智慧辽源"项目建设任务，形成完整的"智慧辽源"运行系统。

辽源找到了资源枯竭型城市实现经济转型的路线，走平台化发展策略，坚持政府主导、企业主体、政策保障、社会参与，形成面向未来的全新城市形态。未来平台的运转以及利用程度将决定辽源智慧城市建设的步伐。

（十五）搜登站镇

2013 年 8 月 5 日，吉林省吉林市船营区搜登站镇入选国家第二批智慧城市试点名单。搜登站镇隶属吉林市船营区，位于吉长南线与口桦公路交会处，距吉林市 28 公里，幅员 297.8 平方公里，辖 35 个行政村。搜登站镇地处长白余脉，全镇有森林面积 6215 公顷，各种矿产资源丰富。镇内有优质充足的地热温泉资源。温泉带属长白山火山岩层水系，具有资源丰富、品质高的特点。

经住房和城乡建设部同意，搜登站镇携手中国城市科学研究会、吉林中亿实业有限公司合力打造国家级智慧城镇试点。从技术角度来说智慧城镇是通过先进的物联网、遥感、全球定位、云计算、虚拟现实、异源异构数据集成等先进技术构造起的，在信息感知、智能分析、后期运营、信息互联、管现决策等方面更具智慧的城镇。

智慧新型小城镇——搜登站镇预计总投资 30 亿元，建设内容包含：一个基础（智慧管网建设工程）、两个体系（公共服务平台体系、安全保障体系）、3 个中心（智慧城镇数据中心、智慧城镇指挥中心、智慧城镇展示中心）、5 大项目（智慧城镇公共信息服务平台项目、智慧市政建设项目、智慧养老项目、智慧旅游项目、智慧农业项目），建设目的就是实现打造集约、智能、绿色、低碳的新型城镇化试点城镇的目标。

通过持续推进智慧城镇建设、重塑城镇公共信息系统的创新管理机制，建成信息资源高效融合的公共信息服务支撑平台利用信息化带动旅游业与特色农业捆绑式发展，从而带动"智慧农业"、"智慧旅游"、"智忽温泉"、"智慧养老"，通过智慧城市平台，加强对温泉资源、旅游资源、企业生产和居住设施的监控和管现实现特色农业与旅游的智能化；有序推进农业转移人口市民化；把生态文明理念和原则全面融入城镇化全过程，打造集约、智能、绿色、低碳的新型城镇化试点城镇。重点发展温泉旅游和农业观光产业，在国内率先建成城镇管理运营与民生服务质量明显提高的智慧型现代化温泉旅游和农业观光典型城镇，实现城镇化目标，实现信息畅通、协同运作、高效管理、产业提升、生态保护，逐步把搜登站镇发展为国际知名的智慧城镇。

十　经验启示

综合以上城市以及 2012 年来住建部国家智慧城市试点的建设实践，得出以下经验启示：

（一）以新型城镇化的指导思想为出发点

目前的智慧城市是在新型城镇化的背景下展开的，智慧城市建设要遵循新型城镇化的指导思想，即：以人为本、四化同步、优化布局、生态文明、传承文化。这5大要素的内涵其实就是经济、社会、环境的协调发展，是智慧城市建设中所要考虑的出发点。

（二）遵循城市发展的历史经验

从几千年的城市发展史来看，有3条基本的经验：一是文化建设。精神文化的传承，不断地提升城市的灵魂，这是一条很重要的经验。二是设施完善：保障体系的完善，有效的保障城市的安全，特别是城市的基本生命线，像交通、水、能源、通信、市政、住房等基础设施的承载。三是产业发展：发展动力机制的健全，这个主要是产业，产业集聚是区域发展的原动力，是城市形成和扩大的基本要素，也是解决就业的根本办法。智慧城市建设一定要考虑这3个要素的均衡。城市这3大基本元素的平衡是其发展的内在规律，否则城市只能衰亡或者昙花一现。

（三）完善体制机制

首先是思想观念，要解决目前城市规划建设管理中：盲目自大，忽视基础建设；无视承载能力，能耗过大，千篇一律，贪大求洋怪异；信仰的缺失，信任体系的破坏，文化的低俗；罔顾产业培育和一二三产的有机布局，导致产业结构的失衡。其次，智慧城市建设是个系统工程，需要跨部门共享和业务协同信息机制、政策机制、运营和管理机制，以及相应的配套体制和法治环境，充分发挥市场配置资源的基础性作用，激发社会力量参与智慧城市的建设，才能使智慧城市建设持续推进。因此，在具体实施过程中，应完善组织体系，建立相应的制度体系，建设受过良好教育、有技能的人才队伍，培育相适应的产业结构和产业体系，探索创新体系建立，加强信息通信的基础设施建设，对基础设施进行智能化提升。在保障体制上完善政策。

（四）紧扣规划、建设、管理、运行四个环节

智慧城市真正要取得的实效，很重要的是懂得和掌握城市发展的规律。城市从发展的角度来讲，有4个环节必须是紧紧地扣住的：规划、建设、管理、运行。

城市规划，要解决好3个问题：一是决策层面，是对空间资源进行合理的配置。二是业务层面，通过多规融合，实现经济发展规划、城市规划、土地利用规划、生态环境规划、信息化规划、投融资规划、产业发展规划等多项规划融合，着力解决过去各项规划"几张皮"的问题，使规

划更具可操作性，达到城市空间布局的优化，城市功能的完善。三是项目层面，做好顶层设计和实施方案，从指导思想、目标方向、内容重点、实现路径、保障措施等落实，避免智慧孤岛或重复建设。

城市建设，按照集约、智能、绿色、低碳的要求，要扣紧 3 个关键词：一是"适用"，所谓适用，就是要讲究民族性、时代性、地域性，要符合习俗、气候、材料等。二是"经济"，就是要讲究节能、节水、节材、节地。三是"美观"，既承传文化历史，也要借鉴创新。

城市管理，就是如何实现城市管理网格化、精细化、智能化的问题。在数字城市建设的时候，建设部创造了一个很好的模式，倡导数字城管，对城市的部件事件进行了网格化的管理，并由此从城市的市政设施的管理进一步拓展到社会治理和公共服务领域，取得了比较好的效应和成果。所谓比较好的效应，它不仅仅是业务上的，支撑了我们行业的管理和城市管理水平提高，更重要的是它培育了产业。

城市运行，一是建立以人为中心的社会安全、生产安全、公共卫生安全和生态环境安全等多个维度的安全保障体系。二是重视信息安全。信息安全保障是一个长期性工作，是一个不断实施、检查和改进的过程。三是应急响应，面对突发事件如自然灾害、重大事故、环境公害及人为破坏，开展应急管理、指挥、救援等，为城市的公共安全提供强有力的保障。

这 4 个环节，是城市发展的内在规律，在智慧城市建设中，必须紧紧抓住不放，否则我们就会隔靴搔痒。

（五）技术应用要讲究经济实效、集约智能、模拟仿真、安全可控

城市规划、建设、管理和运行必须运用现代技术来支撑城市的正常化运转。应用现代技术必须注意以下 4 个方面：一是讲究经济实效，它体现在节约、效益、功能。二是注重集约智能，利用信息通信技术把数据、资源和人有机结合在一起，通过信息通信技术建立一个高度灵活的个性化和数字化的智能模式。三是模拟仿真，建立可视化、复杂计量模型的可视化决策系统，模拟仿真涉及综合集成技术，涉及计算机图形学、人机交互技术、传感技术、人工智能等领域，它用计算机生成逼真的三维视、听、嗅觉等感觉，使人作为参与者通过适当装置，自然地对模拟结果进行体验和交互作用。四是安全可控，运用大量的可控技术，对城市各种生命线，交通、管网、电网、通信线路监测，对城市建筑、桥梁各种设施的监测，对危险进行预测，使得城市能够正常运行。

（六）探索创新路径和模式

智慧城市建设不能盲目模仿其他城市的建设模式，应从实际出发，按照试点先行、因地制宜、循序渐进的方式，在局部地区、局部领域首先开展试点工作，有计划、分步骤地有序推进，不断探索满足当地需要的智慧城市建设内容、路径和模式，待条件成熟时，再扩大试点范围，积极稳妥地推进智慧城市的建设。在这个过程中，应注意3点：一是注重政学产研用资支撑体系建设。二是注重人才和知识体系的构建。三是注重实效绩效。关于人才和知识体系建设，应该注重教育和培训，掌握和利用现代科学技术，特别是数字化、网络化、智能化的信息技术，成为生存和发展的重要手段（住建部，2012；国脉物联网，2013；谭辛，2011；闫海，2013）。

第三节　国内外案例比较

一　建设背景

伴随着信息技术的飞速发展，美国、英国、日本、韩国等发达国家开始研究如何运用新一代信息技术来重新审视城市的本质、城市发展目标的定位、城市功能的培育、城市结构的调整、城市形象与特色等一系列现代城市发展中的关键问题，针对如何加大信息技术在城市管理、服务和运行中的创新性应用，相继提出了发展智慧城市的战略举措，把智慧城市建设作为提升城市竞争力的重要手段，城市智慧发展的新模式开始孕育成型。

我国智慧城市建设的背景与世界其他国家不同。城市人口增长与承载能力不协调，使得资源与环境生态压力日渐增大；政府公共管理与公众需求之间的矛盾，造成城市管理协同性差、办事效率低；产业格局与经济发展的不相适应，导致传统生产技术以及管理方法难以为继。如何加快城市管理和运行创新，成为城市建设者与管理者亟待解决的关键问题。同时，由于我国物联网、云计算、新一代移动通信技术，以及大数据的快速发展，为城市新发展带来机遇。伴随着我国新型城镇化的建设，以及对GDP增长是否应以牺牲环境为代价的深刻思考，催生了社会各界对数字城市、智能城市以及智慧城市等的探索。

二　建设范围

从智慧城市建设范围上看，我国的智慧城市的规划和建设内容更为全面。如美国和欧洲城市的智慧城市更为侧重在某一方面（如通信网络基础设施）或某几个特定领域（如智能交通、医疗或能源）；我国智慧城市建设规划更为体系化，涉及城市基础设施、智慧应用、产业、安全保障等多个层次和方面，并规划了一系列重点工程，如北京的"四类智慧应用、四个智慧支撑"，上海的"四个构建内容"，宁波的"十大智慧应用体系商业和服务模式创新"等。

三　建设运营模式

美国、欧洲等国家将大量建设内容外包给企业来承担，我国是在政府统筹规划和引导下、通过积极探索市场化方式，以吸引多方参与智慧城市建设。如采用建设—转移（BT）、建设—运营—转移（BOT）等模式加快信息化发展。企业在参与城市建设和运营方面发挥着越来越重要的角色，如北京市采取政府主导和市场主导并举、分类推进的模式，政府主导领域为城市管理公共服务、社会管理、市场监管、电子政务的信息基础设施等领域。市场主导为企业信息化、数字生活、智慧社区、公共信息基础设施等领域。

四　建设路径

因为经济发展水平较高、信息化基础设施较好，所以国外在推进智慧城市建设过程中，建设路径主要分为两类（武琪，2013）：第一，市政管理。各国致力于用精准、可视、可靠、智能的城市管理推进城市管理和运行的智慧化。通过应用物联网、云计算等新一代信息技术，使市政设施具备感知、计算、存储和执行能力。第二，社会服务环境。国外在推进智慧城市建设过程中，逐渐改变以技术为中心的思想，确立了"以人为本"理念，重点致力于建设无所不在的社会服务环境。智慧医疗、智慧社区等不断促进人们的生活与学习。

如前文所述，当前我国智慧城市建设的路径分为3类（赛迪顾问，2013）：第一，智慧基础设施建设。从城市信息基础设施建设为出发点，以建成无论何时何地都可以互联互通的城市信息网络来实现智慧城市的首要目标——感知城市。如成都、上海、南京、扬州等。第二，智慧管理和服务应用建设。强调社会应用示范项目建设，在公共安全、城市交通、生态环境、物流供应链、城市管理等领域开展一大批示范应用工程，建设一批示范应用基地，重点突破、以点带面、逐步深入地进行智慧城市建设。如北京、辽源、宁波、乐山、咸阳市等。第三，物联网产业发展。按照先培育产业发展，再拉动社会应用的模式来进行智慧城市的建设。如无锡、天津、杭州、西安等。

第七章　智慧富平建设的必要性与可行性分析

第一节　富平概况及相关规划简介

一　富平基本情况

富平因取"富庶太平"之意而得名，于东周秦厉公二十一年（公元前456年）建立县制，距今已有2460多年的历史。富平位于陕西关中平原北部，是关中平原和陕北高原的过渡地带，全县总面积1242平方公里，辖17个镇，总人口81万，是陕西省第一人口大县。行政区划如图7—1所示。

富平区位优越，交通便捷。富平地处陕西省"关中—天水经济区"的东翼，是关中通往陕北的要冲，是连接渭北东西的枢纽。县城位于西安、咸阳、渭南和铜川四个大中城市的交汇位置，距省会西安和咸阳国际机场各60公里，距中国飞机城——西安阎良只有12公里。境内两条高速、两条省道、四条铁路穿境而过。而今西安—富平城际铁路建设项目已经启动，融入西安都市圈步伐正在加速。

富平历史悠久，人杰地灵。富平建立县置已有2400多年历史，曾5次设县，2次设郡，3次设州。自古人才荟萃，文臣名将辈出。秦有名将王翦、王贲父子，后汉有检校刑部尚书李彦温，唐有大将李光弼，明有开发治理云南第一人张紞、直言敢谏的河南道监察御史杨爵、吏部尚书孙丕扬，清有抗英名将张青云，近代有著名爱国将领、杰出的民主主义革命家胡景翼将军，当代有老一辈无产阶级革命家习仲勋。

富平文物遗存众多，文化底蕴深厚。富平现有国家级文物保护单位6处，省级11处，县级31处，古墓葬8处，古遗址15处，重点保护的碑石文物300余件，馆藏等级文物103件（组）。境内生态自然风光别具一格，石刻、老鼓、阿宫腔、陶艺等传统文化品牌声名远扬，其中阿宫腔和

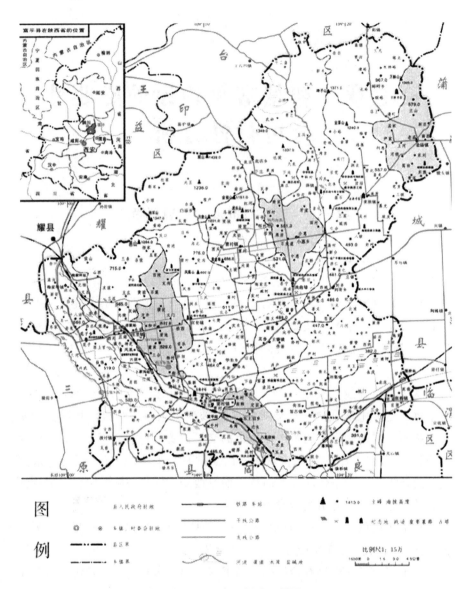

图 7—1　富平行政区划图

老庙老鼓被列入国家级和省级非物质文化遗产保护名录，还有全国唯一的老斩城、黄帝荆山铸鼎文化遗址备受全国关注。

富平自然资源十分丰富。全县 110 万亩耕地，土地广袤，地势平坦，素有"九峪肥田"之称。矿产资源得天独厚，具有丰富的石灰石、大理石、高岭土和芒硝资源，石灰石储量达 1303 亿立方米，高岭土储量 400

万吨，尤以墨玉石最为著名，储量 313 万立方米，是工艺雕刻、建筑装饰的上乘材料。境内有季节性河流 4 条、水库 10 座，建成了东雷二期抽黄、交口抽渭、抽泾扩灌和桃曲坡水库等四大灌区。全县浅层水资源总量 1.2 亿立方米，华朱页坡 380 岩溶水日可开采量 15 万吨。

富平投资环境优越。富平是全国对外开放县、陕西省精神文明建设先进县、"浙商重点推荐投资城市"和全国食品安全示范县。近年来，温家宝、习近平等党和国家领导人十分关心富平经济建设，先后来富平进行调研，对富平经济发展做出了科学指导。县委、县政府提出"环境立县"、"工业强县"、"项目立县"、"文化活县"发展战略，制定完善了一系列招商引资优惠政策，不断优化投资环境和加大对外开放力度，推行服务型政府，建立了重大项目"一个领导总负责，一套机构抓落实，一班人马盯到底"的"三个一"责任制，形成了重商、亲商、富商、爱商的良好氛围。先后引进了中冶集团、中农集团、陕煤集团、龙钢集团、中鲁集团、兴宝集团、实丰集团和世界五百强——意大利法兰西水泥集团等一批中外知名企业投资兴业。

二 富平产业现状

（一）工业

西北最大的农机及重型装备制造业基地。围绕中冶陕压重工设备有限公司、陕西黄工集团拖拉机有限责任公司等龙头企业，富平先后招引并建成了龙钢集团富平轧辊有限公司、富平县钢厂兴宝有限责任公司、陕西秦丰农机集团有限公司、富平渭北农机有限公司、富平腾龙农机汽车有限公司等企业，目前在建的有中冶陕压 2 万吨轧辊项目、年产 5 万吨锻造用优质合金钢锭及铸件生产线建设项目、西北重型装备制造优质材料加工项目、年产 1.2 万吨机械设备制造项目、采煤机部件及配件生产线建设项目、年产 2.8 万吨锻铸件生产线建设项目、年产 10 万件铁艺制品及 2500 吨钢构生产线建设项目等项目，已成为西北最大的农机及重型装备制造业基地。同时，拥有西北最大的农机销售市场——中农集团农业生产资料、农业机械及配件西北交易市场。

西北最大的新型干法水泥生产基地。目前，富平有意大利水泥、实丰水泥、陕煤水泥等知名水泥生产企业，已成为我国西北最大的新型干法水泥生产基地。

全国商品粮生产基地县，面粉加工独树一帜。富平现有陕西陕富面业有限公司、陕西秦力面业有限公司、富平县宏达面业有限公司、富平县雪松面粉有限公司等多家面粉生产企业，产品遍布全国，并拥有"陕富牌"中国名牌产品光荣称号。面粉加工业已成为富平特色轻工业的重要组成部分。

西部烟花爆竹生产基地，烟花爆竹产业蓬勃发展。烟花爆竹产业是富平的传统产业，已建成老庙美原花炮集中区，现有各类企业 200 余家，生产各类烟花爆竹，产品销往全国各地。

富平石刻，闻名天下。富平宫里被誉为"石雕之乡"，自周秦开采以来，历久不绝，在中国及世界文明史上树立了赫赫美名，斐誉海内外的中国石刻艺术宝库西安碑林博物馆 2300 多通石碑，如李斯的《峄山刻石》、东汉时期的《曹全碑》，颜真卿的《多宝塔》等镇馆之宝，多为宫里石刻。党和国家领导人为黄帝陵题词墨玉碑石，均取材雕刻于富平。富平现有石刻石雕工艺厂百余家，400 余种产品。作品做工精细，具有深刻文化内涵和极高的欣赏、收藏价值。

（二）农业

"中国柿乡"，富平柿饼远销日韩。富平柿子是全国独有的升底大尖柿，个大、色红，适合加工柿饼。柿饼形似圆月，个大、霜白、底亮、质润、味香，具有润肺、补血、健胃、止咳等功效。每年都有优质产品出口到韩国、日本等地，也是很好的馈赠佳品。目前，全县柿子种植面积 15 万亩，年产鲜柿 8.6 万余吨，加工柿饼 2 万多吨。

"中国奶山羊之乡"，奶乳加工集团化规模化。富平奶山羊存栏 35 万只，年产鲜奶 10 万多吨，羊奶产量位居全国前列，是"中国奶山羊之乡"，凭借这一独有优势富平先后建成了富平县美可高特羊乳有限公司、富平县金牛乳业有限公司、陕西富华乳业有限公司、陕西红星乳业有限公司、富平县秦源乳业有限公司等乳品加工企业，乳品加工已达到集团化、规模化的发展水平。

粮食生产稳步提高。富平是全国商品粮生产基地县，2010 年全县粮食生产再创新高，总产达到 9.01 亿斤，粮食播种面积稳定在 140 万亩次，建成了 20 万亩优质小麦和 20 万亩优质饲料玉米生产基地。

早中熟和极晚熟苹果基地。富平地处苹果优生区，苹果种植面积达到 25 万亩，年产优质苹果 30 万吨，产值近 7 亿元，是陕西最大的早中熟和极晚熟苹果基地。同时，富平也是小果业强县，盛产酥梨、甜瓜、花椒等多种时令蔬菜和水果，形成了"北林果、中粮畜、南瓜菜"种植格局，特色农业已成为富平农民增收的重要支柱。

（三）文化旅游业

富平物华天宝，现存新石器时期文化遗址 10 余处，拥有长江以北地区第一大铁佛——金代铁佛，关中唐"十八陵"中 5 座位于富平，是全国唐陵最多的县份；坐落在县城北郊的富平陶艺村，是世界陶艺家协会在中国大陆唯一团体会员，已多次成功举办世界陶艺大会和陶艺论坛活动，是世界陶艺杂志主编论坛永久性会址，经常有来自世界各地及国内众多陶艺爱好者前来学习、创作、交流和旅游，被世界陶艺界赞誉为"陶艺家的天堂"。

三　富平主要产业园区

（一）富平县庄里工业园

该园区位于富平县城西北的庄里、梅家坪镇境内，2005 年经富平县人民政府批准设立，是省政府重点扶持的 100 个县域工业园区之一。园区总体规划布局为"一主一副两个中心，五大片区"，空间结构可归纳为"一带、双心、三团、多廊"。规划产业发展方向以装备制造、煤化工、新型建材加工为主导产业；金属冶炼、石油化工、物流业为支柱产业；以旅游业、文化创意、生态农业为潜力产业。

（二）富平县新兴产业示范园

该园区是陕西省政府新规划发展的省级工业园区，园区地处富平县城与西安阎良区之间，规划总面积 26 平方公里，按照"一园三区"进行布局，"一园"即（富平）新兴产业示范园，"三区"为承接启动区、发展接续区和产业服务区。规划积极引进战略性新兴产业，带动传统产业的复兴，形成以传统农机、航空配套为主的装备制造业集群，以环保机械、资源再利用为主的节能环保产业集群，以功能陶瓷材料、聚乙烯复合物为主的新材料产业集群和以煤层气综合利用、绿色农用生物产品为主的精细化工产业集群。未来几年将重点引进太阳能、LED、生物发电、纳米材料、新型建材等新能源新材料项目。自 2011 年 4 月开建以来，已有中国航空工业集团、中国医药集团、中国冶金科工集团、中国神华集团、陕西煤业公司、陕西天然气公司、陕西陕富农机有限公司等

10 家企业入驻，目前签约企业 12 家，洽谈有意向企业 36 家，项目总投资 100 多亿元。

（三）富平承接东部产业转移示范园

该园区是由陕西省人民政府批准设立的一个主要承接东部各类产业向西部进行转移扩张的工业园区。该园区位于富平县城东南部、京昆高速富平出入口处，区位优越，交通便捷，水电资源充足。园区规划总面积 85.7 平方公里，其中规划建设面积 25.9 平方公里，分为承接启动区、发展接续区、生态服务区、发展备用区 4 大板块，园区依托石川河和温泉河两个生态景观带，以聚集装备制造、高新技术和新材料等产业为主，努力打造国家级东西部共建示范园。目前，园区主干道路、水电气、通信等基础设施建设已经启动，西安航空动力有限公司的太阳能发电、陕西天然气集团公司煤层气综合利用、中国农业生产资料集团公司农机加工、富宇农机等一批项目已经入园，项目建设前期工作正在进行。

（四）富平现代农业示范基地

富平现代农业示范基地，是省、市、县"十二五"期间重点建设的项目之一。该项目规划建设地点为淡村镇，建设期限 5 年，占地 5.42 万亩，投资 36.5 亿元。基地按照"一轴六区"的布局进行规划建设，重点建设以基地大道为轴线的高新技术示范区、行政服务及加工储藏交易区、设施蔬菜生产区、畜禽养殖示范区、特色林果种植区、小城镇建设区 6 个区。

四 富平"十二五"规划简介

"十二五"期间，富平县委、县政府将以跨越发展、富民强县为主题，以加快结构调整、转变发展方式为主线，坚持项目兴县、工业强县、文化活县、环境立县四大战略，全面推进新型工业化、农业现代化和城镇化进程，力争把富平建设成为经济繁荣、人民富裕、生态美好、社会和谐的关天经济区东部强县。

发展目标：经济总量跨越提升、产业结构整体优化、城镇化水平大幅提高、人民生活达到新水平、社会事业全面进步、生态环境显著改善。到 2015 年，全县生产总值年均增长 20%，达到 180 亿元，力争突破 200 亿元；人均 GDP 年均增长 19%，达到 20300 元；固定资产投资年均增长 34%，累计完成 600 亿元以上；地方财政收入年均增长 23%，达到 4 亿元；城镇居民人均可支配收入年均增长 20%，达到 39000 元；农民人均纯收入年均增长 21%，达到 11000 元。三次产业结构调整到 12∶46∶42，其中工业占 GDP 的比重达到 45% 左右。

围绕上述目标，工业发展将以陕西省承接产业转移富平示范园和庄里工业园为重点，着力打造装备制造、能源化工、优质建材、特色轻工和农副产品深加工五大工业集群，"十二五"末工业总产值力争突破 500 亿元；农业发展将围绕建设"绿色富平、三秦厨房"这一目标，重点发展畜、果、菜三大优势产业，形成"三带四区"（北部山区林果、中部平原粮畜、南部灌区瓜菜产业带，柿子种植示范区、苹果高新技术推广区、奶山羊核心养殖区、设施蔬菜集中发展区）产业布局；城镇化发展要按照产城融合的思路，围绕"一主、两副"（一主：主城区，两副：庄里镇、薛镇）城镇格局，进一步改善基础、完善功能、提升品位、塑造形象，到"十二五"末城镇化水平达到 45% 以上；文化旅游业要按照现有资源，做强红色旅游，形成"一地（陕西省爱国主义教育基地）、三原（陶艺文化创意产业园、关中石刻艺术产业园、中华塬文化旅游产业园）"产业布局，力争用 3—5 年时间，把旅游业培育成县域经济发展的支柱产业。

五　富平城区规划简介

富平县城位于县域南部，建成区面积 16 平方公里，城区道路 65 公里，县城人口 12 万。近年来，富平县委、县政府坚持经营城市理念，不断夯实城市基础设施，城市品位显著提升，城乡面貌大为改观，综合功能明显增强，城乡规划、建设、管理工作迈上新台阶，2008 年被省政府评为城市环境综合整治先进城市。

2009 年，县委、县政府按照高起点规划原则，投资 1000 万元、委托北京清华城市规划设计研究院对富平县的城市总体规划、城市控制性详细规划及城市专项规划进行新一轮修编。确定城市发展战略为：融入西安，富阎同城，城乡一体，工业强县；城市性质为：中心城区是西安都市圈的北部新城和关天经济区的主要城市；城市职能为：全县行政、文化和商业服务中心、工业重要聚集区、文化创意产业核心区、特色旅游目的地和生态宜居城市；到 2030 年规划建设用地 33 平方公里，规划期末人口 30 万；规划城市空间结构为："两河两塬四片区"。

"两河"是指蜿蜒曲折的温泉河以及河谷宽阔的石川河。

"两塬"是指南塬（荆山塬）和北塬（浮塬）。

"四片区"是指由温泉河、石川河、西禹高速将城市建设用地划分而成的四个片区，由北向南依次是温北片区、中心片区、东南片区和南塬片区。

第二节　智慧富平建设的必要性

一　智慧富平建设是促进富平"四化同步"发展的重大举措

十八大提出走中国特色新型工业化、信息化、城镇化、农业现代化道路。智慧富平建设作为全方位影响富平经济社会发展的重大举措，可以有效推动富平信息化与工业化深度融合、工业化与城镇化良性互动、城镇化与农业现代化相互协调，从而促进工业化、信息化、城镇化、农业现代化同步发展。此外，智慧富平建设也与近年来富平提倡的"富民强县、绿色跨越"主题和"项目兴县、工业强县、文化活县、环境立县"战略一致。

二　智慧富平建设是富平抢得先机取得县域竞争优势的绝佳机遇

如前文所述，目前北京、上海、成都、佛山、扬州、廊坊、柳州、郫县、乐从镇等大中城市和县、镇都提出了建设智慧城市的发展战略，陕西省内的咸阳市、宝鸡市、渭南市、延安市、杨凌示范区已进入国家智慧城市试点名单，省内的某些县城如礼泉、商州、安塞、凤翔等，也正各有侧重地在推进智慧城市建设。渭南市下属的大多数区县目前也在积极筹划，准备适时而动。时不我待，富平应在陕西乃至全国绝大多数区县还没有动手以前，尽快启动智慧城市建设项目并积极申报国家智慧城市试点，以抢得先机，获取新一轮县域竞争优势。

三　智慧富平建设是促进富平经济增长及转型升级的重要路径

富平目前经济欠发达的状态还没有根本改变。一是人口大县、经济小县和财政穷县仍是基本县情，主要指标与省市平均水平差距较大。二是经济发展结构仍不尽合理，工业主导地位不明显，消费对经济发展的拉动作用不强，发展方式粗放的突出问题没有根本解决，节能减排、环境保护压力大,"两型"(即"资源节约型、环境友好型社会")社会建设的任务十分艰巨。而智慧富平建设正是促进富平经济增长及转型升级的重要路径。

四　智慧富平建设是富平统筹城乡发展、推进新型城镇化的迫切需要

目前富平一方面统筹城乡发展进展缓慢,城乡公共资源均等化问题突出,交通运输、文化教育、医疗卫生等公共服务以及社会保障水平与人民群众的期望还有一定差距。另一方面,城镇化水平仍然较低,市政建设缺少特色,与富平扩大对外开放、实现跨越发展的要求不相适应。富平面临这些问题,解决出路正如原住建部副部长仇保兴所讲的那样——建设智慧城市。通过智慧富平建设,都可以得到有效解决。

五　智慧富平建设是富平"十二五"规划的主要任务之一

智慧富平建设也是富平"十二五"规划的主要任务之一[参见《富平十二五规划》第三章(发展重点和主要任务第五节(完善设施,不断夯实发展基础)第4点(加快信息网络建设)]。此外,通过智慧富平建设,有利于实现富平十二五规划的目标:经济总量跨越提升、产业结构整体优化、城镇化水平大幅提高、人民生活达到新水平、社会事业全面进步、生态环境显著改善。

第三节　智慧富平建设的可行性

一　总体发展呈现新格局,跨越前进面临大机遇

近年来,富平按照"五位一体"(经济建设、政治建设、文化建设、社会建设、生态文明建设五位一体)的总体布局和"四化同步"的发展要求,以结构调整和产业升级为主线,通过抓项目拉动投资快速增长、抓产业提升县域综合实力、抓基础全面提升城镇化水平、抓民生全力促进社会和谐安宁,全力加快园区、城区、景区建设,富平发展呈现出新型工业两园支撑、现代农业24个特色园区引领、城镇化"三位一体"(县城、重点镇、新型社区)和文化旅游深度融合发展的新格局。未来这几年是富平实现跨越式发展的重要时期,新一轮西部大开发战略和关中天水经济区发展规划、陕甘宁革命老区振兴规划等区域发展规划的实施,重建丝绸之路经济带、共建大西安和陕西东大门建设、渭南"秦晋豫黄河金三角"经济区的发展，国家加快推进新型城镇化建设等重大战略部署，为富平跨越式发展带来了重大发展机遇。

二　特色产业快速壮大,经济实力不断提升

近年来,富平特色产业快速壮大:装备制造、煤化工、食品深加工等生产能力快速扩张,建材加工集中区、花炮产业集中区、石刻工艺园初具规模,形成一批具有竞争优势的特色产品和品牌,柿饼、羊奶粉、苹果等特色农产品出口海外,被授予"中国柿乡"、"中国奶山羊基地"、"国家级粮食大县"、"全国中早熟苹果之乡"等称号。2013 年,富平全县经济主要指标超额完成,综合实力不断提升:生产总值完成 116 亿元,增长 15%;财政总收入 6.35 亿元,增长 36%;其中地方财政收入 3.63 亿元,增长 26.43%;财政支出 28.14 亿元,增长 10.9%;城镇居民人均可支配收入 25750 元,增长 17%;农民人均纯收入 7760 元,增长 18.5%;全社会消费品零售总额 45.6 亿元,增长 19.8%。主要指标增速高于省市平均水平,部分指标位居省市前列。

三　信息化基础设施服务能力不断提高,部分领域信息化应用水平领先

近年来,富平大力推进信息化建设,信息化基础设施服务能力不断提高。截至目前,富平拥有光纤 5100 公里,宽带用户 6.8 万户,移动电话 36 万户,全县运营基站 245 个,数字电视用户 7 万户,其中有线数字电视用户 5 万户,无线数字电视用户 1 万户,IPTV1 万户,网络前端业务快速发展,有终端卖场 13 个,营业厅 56 个。目前富平部分领域信息化水平在省内甚至全国领先,如电子政务、公安、路灯管理、现代农业、电力等领域,具体参见下节（富平信息化典型案例）。

四　创新资源丰富,外脑支持充分

创新资源丰富。其一,富平有渭南市星火科技 12396 信息服务专家郑海鹏、韩智民、郑耀文、王武元、王高民等科技人才;其二,富平有实力雄厚、科研能力较强的科技组织。如富平武诚食品厂、富平县聚丰园蔬菜合作社、陕西省富平县华星石材工艺厂、洋阳柿饼专业合作社、陕西康泰按摩研究所、富平星林医院、陕西秦丰农机集团、富平秦鲁绿色柿业开发

有限公司、富陶产业集团、中鲁果蔬汁有限公司等。其三，富平有丰富的科研平台，如富平县大荔模式平台、富平县专家大院平台、星火科技12396 信息服务平台。

在以上创新资源支撑下，富平取得了一系列重大成果，在一些打基础、利长远、惠民生的关键领域取得了较大突破。一是成功入围全省唯一的国家现代农业示范区改革与建设试点县，大荔模式载体企业科农果业专业合作社获得"全国农民专业示范合作社"称号及陕西省农业产业化经营重点龙头企业，富平尖柿荣获国家农产品地理标志保护，洋阳柿饼挂件获国家专利，获中国名牌产品 1 个，陕西省名牌产品 6 个，渭南市特色产品 4 个。优质柿子技术获陕西省科学技术奖，《关中东部小麦吸浆虫综合防控技术研究与示范推广》《富平尖柿炭疽病综合防治技术研究》顺利通过渭南市科技成果评审。二是两大工业园区（庄里工业园和新兴产业示范园）建设加速，分别荣获陕西省重点建设县域工业集中区和省级低碳试点园区；三是列入全省 9 个城乡发展一体化试验示范区之一，县城建设连续两年荣获全省先进；四是申报专利 92 件（仅 2013 年），荣获全国科技进步考核先进县（富平县科学技术局，2014）。

围绕智慧富平建设项目，有一大批外脑可以提供技术和管理支持。比如在信息化建设方面具有深厚底蕴的西安邮电大学团队，可以为项目提供多方面的支持。另外，还有武汉邮电设计院、陕西联通等科研院所及企业为项目提供实施经验和方案。

五　政府部门重视，社会支持广泛

智慧富平建设项目已得到富平县领导及政府相关部门重视。比如县领导已和西安邮电大学团队进行了多次洽谈，开展了项目的前期论证工作。县信息办积极参与本项目的调研工作，为项目提供资料、安排访谈、提供建议。县公安局、县科技局、县住建局、县园林办都对智慧富平建设项目表示了极大的兴趣和关注。

智慧富平建设项目同时获得了富平社会各界，包括政府机关、企事业单位、城镇居民、农民和学生的广泛支持。调研结果显示，强烈支持和支持智慧富平建设的人数占到总人数的 80%，无所谓的占到 20%，反对的占到 0%。

当然，智慧富平建设还面临很多问题，比如经济社会发展相对滞后，在意识、资金、技术、行政权力等方面存在固有瓶颈；信息化技术应用的广度和深度有限，信息化基础设施向基层、向农村和山区延伸还比较欠缺；信息共享、业务协同和信息资源开发利用进展较慢，网络和信息安全保障体系有待完善；信息产业规模极小，各类专业人才较为紧缺，尤其是既懂得信息化专业知识又掌握政府、企业管理知识的复合型人才十分缺乏。这些问题具有普遍性，是目前我国绝大多数县、镇在发展中面临的共性问题。这就要求其在建设智慧城市时，必须从实际出发、因地制宜、科学有序，切实做好顶层设计、实施路径及保障机制的规划工作。

综上所述，在智慧城市建设浪潮下，智慧富平建设是必要的；面对新型城镇化和丝绸之路经济带等重大机遇，富平具有推进智慧城市建设的良好基础和独特优势，智慧富平建设是可行的。因此，富平应尽快启动并依据《陕西省工业和信息化厅关于开展智慧城市试点工作的指导意见》《国家智慧城市试点暂行管理办法》积极申报陕西省及国家试点。

第四节　富平信息化典型案例

一　电子政务

建成县电子政务统一平台。2013 年 1 月，投资 200 多万元的富平县电子政务统一平台顺利通过省市专家验收。该平台具备承载富平县级党政群机关部门的互联网出口及各单位与上级单位互联互通的能力，建成了富平电子政务内网和外网汇聚和数据处理平台，搭载有统一用户登录系统、督察督办系统和政务信息报送系统。

建成部分业务专网。通过政府强化引导，部门扩大投入，鼓励社会参与共建等多种形式，全县年投入信息化的资金约 1000 万元进行业务专网建设，目前计生、公安、财政、教育、国土、水利、税务、交通等部门已建成各自的业务专网并正常使用。

政府网站覆盖各个领域。全县政府和部门申请建立的网站有 50 多个，年发布信息 1 万多条，覆盖了经济、社会、民生等各个领域。通过分任务、压担子，通过电话督促和网上公布信息上传数量和排名，想方设法调动信息员的工作积极性。县信息办安排专人负责网上信息收集处理，认真办理回复群众各种网上诉求，年均办理 1000 余条，拉近了干群关系，服务了经济社会发展。

二　公安信息化

富平公安局信息化建设理念先进、资金投入力度大、效果最为显著。

一是信息化建设。富平公安局"十二五"期间每年投入6000万元用于信息化建设。一线民警电脑、数字证书、数码相机、执法记录仪等信息装备配备率达100%。建成标准化信息采集室、办案中心多个，完成15个执法功能区改造。基层所队全部实现100兆以上公安网专线接入和网上办公。

二是"城市天眼"工程建设。富平县公安局依托覆盖城区和城乡主干道的146个天眼监控点和7679个社会自建"小探头"，再辅以6个3G无线图传车和1个微波图传车，以及在15个基层派出所和交警大队建成的警务督察信息系统和警务视频调度系统，通过覆盖全县的350MHz集群通信系统，发挥"一呼百应"集群指挥模式和"点对点"扁平化指挥模式的各自优势，实现决策指挥可视化、信息运用集约化、打防管控多元化等警务模式，基本实现"运筹帷幄，决胜千里之外"的预期目标，大幅提高了警务调度速度和效率。

三是网上办案平台建设。在全省率先建成执法办案和监督平台，坚持全力推进，强行入轨，实行网上受理、网上审批、网上考核，信息网络覆盖了公安执法工作的主要环节。

四是网上公安和政务微博应用。2012年6月，县公安局互联网门户网站"富平网上公安"成功上线运行。2012年8月、2013年4月，富平县公安局先后在新浪、腾讯两大平台分别开通"陕西富平公安""富平公安"两个政务微博，15个基层单位和专业警种也先后在新浪、腾讯两大平台分别开通了政务微博，此举进一步拓宽了警民联系渠道，密切了警民联系，受到青年网民的热烈追捧和关注。

三　智慧化照明

2013年，富平县启动一期智慧化照明改造工程，两条街道已实现了智慧化照明。二期工程将完成县城区主要路道的4289盏路灯替换改造工作，富平成为全国首个实现智慧化照明的县区（张红娟，2013）。

智慧照明通过应用GPRS/CDMA通信技术，实现对路灯的远程集中控制与管理，具有根据车流量自动调节亮度，结合特殊天气或者季节随时改变关开灯时间和功率，遇故障可主动报警、灯具线缆防盗、远程抄表等功能。智慧照明能够大幅节省电力资源，提升公共照明管理水平，节省维护成本，仅富平县一期工程节电率就达到 60% 以上。

富平县成为我国首个智慧化照明县得到了媒体的热切关注，陕西《渭南日报》《华商报》、陕西省人民政府网站、新浪网、慧聪网、中国行业研究网、中国日报网等媒体和网站纷纷进行了报道。

四　农业信息化

（一）农业生产设施设备智能化

富平现代农业示范基地是省级示范基地是省、市、县"十二五"期间重点建设项目之一，是一个以设施蔬菜为主，兼农作物新品种实验展示、畜牧养殖、产品交易等农业元素在内的高标准现代农业综合性示范基地。该项目规划建设地点为淡村镇，占地 5.42 万亩，总投资 36.5 亿元，建设期限 5 年。依照"设施现代化、设备智能化、技术标准化、工艺流程化、管理科学化、城产统筹化"的思路和"一轴六区"的布局进行规划，重点建设以基地大道为轴线的高新技术示范区、行政服务及加工储藏交易区、设施蔬菜生产区、畜禽养殖示范区、特色林果种植区、小城镇建设六个区。项目建成后，预计年销售收入 14.8 亿元，带动当地农民人均纯收入达 12000 元以上。目前示范基地内已建成智能化育苗工厂一座（面积 5000 平方米），标准化智能温室 23 座，占地 3960 平方米的连栋育苗温室内部设备已全部安装到位并开始育苗，占地 10000 平方米的高新技术及新优特品种展示中心设施建设完成。

（二）农业监测智慧化

2014 年 3 月，富平县农技中心土肥站在流曲镇建立土壤墒情监测田间气象站，安装一台 JNSQ01 型云智能土壤墒情全自动监测站，该气象站具备气象六参数测量能力和数据远程传输能力，能预测未来 24 小时的天气变化趋势。系统每小时更新一次监测数据，可自动存储、传输并分析温度、湿度等各项指标，具有快捷、准确、稳定、可靠的能力，使用寿命10 年。该田间气象站的建立，不但为决策农业生产起到参谋作用，而且对农技部门根据土壤墒情评价指标、制定科学的农事建议、指导大田抗逆抗旱、合理灌溉、节约用水具有十分重要的意义。

（三）农业信息化服务

目前全县共有 446 个农业信息服务点，其中 20 个重点信息点分布在农业产业园区，年发布一手农业信息约 3000 条。聘请农业专家 17 名，组建专业服务团，利用信息终端与农户互动，解决农业生产中遇到的问题。

五　电力信息化

近年来，富平县供电分公司大力开展信息化建设，取得了可喜的成果。

一是实施富平智能化电网示范工程。2013 年 12 月 24 日，富平县供电分公司和东方电子股份有限公司就富平智能化配电网建设合作项目在富平成功签约，标志着富平智能化配电网示范工程建设进入了正式实施阶段（关岩非等，2013）。智能化配电网现代社会发展的需求，是下一代全球电网的基本模式，也是我国电网现代化的核心。集团公司积极落实国家智能电网发展战略的重点部署，并在今年确定富平县为系统首家智能化配网示范县。富平县智能化配电网示范工程由智能配网自动化工程和智能小区 EPC 工程组成，项目涉及配电主站、配电终端、配电网通信网络建设等环节，覆盖富平城区区域。智能小区将对小区平台、微电网系统、智能家居、充电桩和通信系统进行有效集成。项目建成后，富平电网将实现"电力流、信息流、业务流"的高度一体化融合，富平电网也将迎来里程碑式的跨越，将为集团公司系统配电网乃至全国农村配电网建设树立一个"标杆"，积累建设经验。

二是建成智能化营业厅。富平县供电分公司目前已建成智能化营业厅为"面"，以专业金融机构为"点"，以互联网、手机为"线"，"点"、"线"、"面"结合的多层次复合式、全方位、无"盲区"缴费模式，满足了不同人群的需求（王腊梅，2013）。如今对富平人民来说，缴纳电费不再是一件麻烦事。

三是加快新型智能电表的应用。新型智能化电子表不仅可实现远抄远控，还无须植入磁卡，方便安全。如目前使用的载波式电子表，引进"AMR 低压电力客户集抄系统"，一是实现了预付费和远抄、远控、远程统计、远程停送电等功能，提高了抄表透明度、准确率和工作效率，达到了降本增效的效果；二是用户随时随地可通过互联网，实时查询电表读数、电费余额等信息，彻底实现了抄核收"透明化"，使广大客户"用明白电、缴明白钱"。仅此一项，状元府邸 2400 户居民一年户均电费开支较原来少缴 36.4 万元，使"企业上水平，群众得实惠"落到实处，得到了政府与社会各界的高度肯定和赞扬。

四是再造服务流程，提升服务水平。公司以 96789 客服热线为平台，不断扩充服务功能，深化服务内涵，开通了 fp96789 腾讯微博。一是广泛宣传最新的电价政策、停电计划、法律法规等相关政策；二是通过微博和客户实现用电双方信息的互动与交流，解决了以往热线繁忙打不进和热线付费等客户最关心的贴心问题；三是多方位宣传了公司品牌，实现客户、公司利益双丰收。

"金杯银杯不如群众的口碑"。公司的信息化服务得到了社会各界的认可。在富平县政风行风评议中，公司连续 5 年名列第一。

第八章　智慧富平建设的顶层设计

第一节　指导思想

把握新型城镇化和智慧城市发展机遇，落实"数字陕西·智慧城市"和"项目兴县、工业强县、文化活县、环境立县"战略部署，按照走集约、智能、绿色、低碳的新型城镇化道路的总体要求，大力推进智慧基础设施建设、信息资源开发利用、智慧产业发展以及智慧应用体系建设。努力将先进信息技术广泛运用于富平经济发展、公共服务及社会生活等各个领域，建设一个社会管理智慧、现代产业发达、环境优美和谐、人民生活幸福的新富平。

第二节　基本原则

顶层规划，统筹建设。智慧富平建设是一项系统而长期的工程，需要制定科学合理的发展规划，包括智慧富平建设的目标、主要任务、重点工程及保障措施等内容，并具有完整性、前瞻性、可扩展性、可操作性等特点，用以统筹指导和推动智慧富平建设。

以人为本，务实推进。智慧富平建设要突出为民、便民、惠民，推动创新城市管理和公共服务方式，提供广覆盖、多层次、差异化、高质量的公共服务，避免重建设、轻实效，使公众分享智慧城市建设成果。

因地制宜，科学有序。智慧富平建设要以城市发展需求为导向，根据经济状况、地理区位、历史文化、资源禀赋、产业特色、信息化基础等，应用先进适用技术搞品质建设。要找准突破口，试点先行，小步快走，分步实施，稳步推进，以示范和试点带动智慧富平建设整体工作，避免贪大求全、重复建设。

市场为主，协同创新。积极探索智慧富平建设的实施路径、推进模式和保障机制。鼓励建设和运营模式创新，注重激发市场活力，建立可持续发展机制。鼓励社会资本参与建设投资和运营，杜绝政府大包大揽和不必要的行政干预。

第三节　建设目标

（一）总体目标

争取通过 10 年的努力，使富平智慧基础设施比较完善，城市现代化管理水平显著提高，智慧应用惠及城乡居民并效能明显，智慧城市发展水平走在陕西乃至西部县级城市前列。

（二）阶段目标

第一阶段（2015—2020 年）：智慧富平初见成效。基础设施较为完善，信息资源开发利用水平提升，完成一批智慧应用示范项目；城市管理与服务效率显著提升，产业智慧化取得一定进展，民众和企业切实能感受到智慧城市带来的服务提升和生产生活方式的改变。

第二阶段（2020—2023 年）：智慧富平初步形成。形成基础设施建设发达、信息资源充分共享、智慧应用全面的整体格局，城市管理与服务效率处于陕西乃至西部县级城市第一梯队，具有富平特色的现代产业体系和城市发展模式初步形成。

第三阶段（2023—2025 年）：智慧富平基本建成。富平将成为社会管理智慧、现代产业发达、环境优美和谐、人民生活幸福的智慧城市，成为自主创新特征明显的智慧城市的建设典范。

（三）具体目标

智慧应用走在陕西乃至西部同等城市前列。智慧应用系统建设取得突破性进展，并形成良好的服务运营模式。市民的生活品质得到明显提升，城市建设和管理的科学化水平明显提高。

智慧产业取得一定进展。经济转型升级取得较大进展。"两化"融合试点示范工程建设走在渭南市前列，信息技术更好地融入企业产品研发设计、生产过程控制、产品营销及经营管理等环节，企业自主创新能力明显增强，核心竞争力大幅提升，建成一批智慧工业、智慧农业、智慧服务业示范推广基地，现代产业体系进一步形成。

信息基础设施建设指标。先进的信息网络设施基本形成，无线城市和网络融合建设水平走在陕西省前列，互联网宽带接入率达到95%以上，无线宽带网络覆盖率达到98%以上。物联网应用在电力、公安、交通、农业等领域取得重要进展，并迅速向其他领域扩展，城市管理的精细化、人性化和智能化水平显著提升。

信息资源开发利用指标。信息资源开发利用取得重大进展，建成比较完备的人口、法人、自然资源与空间地理、宏观经济等基础数据库，经济社会重点领域的信息资源综合数据库和专业数据库建设取得明显成效，建成信息资源共享交换平台，形成较为完善的信息资源共享机制。

智慧城市发展环境建设指标。组织机制和推进机制基本健全，规划、政策、法规和标准体系基本完善，全民信息化素质和信息化应用能力显著提高，信息化人才引进和培育成效明显，信息化专业人才队伍不断壮大，国内外合作交流机制进一步完善。

第四节　依托平台

智慧城市建设需要强大的信息化基础设施和资源做支撑，通过将各部门的智慧应用系统所需的共享基础设施和资源与其业务应用剥离，统一规划、集约建设、规范管理、按需使用，构成统一的信息化公共平台。依托信息化公共平台建设智慧城市，符合我国信息化发展的客观规律和实际需求，可有效避免重复建设，降低信息化投入，促进区域、部门及行业间的互联互通和资源共享。

智慧富平要依托县信息化公共平台（县电子政务统一平台）建设，而该平台是陕西省信息化公共平台体系的一部分。陕西省信息化公共平台服务体系架构由省、市两级信息化公共平台和县级统一平台组成，其建设目标是实现"网络覆盖到村、基础资源共享、业务与承载分离、三级平台五级服务"，如图8—1所示。

"网络覆盖到村"就是电子政务内网和电子政务外网覆盖省、市、县三级，县以下电子政务外网通过互联网延伸至乡（街道办）、村（社区）。"基础资源共享"就是在信息化公共平台上实现基础设施、基础数据库、共性运行环境和公共应用资源的共享。"业务与承载分离"就是业务应用

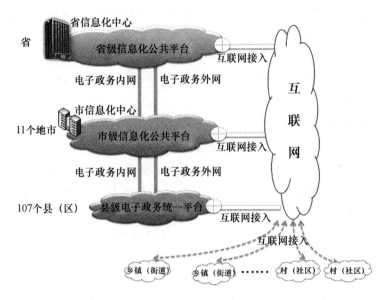

图8—1 陕西省信息化公共平台体系架构

系统与承载环境，即机房、网络、主机和存储等基础设施分离。"三级平台五级服务"就是省、市和县级三级平台服务于五级行政区域。省级信息化公共平台是智慧城市的基础支撑，市级信息化公共平台是智慧应用的核心，县级电子政务统一平台是服务前端。

省级信息化公共平台是支撑全省各级各部门信息化建设和各类智慧应用建设的基础性、公共性基础资源平台。承担全省信息化和各类智慧应用基础资源的共享、信息资源开发利用与交换、信息安全保障、容灾备份和运维监控等功能。

市级信息化公共平台是支撑社会服务、城市管理、政务服务的基础支撑平台。服务定位是面向市民和企业提供公共服务，包括省、市两级信息化公共平台提供的各类智慧应用服务。

县级电子政务统一平台是省、市两级信息化公共平台的接入平台，承载省、市两级信息化公共平台的各项业务应用和服务在县（区）域的落地，开展本地化业务应用。服务定位是面向城镇居民和农民提供基本公共服务，包括省、市两级信息化公共平台提供的各类智慧应用服务。

第五节 基本框架

智慧富平基本框架必须符合《陕西省智慧城市体系架构和总体要求》，即以信息化公共平台为支撑，以智慧城市信息资源开发利用和感知互联为核心，以法律法规、标准规范和组织领导等为保障，建设智慧应用和服务体系，实现信息技术与城市综合管理、公共服务、产业发展与市民生活的有机融合，如图8—2所示。主要包括以下4个方面：

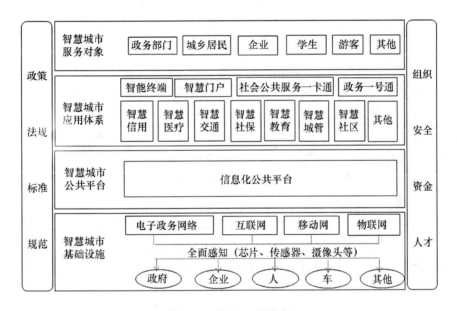

图8—2　智慧富平基本框架

智慧城市基础设施。包括两个方面：信息感知基础设施和网络传输基础设施，完成智慧城市的全面感知和互联互通功能。信息感知基础设施是指位于城市信息化体系前端的信息采集设施与技术，包括芯片、传感器、摄像头、遥感技术、射频识别技术（RFID）、GPS终端等信息采集技术与设备，实现对城市各个系统的全面感知，包括政府、企业、人、车等。网络传输基础设施是智慧城市信息传输的基础，实现信息上传/下发以及各实体之间的信息交互，主要各种有线及无线网络传输设施，包括电子政务网络、互联网、电信网、广播电视网、移动通信网、泛在传感网、物联网、光网络、无线宽带网和 4G 网络等及相关的网络传输设备。

智慧城市公共平台。智慧城市公共平台即信息化公共平台（富平县电子政务统一平台），是智慧城市的支撑，为智慧城市各类智慧应用提供各种公共性、基础性设施和服务资源。基于信息化公共平台，可以为智慧城市各类智慧应用提供动态的、可扩展的信息处理基础设施和运行环境，可以有效整合各行业部门的固有资源，实现信息资源的共享和系统间的协同。

智慧城市应用体系。基于信息化公共平台所提供的各种公共性、基础性设施和服务资源，可以建设智慧城市各类智慧应用，包括智慧信用、智慧医疗、智慧交通、智慧教育、智慧城管、智慧社区、智慧门户、智能终端、政务一号通、社会公共服务一卡通等。这些智慧应用可分为 3 类：智慧城市运行与管理类、智慧民生类和智慧经济类。智慧城市运行与管理类智慧应用主要是面向城市运行与管理，包括智慧公共安全、城市应急、智慧环保等。智慧民生类智慧应用主要是面向公众，要为公众在衣食住行等日常生活方面提供便捷、良好的服务，包括智慧医疗、智慧教育、智慧社保、智慧社区、智慧家居等。智慧经济类智慧应用主要是面向企业，为企业营造一个创新的、有活力的环境，打造产业支撑平台，包括智慧金融、智慧物流、智慧旅游、智慧园区等。

智慧城市服务对象。智慧城市服务对象主要包括政务部门、城乡居民、企业、学生、游客等，并通过网络传输基础设施（如电信网、互联网、广电网等）获取智慧城市各类智慧应用服务。

第六节　建设内容

基于八部委关于促进智慧城市健康发展的指导意见、"数字陕西·智慧城市"发展纲要（2013—2017 年）、富平"十二五"规划、富平 2014年政府工作报告、调研报告、部分发达智慧城市的建设案例以及研究机构的研究报告，结合上节内容，本书认为，智慧富平建设内容应包括 4 大块内容：智慧应用体系建设、智慧产业发展、信息资源开发利用、智慧基础设施建设，整体框架如图 8—3 所示。

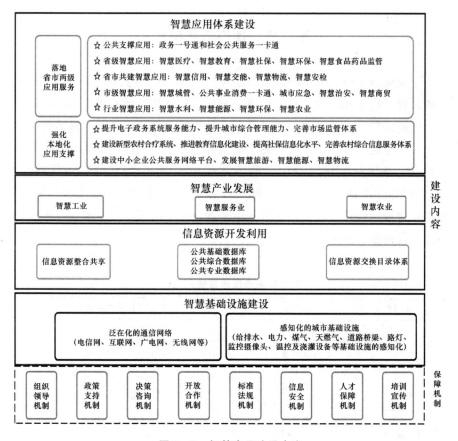

图8—3　智慧富平建设内容

（1）智慧应用体系建设。包括落地陕西省、渭南市两级应用服务，强化本地化应用支撑。

（2）智慧产业发展。包括智慧工业、智慧服务业、智慧农业发展。

（3）信息资源开发利用。包括3大公共数据库建设、信息资源交换目录体系建设、信息资源整合共享。

（4）智慧基础设施建设。建设泛在化的通信网络（电信网、互联网、广电网、无线网等）和感知化的城市基础设施（给排水、电力、煤气、天然气、道路桥梁、路灯、监控摄像头、温控及浇灌设备等基础设施的感知化）。

此外，为了保证智慧富平建设成功，需要建立以下保障机制：组织领导机制、政策支持机制、决策咨询机制、开放合作机制、标准法规机制、信息安全机制、人才保障机制、培训宣传机制。

第七节 建设运营模式

智慧城市建设共有 7 种常见的建设运营模式（参见第三章），并且从目前来看，越来越多的智慧城市项目建设模式逐步从政府主导单一模式向多元化模式转变。智慧富平建设涉及多种建设内容，而且其项目属性、涉密性、专业性、投入以及市场发展前景各有不同。因此，在智慧富平建设过程中，必须对项目建设运营的各方面影响因素进行评估，积极探索"政府引导、市场主导、多元主体、社会参与"的多元化建设运营模式，即多种建设运营模式并存，并以其中一种或两种模式为主、其他几种模式为辅。具体如表 8—1 所示。

表 8—1　　　　　　　　智慧富平建设运营模式建议

建设内容	特征描述	建设运营模式建议
信息网络等基础设施建设	☆投资规模大 ☆专业要求高 ☆共享要求高	☆政府投资，委托运营商/第三方建设、运营 ☆政府牵头，BOT 模式
数据库建设	☆涉密要求高 ☆维护运营要求低	☆政府独自投资建设和运营
云计算数据中心	☆投资规模较大 ☆专业要求高 ☆涉密要求高	☆政府和运营商共同投资、运营商或第三方建设并运营 ☆政府投资，委托运营商/第三方建设、运营
物联网感知层及平台建设	☆投资规模大 ☆维护要求高 ☆公益性质高	☆政府牵头，BOT 模式 ☆政府和运营商共同投资，运营商建设并运营
智慧城市门户	☆形象关联度高 ☆投资规模不大 ☆维护要求中等	☆政府投资，委托运营商/第三方建设、运营 ☆运营商/第三方独立投资建设和运营
综合管理平台政务类应用	☆政府类应用 ☆投资规模中等 ☆维护要求中等	☆政府投资，委托运营商/第三方建设、运营 ☆政府牵头，BOT 模式
产业类应用	☆投资规模中等 ☆维护要求中等	☆运营商/第三方独立投资建设和运营 ☆联合建设模式 ☆联合公司化运营
民生类应用	☆应用内容庞大 ☆投资规模不一 ☆维护要求较高 ☆直接面向公众	☆运营商/第三方独立投资建设和运营 ☆联合建设模式 ☆联合公司化运营

第九章　智慧富平建设的实施路径

第一节　推进智慧基础设施建设

一　加快宽带城市和无线城市建设

一是加快宽带城市建设。推进有条件的城镇光纤到户和行政村宽带普遍服务，提高接入带宽、网络速率和宽带普及率。二是推进无线城市建设。努力构建多层次、广覆盖、多热点的全县无线宽带网络。无线局域网（WLAN）热点基本覆盖县城所有重要公共场所，3G/4G 网络实现城乡全覆盖，基本建成无线城市。

二　加大物联网技术应用力度

以富平现有部分物联网应用（电力、公安、交通、农业等）为基础，加大视觉采集和识别、各类传感器、无线定位系统、RFID、条码识别、视觉标签等物联网技术在公用事业（自来水管网、燃气管网、电网）、产品质量安全监管（蔬菜、果汁、生猪、牛奶）、公共安全（公安监控、客运交通、旅游景区）、节能减排（煤炭、水泥、石化、电厂等高耗能、高污染行业）等领域的推广应用力度，提升对城市运行感知监测能力。

三　加快推进"三网融合"

进一步加快数字电视网络整合改造，积极推进互联网、电信网和广电网"三网"融合，促进业务运营相互准入、对等开放、合理竞争。开展"三网融合"和网络基础设施共建共享试点，创新模式，探索经验，逐步推广。

第二节　推进信息资源开发利用

一　加强基础数据库建设

以支持各领域、各行业信息化融合发展和信息资源整合为目标，按照"统一规划、统一标准、分类采集、共享使用"的原则，建设县电子政务数据中心。加强资源整合，进一步推进人口基础信息库、法人单位基础信息库、自然资源和空间地理基础信息库、宏观经济信息数据库等四大公共基础数据库建设，加快创新资源、人才资源、文化资源、社会信用、城市管理、文件档案等公共综合数据库建设，加强教育科研、社会保障、司法执法、社会救助、食品药品、医疗卫生、土地、气象、水利、住房、交通等公共专业数据库建设，为智慧应用系统建设提供丰富、准确、及时更新的信息资源，为政府公共管理、企业生产经营和居民生活服务提供有力的信息支撑。

二　推进信息资源目录体系建设

按照国家标准及省、市意见，富平在推进信息资源建设方面应从以下两个方面着手：一是建设县政务信息资源目录体系，努力实现政务信息共享，支持决策、管理与服务；二是建设县政务信息资源交换体系，努力实现各政府部门应用系统的信息交换与共享，支持各级政务部门之间的业务协同。

三　推进信息资源整合共享

对富平电子政务公共平台进行深化和完善，以支撑智慧富平的城市管理、社会服务和政务服务。加大公安、交通、税务、工商、财政、质监、人事、统计、海关等部门的信息沟通和交换的范围与内容，为决策、监管和服务提供有力支撑。将规划、国土、城建、安监、环保、民政等部门拥有的基础地理空间数据进行整合，构建城市空间基础地理信息系统。

第三节　推进智慧产业发展

一　智慧工业

（一）推进"两化"融合

一是加强宣传调查协调工作。县信息化工作领导小组要加强企业信息化工作调查，积极传达国家至县各级政府推进"两化融合"相关政策和精神，及时了解企业需求，为企业提供好的思路和建议。同时要与电信、移动、联通和广电等通信运营商紧密合作，群策群力，提高服务水平。二是加快平台建设。重点建设面向企业的公共信息服务平台，努力为企业实施"两化融合"提供技术支撑，推进企业信息化发展，促进产业转型升级。三是加大产业支撑。以"两化融合"试点示范创建和重点项目建设为抓手，由点及面，树立标杆，扩大示范效应。

（二）引进智慧产业

积极承接东部产业转移，大力引进战略性新兴产业，发展数控机床、电子及通信设备、特种专用设备等先进制造产业，重点扶持信息技术含量高、智能化程度高的品牌和产品。努力引进一批国内外有实力的企业，争取在战略性新兴产业和先进制造产业发展上有大的突破。

（三）打造智慧园区

以富平县新兴产业示范园、富平承接东部产业转移示范园为重点，建设一批高标准、高水平、高服务能力的智慧园区。促进产业园区信息基础设施、管理系统和服务平台的标准化、规范化；鼓励云计算、物联网等新兴信息技术在园区管理、企业服务、产业转型、绿色生产等方面的示范应用；支持园区内企业打造智慧园区工厂（企业）。

二　智慧农业

一是以富平现代农业示范基地和富平县农技中心土肥站现有智慧应用为基础，推动基于物联网技术和自动控制技术的智能化设施在农业各环节（如植保、灌溉、施肥等）的广泛应用。二是建立基于遥感技术的农业监测系统，对农情信息（如灾害、产量、面积、长势等）进行实时监控。三是建设本地农业数据库，为农业发展提供决策支持。四是通过培育和引进方式，新建一批智慧农业示范基地，集聚一批智慧农业企业，带动现代农业快速发展。五是围绕富平优特产业，建设一批有影响力的特色农业网站。

三　智慧服务业

（一）推动服务业信息化

大力推进云计算、宽带移动通信、电子支付等先进信息技术在物流、广告、会展、会计、法律、评估、认证、经纪等商务服务行业中的普及应用。鼓励金融机构积极发展各类电子支付和结算工具，大力推广使用网上银行、手机银行等在线支付工具，通过各种网络交易实现各种投资、消费、转账等业务。推进百货、连锁业应用供应链管理和商业智能系统建设。加快旅游、会展、酒店、餐饮等服务信息化，构建高效便捷的网上旅游综合服务平台。推动房地产开发经营、中介和物业管理信息化，发展网上购房、租赁、拍卖和评估等新型服务。倡导以网络为载体的绿色生产生活方式。积极倡导和鼓励有条件的机关、企业和个人借助网络服务主动搜寻政务、商务、娱乐信息，以举行网络会议、提供远程服务等方式提升整个社会运转效率。

（二）打造智慧服务业示范推广基地

通过信息化深入应用，推进传统服务企业经营、管理和服务模式创新，加快向智能化现代服务业转型。依托现有基础，重点培育和提升现代物流、旅游文化、现代金融、现代商贸、商务服务、房地产等服务业发展。争取在每个重点服务行业培育一个智慧服务产业示范推广点，培育一批信息化程度高、管理精细、服务高效、特色明显、具有较强行业示范带动作用的服务企业。

第四节　推进智慧应用体系建设

一　落地省市两级应用服务

将部署在陕西省、渭南市两级信息化公共平台的各类应用服务落地，开展本地化业务应用。包括以下应用：

公共支撑应用，包括政务一号通和社会公共服务一卡通等（该应用由省信息化领导小组统一规划、统一技术标准规范和建设要求，按职能权属由相关部门牵头实施，直接部署在省级信息化公共平台上，面向全省各领域提供智慧城市业务应用支撑服务）。

省级智慧应用，包括智慧医疗、智慧教育、智慧社保、智慧环保、智慧食品药品监管等（该应用由省信息化领导小组统一规划和统一技术架构，省级业务主管部门牵头，市级相关业务部门配合业务实施，依托省、市两级信息化公共平台进行部署，面向全省各相关业务部门和公众提供智慧应用服务）。

省市共建智慧应用，包括智慧信用、智慧交通、智慧物流、智慧安监等（该应用由省信息化领导小组统一规划、统一技术架构和互联互通要求，省、市业务主管部门共同负责实施，依托市级信息化公共平台进行部署）。

市级智慧应用，包括智慧城管、公共事业消费一卡通、智慧社区、城市应急、智慧治安、智慧旅游、智慧商贸等（该应用由省信息化领导小组统一规划、统一技术规范和建设要求，由市级业务主管部门负责牵头实施，依托市级信息化公共平台进行部署）。

行业智慧应用，包括智慧水利、智慧能源、智慧环保、智慧农业等。（该应用由省级业务主管部门统筹规划，制定相关技术规范和建设要求，由省或市级业务主管部门负责牵头实施，依托省、市两级信息化公共平台进行部署）。

二　强化富平本地化应用支撑

（一）提升电子政务系统服务能力

继续完善富平电子政务公共平台建设，深化电子政务应用，努力实现重点业务全覆盖、应用系统互联、信息资源共享的电子政务框架体系，以及上下联动、层次清晰、覆盖城乡、同城一体的新型行政服务体系。整合实体大厅、网上综合服务大厅、自助服务终端、语音服务、移动 OA 等服务渠道，统一行政审批服务进出端口，实现服务渠道全融合，推动服务型政府建设。

（二）提升城市综合管理能力

大力推进城市运行管理各领域的信息化应用，并推动城市管理部门间的信息共享与业务协同。重点一是建立新型"城市管理中心"，对全县管线基本数据以及水、电、交通、通信、气等运行监控信息进行统一管理，提高城市管理水平和效率。二是强化公共安全信息化建设。深化社会治安监控视频系统的智能化建设及数据挖掘，整合社会监控和公安监控资源，建立县社会治安管理信息平台。三是推进智能交通建设，实现城市交通的动态组织管理，提高交通运行效率，保障城市畅通有序，有效促进城市交通管理水平的提升。四是建设完善县应急指挥信息平台，并实现与市级应急指挥中心的信息共享、协同联动，形成统一指挥、反应灵敏、运转高效的应急机制，显著增强城市防灾、减灾、救灾能力。

（三）完善市场监管体系

加强各职能部门的信息共享与执法协作，以财政、税收、工商等关键业务系统为核心，推动建立统一的市场监管综合执法信息平台，实现执法信息共享、业务协同和政务公开，提高协同监管能力。重点一是进一步加强税务信息化建设，加快完善综合治税信息平台，强化税源监控信息的及时性、全面性、准确性，保障税收稳步增长。二是加快建设覆盖全社会的产品质量与食品安全监管网络，健全信息公开与披露制度，为市民提供准确、及时的信息服务。三是提高住房、银行、税务等部门的信息共享水平，加快建立房地产市场监督管理信息系统，实现房地产市场主要数据的自动采集、动态分析和预警预报，为房地产市场趋势分析和政策制定提供更全面、更准确、更及时的数据支撑，提高对建筑和房地产市场的监管水平。四是建设事故隐患、重大危险源、危险化学品等数据库，提高安全生产监管的信息化水平，提升生产事故预防和处置的能力。

（四）建设新型农村合作医疗信息服务系统

目前富平新农合管理工作手段比较落后，不适应快速发展的新农合工作需求。为了提高新农合管理工作效率，为参保农民提供便捷高效的服务，应建设完善全县新农合信息服务系统，实现网上在线审核、即时结算、实时监控和信息汇总等。

（五）推进教育信息化建设

加快覆盖城乡的教育信息网络体系建设，重点建设远程教育系统、教学资源库、多媒体教室、虚拟图书馆、数字化课件等资源及平台，以促进信息化教育资源的供给、普及与共享。推进信息技术与教育教学深度融合，提高教育教学质量，促进教育公平发展，促进现代教育管理。

（六）提高社会保障信息化水平

加快医疗生育、就业失业、养老低保、优抚安置等领域的信息资源共享及网上服务整合，推动社会保障网络向乡村延伸，努力为城乡居民提供

"记录一生、管理一生、服务一生"的社会保障业务服务。

（七）完善农村综合信息服务体系

鼓励电信运营商加大投入，解决农村信息化"最后一公里"问题。以"三农"需求为核心，构建"一门户、三平台"农村综合信息服务平台，形成覆盖县、镇（街道）、村（社区）的三级服务体系。建立健全农村信息服务队伍，大力发展农村信息服务中介机构，广泛开展农民信息技术培训，增强农民利用信息的能力。三平台：一是农村市场与科技信息服务平台，提供农村供求信息、农产品批发市场价格信息、农业科技信息、农业气象信息、农产品进出口信息等，指导农村工作和农民生产；二是电子村务平台，推动网上村务公开，促进民主建设，提升农村行政管理效能；三是电子便民服务平台，采集、整合和优化人社、公安、工商、文化等有关部门信息资源，向农民提供劳动就业、技术培训、社会保障、权益维护、文化生活等方面信息服务，化解社会矛盾，维护社会稳定。

（八）建设中小企业公共服务网络平台

整合公共服务资源和社会化专业服务资源，建设县中小企业公共服务网络平台，为中小企业提供包括信息服务、管理咨询服务、科技服务、创业服务、市场开拓服务、法律维权服务、培训服务、融资服务在内的全方位服务。

（九）发展智慧旅游

一是对富平旅游的"吃、住、行、游、购、娱"等要素资源利用信息化技术进行有效整合。二是在旅游体验、行业管理、智能景区、电子商务等方面广泛应用云计算、物联网等技术，努力为游客提供方便快捷的旅游服务。

（十）发展智慧能源

一是以富平智慧化照明改造二期工程和富平智能化电网示范工程为契机，促进输—配—供—用等电力环节的智慧化应用，加快由小区平台、微电网系统、智能家居、充电桩和通信系统等系统集成的智能小区发展，实现"电力流、信息流、业务流"的高度一体化融合。二是鼓励支持能源生产与消费中广泛应用信息化技术，优化能源供给和消费。

（十一）发展智慧物流

一是对富平正在建设的陕汽物流园、中国农资集团西部农业机械及配件交易市场等物流园区，同步做好信息化规划与建设工作。二是推广

RFID、GPS、GIS、条码、电子商务等技术在物流园区、企业及监管部门中的应用。三是整合银行、保险、电信、软硬件供应商，构建服务于工商企业和物流企业两大核心主体，集政府监管、全程在线交易及跟踪、在线支付、信息发布、物流交易、产品展示、推广营销、互动交流等功能为一体的富平物流公共信息平台。

第十章　智慧富平建设的保障机制

　　智慧城市建设是一项巨大的系统工程，为了切实有效的推进智慧富平建设，必须进一步建立健全相关保障机制。

第一节　组织领导机制

　　明确组织管理体系，强化统筹力度。成立由县委、县政府主要领导挂帅、各相关部门主要负责领导参加的智慧富平建设工作领导小组，负责确定智慧城市建设战略规划、年度实施方案和政策，统筹协调发展中的重大问题。设立智慧富平建设工作领导小组办公室，负责制订智慧富平年度建设计划，统筹管理专项资金，协调推进项目工程建设，检查督导建设方案和年度计划的落实情况，并对建设部门进行年度信息化考评。各镇（社区）和重点企业，特别是智慧产业发展、智慧应用体系具体项目的有关责任单位也要成立相应的工作推进小组，明确分工，确定责任。

　　建立运行机制，推动规划实施。建立智慧富平联席会议制度，定期召开成员单位会议，传达贯彻智慧富平建设领导小组指示精神，做好研究政策文件、推动建设进展、协调解决问题等工作；同时要明确各部门的工作职责与建设内容，加强重点工程建设过程中的信息共享，形成权责一致、运行高效的智慧富平建设推进体系，强有力地推进重点工程建设。

第二节　政策支持机制

　　智慧富平建设应建立强有力的政策支持机制，推进智慧富平建设要上升为县委、县政府的意志。富平应该抓住时机，用创新的理念，研究制定高起点的、具体的、实用的政策支持体系，切实促进智慧城市的发展。

制定政策文件。研究出台相应政策文件，保障智慧富平建设的规范化和制度化。考虑制定《政府投资信息化工程项目管理办法》《政务信息资源共享交换管理办法》等政策文件，规范信息化项目建设，提高信息化项目管理、监测和评估水平，保障数据的有效归集、处理和应用。

落实考评政策。建立和完善智慧富平建设动态考评制度，定期检查和督导智慧城市建设规划、方案和年度计划的落实情况。广泛征集各部门和群众的意见建议，及时对智慧富平建设过程进行调整完善。各项重点工程取得阶段性成果后，依据建设结果调整后续建设方案和资金投入，形成良性互动机制，保障智慧城市的建设效果。

加大资金扶持力度。设立智慧富平建设专项资金，用于若干重点推广示范工程建设、相关标准建立和政府购买服务，重点企业培育、人才引进和培养等。由智慧富平建设工作领导小组办公室同县财政局扎口管理，共同负责专项资金支持项目的申报、评审、确定和信息化资金的使用、分配、管理等工作，发挥示范引导作用，避免重复建设，保证资金使用效率。创新政府扶持资金支持方式，通过资本金注入、贷款贴息、服务外包补贴、融资担保等形式，吸引集聚民资、外资等社会资本参与智慧城市建设。此外，大力争取国家、省、市上在信息化项目资金等方面的倾斜支持。

优化市场机制。进一步发挥市场优化资源配置作用，吸引各类企业参与项目建设；完善多元投融资机制，拓宽融资渠道，积极吸引风险投资、私募基金；鼓励金融机构加强金融产品和业务创新，加大对企业参与重大信息基础设施和重点项目建设的信贷支持；探索实施职务科技成果股权激励机制，充分调动科技人才创新创业的积极性。

第三节　决策咨询机制

积极学习借鉴国内外智慧城市建设的先进经验。吸引更多有实力的企业和咨询机构参与智慧城市建设，更好地汇集全球的智慧和资源，为智慧富平建设服务。

成立包括信息化专家委员会、科研院所、行业协会相关人员的智慧富平建设专家咨询委员会，加强和深化智慧城市理论和实践的研究与创新，充分挖掘专家学者和技术人员的集体智慧，在智慧富平的整体规划、项目评审、年度计划编制等方面提供咨询建议和指导性意见，实现专家智力成果在市领导决策过程和具体工程间"双向流动"，确保各项工程科学有效推进。

研究建立智慧城市建设评估考核体系，对智慧城市建设按责任分解要求进行评估，定期发布评估信息，为决策和指导智慧城市建设提供科学依据。

第四节　开放合作机制

积极开展与省内已开展智慧城市建设的西安、咸阳、宝鸡、渭南、延安、杨凌、礼泉及省外其他先进城市的交流与合作。积极参加各种智慧城市专业博览会、论坛等活动，借鉴吸收最新观点、技术、研究成果和成功应用案例。促进更宽领域、更广范围的合作与交流，更好地汇集全球智慧和资源建设智慧富平。

支持各智慧城市间信息资源规范化、标准化工作，推动城市间电子政务、社会管理与公共服务信息系统的互联互通，避免城市间"信息孤岛"现象的出现。

鼓励富平企业主动与省内外高校、科研机构、电信及广电运营商等主体的联系，加强产学研合作，充分调动各方积极性，提高智慧富平建设的联合攻关能力、协同创新能力和市场开发能力，力争促进信息化和工业化的有效融合，实现一批核心技术的突破，打造智慧产业，不断为智慧富平建设注入新的动力。

第五节　标准法规机制

密切关注国家、（陕西）省、（渭南）市智慧城市标准法规的进展情况，适时建立智慧富平标准规范研究团队，结合智慧富平建设的应用需求和探索实践，加快智慧富平法规、制度和标准规范的制定和应用示范工作，形成支撑智慧富平建设的制度和标准环境。

第六节　信息安全机制

进一步完善信息安全保障体系，认真落实信息安全管理责任制，全面推行信息安全等级保护和风险评估制度，加强网络安全防护体系建设，定期开展信息系统安全检查。加强信息安全测评、认证体系、网络信任体系、信息安全监控体系及容灾备份体系建设，定期开展信息安全事件应急演练，提高信息安全事件应急处置能力。

第七节　人才保障机制

认真贯彻落实各项人才政策，大胆创新人才成长、引进、使用和激励的政策环境，充分发挥物质和荣誉的双重激励作用，创建培养人才、吸引人才、用好人才、留住人才的良好环境。

大力培养、引进和高水平使用复合型高层次信息化专业技术人才、高技能人才和网络设施与商业应用经营管理人才。充分利用各种信息传播平台和各类教育培训机构，开展信息产业从业人员多渠道、多形式、分层次、分类型的再培训、再教育。促进校企联合，依托高校院所、园区、企业和社会办学机构，联合建立各类智慧人才教育培训基地，加强企业与大专院校适用人才的联合培养，提供教育、培训和执业资格考试等服务。

第八节　培训宣传机制

大力开展智慧城市培训工作。县委组织部、县人才办、智慧富平建设工作领导小组办公室要加强合作，制订系统培训计划，落实培训措施，重点抓好各级领导、机关干部和企业家的培训。

大力缩小城乡之间、不同社会群体之间的"数字鸿沟"，创造机会均等、协调发展的社会环境。加强对信息化弱势群体的教育和培训，增加其接触信息技术的机会，增强其获取和使用信息的技能。逐步在社区和农村建立免费的信息服务站等公共设施，提供电子政务、教育培训、医疗保健等方面的信息服务。

进行广泛深入的舆论宣传引导。智慧富平建设不但是政府和企业关注的事情，还需要全社会的广泛参与。加大舆论宣传力度，积极宣传建设智慧城市的重要意义、总体目标和工作部署，依托报纸、广播、电视、网络等多种媒体，设立专栏、专题和专版，县科协要加强统筹，在全社会广泛开展智慧城市建设相关知识的普及工作，提高市民科技素养和智慧技术应用能力，提高政府、企业、市民对智慧城市建设理念的认同度和参与智慧城市建设的协同度，充分发挥集体智慧和力量。

第十一章　结语

　　智慧城市是目前全球热门话题，也是国内前沿的研究课题之一，引起了社会各界的极大关注。国内外智慧城市研究正处于蓬勃发展态势，智慧城市实践也正方兴未艾。但是，智慧城市理论研究仍处于初级阶段，理论体系不完善，系统、深层次的研究成果相对较少，对我国智慧城市建设难以提出可行的理论支持和实践指导。本书站在当前智慧城市研究前沿，在全面梳理总结国内外最新理论研究和实践探索成果的基础上，以智慧富平为例，对智慧城市建设的顶层设计、实施路径和保障机制进行研究，以期为智慧城市建设的决策和实施提供理论支持和实践参考。现将本书的主要观点总结如下：

　　我国智慧城市实践概况：①发展环境：城镇信息化基础设施水平飞速提升；国家政策大力支持智慧城市建设；相关部委局纷纷开展智慧城市试点工作；第三方机构积极推动智慧城市建设；智慧城市标准制定工作加速推进；国内外企业抢滩智慧城市规划和建设市场。②发展现状：智慧城市建设呈现东部沿海聚集、中西部热点涌现的区域格局；智慧城市发展水平在东西部之间、不同等级城市之间不平衡；智慧基础设施投入力度不断加大，但各级城市差距明显；智慧管理地域和行政区划发展均显著不平衡，整合空间较大；智慧服务水平仍需提高，业务协同能力有待加强；智慧经济发展东西部之间差异显著；智慧人群发展水平和规模亟待提升。③发展趋势：对智慧城市理念的认识更加趋于一致；智慧城市的研究范围和区域实践将向上、向下延伸；国家智慧城市标准、评估体系有望近期出台；智慧城市建设将更加突出惠民、便民服务；智慧城市建设运营模式呈现多元化态势；云计算和大数据成为智慧城市发展的潜在要求；智慧城市成为互联网最新趋势与新兴技术载体。④存在问题：体制机制问题、顶层设计问题、智慧应用问题、建设运营模式问题、核心资源开发利用问题、人才及管理架构问题、标准体系及信息安全问题。针对以上问题，本书提出了相应的策略建议。

陕西智慧城市实践概况：①实践进程：西安最早开始，宝鸡紧步跟随，之后其他地市全面展开。②相关举措：先后发布《"数字陕西·智慧城市"发展纲要（2013—2017）》《关于促进信息消费扩大内需的实施意见》《陕西省智慧城市体系架构和总体要求》及其他技术规范、《关于开展智慧城市试点工作的指导意见》《陕西省新型城镇化规划（2014—2020年）》，召开全省智慧城市建设试点工作会议。③进展情况：渭南光纤建设基本实现全覆盖；咸阳注重顶层设计，各项工程进展顺利；杨凌示范区借助契机，打造现代智慧农业；延安健全组织机构，构建特色农业应用；宝鸡确保资金到位，巧辟蹊径瞄准手机应用。

国外智慧城市建设案例的经验启示：一是将智慧城市建设上升到国家战略层面；二是智慧城市建设以智慧应用为核心；三是智慧城市建设从实际出发，因地制宜；四是智慧城市建设吸引企业和民众参与。国内智慧城市建设案例的经验启示如下：一是以新型城镇化的指导思想为出发点；二是遵循城市发展的历史经验；三是完善体制机制；四是紧扣规划、建设、管理、运行四个环节；五是技术应用要讲究经济实效、集约智能、模拟仿真、安全可控；六是要积极探索创新路径和模式。国内外智慧城市建设在建设背景、建设范围、建设运营模式、建设路径有所不同。

智慧富平建设的必要性体现在以下5个方面：其一，智慧富平建设是促进富平"四化同步"发展的重大举措；其二，智慧富平建设是富平抢得先机取得县域竞争优势的绝佳机遇；其三，智慧富平建设是促进富平经济增长及转型升级的重要路径；其四，智慧富平建设是富平统筹城乡发展、推进新型城镇化的迫切需要；其五，智慧富平建设是富平"十二五"规划的主要任务之一。智慧富平建设的可行性体现在以下五个方面：其一，总体发展呈现新格局，跨越前进面临大机遇；其二，特色产业快速壮大，经济实力不断提升；其三，信息化基础设施服务能力不断提高，部分领域信息化应用（电子政务、公安信息化、智慧化照明、农业信息化、电力信息化）水平领先；其四，创新资源丰富，外脑支持充分；其五，政府部门重视，社会支持广泛。

智慧富平建设的顶层设计：①指导思想：把握新型城镇化和智慧城市发展机遇，落实"数字陕西·智慧城市"和"项目兴县、工业强县、文化活县、环境立县"战略部署,按照走集约、智能、绿色、低碳的新型城镇化道路的总体要求,大力推进智慧基础设施建设、信息资源开发利用、智慧产业发展以及智慧应用体系建设。努力将先进信息技术广泛运用于富平经济发展、公共服务及社会生活等各个领域,建设一个社会管理智慧、现代产业发达、环境优美和谐、人民生活幸福的新富平。②基本原则:一是顶层规划,统筹建设;二是以人为本,务实推进;三是因地制宜,科学有序;四是市场为主,协同创新。③建设目标:争取通过10年的努力,使富平智慧基础设施比较完善,城市现代化管理水平显著增强,智慧应用惠及城乡居民并效能明显,智慧城市发展水平走在陕西乃至西部县级城市前列。④依托平台:县信息化公共平台(县电子政务统一平台),该平台是陕西省信息化公共平台体系的一部分。⑤基本框架:符合《陕西省智慧城市体系架构和总体要求》,以信息化公共平台为支撑,以智慧城市信息资源开发利用和感知互联为核心,以法律法规、标准规范和组织领导等为保障,建设智慧应用和服务体系,实现信息技术与城市综合管理、公共服务、产业发展与市民生活的有机融合。⑥建设内容:智慧应用体系建设、智慧产业发展、信息资源开发利用、智慧基础设施建设。⑦建设运营模式:积极探索"政府引导、市场主导、多元主体、社会参与"的多元化建设运营模式,即多种建设运营模式并存,并以其中一种或两种模式为主、其他几种模式为辅。

智慧富平建设的实施路径:一是推进智慧基础设施建设(加快宽带城市和无线城市建设、加大物联网技术应用力度、加快推进"三网融合");二是推进信息资源开发利用(加强基础数据库建设、推进信息资源目录体系建设、推进信息资源整合共享);三是推进智慧产业发展(智慧工业、智慧农业、智慧服务业);四是推进智慧应用体系建设(落地陕西省、渭南市两级应用服务,强化本地化应用支撑)。

为了保证智慧富平建设成功,需要建立以下保障机制:组织领导机制、政策支持机制、决策咨询机制、开放合作机制、标准法规机制、信息安全机制、人才保障机制、培训宣传机制。

需要强调的是:①必须在国家、省(市、自治区)相关政策的引导和支持下,进一步探索适合本地实际情况的顶层设计、实施路径及保障机制,才能真正推动智慧城市建设工作。②基于不同的现实基础,不同级别城市在建设智慧城市时,应用体系建设重点应有所不同:大中城市应放在解决"大城市病"问题上;而对于小城市、县城、城镇,应放在服务民生方面,如医疗、教育、社保等。③智慧城市建设是一项长期的、复杂的、艰巨的大工程,需要政府部门、全体市民、电信运营商及其他相关环节的共同努力。

展望未来,伴随新型城镇化的持续推进,我国智慧城市建设将成为新常态。我们相信,在各方的努力下,"发展更科学、管理更高效、生活更美好"的智慧城市愿景一定会实现!

附录一　八部委关于促进智慧城市健康发展的指导意见

　　智慧城市是运用物联网、云计算、大数据、空间地理信息集成等新一代信息技术，促进城市规划、建设、管理和服务智慧化的新理念和新模式。建设智慧城市，对加快工业化、信息化、城镇化、农业现代化融合，提升城市可持续发展能力具有重要意义。近年来，我国智慧城市建设取得了积极进展，但也暴露出缺乏顶层设计和统筹规划、体制机制创新滞后、网络安全隐患和风险突出等问题，一些地方出现思路不清、盲目建设的苗头，亟待加强引导。为贯彻落实《中共中央国务院关于印发〈国家新型城镇化规划（2014—2020年）〉的通知》（中发〔2014〕4号）和《国务院关于促进信息消费扩大内需的若干意见》（国发〔2013〕32号）有关要求，促进智慧城市健康发展，经国务院同意，现提出以下意见。

一　指导思想、基本原则和主要目标

（一）指导思想

　　按照走集约、智能、绿色、低碳的新型城镇化道路的总体要求，发挥市场在资源配置中的决定性作用，加强和完善政府引导，统筹物质、信息和智力资源，推动新一代信息技术创新应用，加强城市管理和服务体系智能化建设，积极发展民生服务智慧应用，强化网络安全保障，有效提高城市综合承载能力和居民幸福感，促进城镇化发展质量和水平全面提升。

（二）基本原则

　　以人为本，务实推进。智慧城市建设要突出为民、便民、惠民，推动创新城市管理和公共服务方式，向城市居民提供广覆盖、多层次、差异化、高质量的公共服务，避免重建设、轻实效，使公众分享智慧城市建设成果。

因地制宜，科学有序。以城市发展需求为导向，根据城市地理区位、历史文化、资源禀赋、产业特色、信息化基础等，应用先进适用的技术科学推进智慧城市建设。在综合条件较好的区域或重点领域先行先试，有序推动智慧城市发展，避免贪大求全、重复建设。

市场为主，协同创新。积极探索智慧城市的发展路径、管理方式、推进模式和保障机制。鼓励建设和运营模式创新，注重激发市场活力，建立可持续发展机制。鼓励社会资本参与建设投资和运营，杜绝政府大包大揽和不必要的行政干预。

可管可控，确保安全。落实国家信息安全等级保护制度，强化网络和信息安全管理，落实责任机制，健全网络和信息安全标准体系，加大依法管理网络和保护个人信息的力度，加强要害信息系统和信息基础设施安全保障，确保安全可控。

（三）主要目标

到 2020 年，建成一批特色鲜明的智慧城市，聚集和辐射带动作用大幅增强，综合竞争优势明显提高，在保障和改善民生服务、创新社会管理、维护网络安全等方面取得显著成效。

公共服务便捷化。在教育文化、医疗卫生、计划生育、劳动就业、社会保障、住房保障、环境保护、交通出行、防灾减灾、检验检测等公共服务领域，基本建成覆盖城乡居民、农民工及其随迁家属的信息服务体系，公众获取基本公共服务更加方便、及时、高效。

城市管理精细化。市政管理、人口管理、交通管理、公共安全、应急管理、社会诚信、市场监管、检验检疫、食品药品安全、饮用水安全等社会管理领域的信息化体系基本形成，统筹数字化城市管理信息系统、城市地理空间信息及建（构）筑物数据库等资源，实现城市规划和城市基础设施管理的数字化、精准化水平大幅提升，推动政府行政效能和城市管理水平大幅提升。

生活环境宜居化。居民生活数字化水平显著提高，水、大气、噪声、土壤和自然植被环境智能监测体系和污染物排放、能源消耗在线防控体系基本建成，促进城市人居环境得到改善。

基础设施智能化。宽带、融合、安全、泛在的下一代信息基础设施基本建成。电力、燃气、交通、水务、物流等公用基础设施的智能化水平大幅提升，运行管理实现精准化、协同化、一体化。工业化与信息化深度融合，信息服务业加快发展。

网络安全长效化。城市网络安全保障体系和管理制度基本建立，基础网络和要害信息系统安全可控，重要信息资源安全得到切实保障，居民、企业和政府的信息得到有效保护。

二　科学制定智慧城市建设顶层设计

（四）加强顶层设计。城市人民政府要从城市发展的战略全局出发研究制定智慧城市建设方案。方案要突出为人民服务，深化重点领域智慧化应用，提供更加便捷、高效、低成本的社会服务；要明确推进信息资源共享和社会化开发利用、强化信息安全、保障信息准确可靠以及同步加强信用环境建设、完善法规标准等的具体措施；要加强与国民经济和社会发展总体规划、主体功能区规划、相关行业发展规划、区域规划、城乡规划以及有关专项规划的衔接，做好统筹城乡发展布局。

（五）推动构建普惠化公共服务体系。加快实施信息惠民工程。推进智慧医院、远程医疗建设，普及应用电子病历和健康档案，促进优质医疗资源纵向流动。建设具有随时看护、远程关爱等功能的养老信息化服务体系。建立公共就业信息服务平台，加快推进就业信息全国联网。加快社会保障经办信息化体系建设，推进医保费用跨市即时结算。推进社会保障卡、金融 IC 卡、市民服务卡、居民健康卡、交通卡等公共服务卡的应用集成和跨市一卡通用。围绕促进教育公平、提高教育质量和满足市民终身学习需求，建设完善教育信息化基础设施，构建利用信息化手段扩大优质教育资源覆盖面的有效机制，推进优质教育资源共享与服务。加强数字图书馆、数字档案馆、数字博物馆等公益设施建设。鼓励发展基于移动互联网的旅游服务系统和旅游管理信息平台。

（六）支撑建立精细化社会管理体系。建立全面设防、一体运作、精确定位、有效管控的社会治安防控体系。整合各类视频图像信息资源，推进公共安全视频联网应用。完善社会化、网络化、网格化的城乡公共安全保障体系，构建反应及时、恢复迅速、支援有力的应急保障体系。在食品药品、消费品安全、检验检疫等领域，建设完善具有溯源追查、社会监督等功能的市场监管信息服务体系，推进药品阳光采购。整合信贷、纳税、履约、产品质量、参保缴费和违法违纪等信用信息记录，加快征信信息系统建设。完善群众诉求表达和受理信访的网络平台，推进政府办事网上公开。

（七）促进宜居化生活环境建设。建立环境信息智能分析系统、预警应急系统和环境质量管理公共服务系统，对重点地区、重点企业和污染源实施智能化远程监测。依托城市统一公共服务信息平台建设社区公共服务信息系统，拓展社会管理和服务功能，发展面向家政、养老、社区照料和病患陪护的信息服务体系，为社区居民提供便捷的综合信息服务。推广智慧家庭，鼓励将医疗、教育、安防、政务等社会公共服务设施和服务资源接入家庭，提升家庭信息化服务水平。

（八）建立现代化产业发展体系。运用现代信息化手段，加快建立城市物流配送体系和城市消费需求与农产品供给紧密衔接的新型农业生产经营体系。加速工业化与信息化深度融合，推进大型工业企业深化信息技术的综合集成应用，建设完善中小企业公共信息服务平台，积极培育发展工业互联网等新兴业态。加快发展信息服务业，鼓励信息系统服务外包。建设完善电子商务基础设施，积极培育电子商务服务业，促进电子商务向旅游、餐饮、文化娱乐、家庭服务、养老服务、社区服务以及工业设计、文化创意等领域发展。

（九）加快建设智能化基础设施。加快构建城乡一体的宽带网络，推进下一代互联网和广播电视网建设，全面推广三网融合。推动城市公用设施、建筑等智能化改造，完善建筑数据库、房屋管理等信息系统和服务平台。加快智能电网建设。健全防灾减灾预报预警信息平台，建设全过程智能水务管理系统和饮用水安全电子监控系统。建设交通诱导、出行信息服务、公共交通、综合客运枢纽、综合运行协调指挥等智能系统，推进北斗导航卫星地基增强系统建设，发展差异化交通信息增值服务。建设智能物流信息平台和仓储式物流平台枢纽，加强港口、航运、陆运等物流信息的开发共享和社会化应用。

三　切实加大信息资源开发共享力度

（十）加快推进信息资源共享与更新。统筹城市地理空间信息及建（构）筑物数据库等资源，加快智慧城市公共信息平台和应用体系建设。建立促进信息共享的跨部门协调机制，完善信息更新机制，进一步加强政务部门信息共享和信息更新管理。各政务部门应根据职能分工，将本部门建设管理的信息资源授权有需要的部门无偿使用，共享部门应按授权范围合理使用信息资源。以城市统一的地理空间框架和人口、法人等信息资源为基础，叠加各部门、各行业相关业务信息，加快促进跨部门协同应用。整合已建政务信息系统，统筹新建系统，建设信息资源共享设施，实现基础信息资源和业务信息资源的集约化采集、网络化汇聚和统一化管理。

（十一）深化重点领域信息资源开发利用。城市人民政府要将提高信息资源开发利用水平作为提升城市综合竞争力的重要手段，大力推动政府部门将企业信用、产品质量、食品药品安全、综合交通、公用设施、环境质量等信息资源向社会开放，鼓励市政公用企事业单位、公共服务事业单位等机构将教育、医疗、就业、旅游、生活等信息资源向社会开放。支持社会力量应用信息资源发展便民、惠民、实用的新型信息服务。鼓励发展以信息知识加工和创新为主的数据挖掘、商业分析等新型服务，加速信息知识向产品、资产及效益转化。

四　积极运用新技术新业态

（十二）加快重点领域物联网应用。支持物联网在高耗能行业的应用，促进生产制造、经营管理和能源利用智能化。鼓励物联网在农产品生产流通等领域应用。加快物联网在城市管理、交通运输、节能减排、食品药品安全、社会保障、医疗卫生、民生服务、公共安全、产品质量等领域的推广应用，提高城市管理精细化水平，逐步形成全面感知、广泛互联的城市智能管理和服务体系。

（十三）促进云计算和大数据健康发展。鼓励电子政务系统向云计算模式迁移。在教育、医疗卫生、劳动就业、社会保障等重点民生领域，推广低成本、高质量、广覆盖的云服务，支持各类企业充分利用公共云计算服务资源。加强基于云计算的大数据开发与利用，在电子商务、工业设计、科学研究、交通运输等领域，创新大数据商业模式，服务城市经济社会发展。

（十四）推动信息技术集成应用。面向公众实际需要，重点在交通运输联程联运、城市共同配送、灾害防范与应急处置、家居智能管理、居家看护与健康管理、集中养老与远程医疗、智能建筑与智慧社区、室内外统一位置服务、旅游娱乐消费等领域，加强移动互联网、遥感遥测、北斗导航、地理信息等技术的集成应用，创新服务模式，为城市居民提供方便、实用的新型服务。

五　着力加强网络信息安全管理和能力建设

（十五）严格全流程网络安全管理。城市人民政府在推进智慧城市建设中要同步加强网络安全保障工作。在重要信息系统设计阶段，要合理确定安全保护等级，同步设计安全防护方案；在实施阶段，要加强对技术、设备和服务提供商的安全审查，同步建设安全防护手段；在运行阶段，要加强管理，定期开展检查、等级评测和风险评估，认真排查安全风险隐患，增强日常监测和应急响应处置恢复能力。

（十六）加强要害信息设施和信息资源安全防护。加大对党政军、金融、能源、交通、电信、公共安全、公用事业等重要信息系统和涉密信息系统的安全防护，确保安全可控。完善网络安全设施，重点提高网络管理、态势预警、应急处理和信任服务能力。统筹建设容灾备份体系，推行联合灾备和异地灾备。建立重要信息使用管理和安全评价机制。严格落实国家有关法律法规及标准，加强行业和企业自律，切实加强个人信息保护。

（十七）强化安全责任和安全意识。建立网络安全责任制，明确城市人民政府及有关部门负责人、要害信息系统运营单位负责人的网络信息安全责任，建立责任追究机制。加大宣传教育力度，提高智慧城市规划、建设、管理、维护等各环节工作人员的网络信息安全风险意识、责任意识、工作技能和管理水平。鼓励发展专业化、社会化的信息安全认证服务，为保障智慧城市网络信息安全提供支持。

六　完善组织管理和制度建设

（十八）完善管理制度。国务院有关部门要加快研究制定智慧城市建设的标准体系、评价体系和审计监督体系，推行智慧城市重点工程项目风险和效益评估机制，定期公布智慧城市建设重点任务完成进展情况。城市人民政府要健全智慧城市建设重大项目监督听证制度和问责机制，将智慧城市建设成效纳入政府绩效考核体系；建立激励约束机制，推动电子政务和公益性信息服务外包和利用社会力量开发利用信息资源、发展便民信息服务。

（十九）完善投融资机制。在国务院批准发行的地方政府债券额度内，各省级人民政府要统筹安排部分资金用于智慧城市建设。城市人民政府要建立规范的投融资机制，通过特许经营、购买服务等多种形式，引导社会资金参与智慧城市建设，鼓励符合条件的企业发行企业债募集资金开展智慧城市建设，严禁以建设智慧城市名义变相推行土地财政和不切实际的举债融资。城市有关财政资金要重点投向基础性、公益性领域，优先支持涉及民生的智慧应用，鼓励市政公用企事业单位对市政设施进行智能化改造。

各地区、各有关部门要充分认识促进智慧城市健康发展的重要意义，切实加强组织领导，认真落实本指导意见提出的各项任务。发展改革委、工业和信息化部、科技部、公安部、财政部、国土资源部、环境保护部、住房城乡建设部、交通运输部等要建立部际协调机制，协调解决智慧城市建设中的重大问题，加强对各地区的指导和监督，研究出台促进智慧城市健康发展以及信息化促进城镇化发展的相关政策。各省级人民政府要切实加强对本地区智慧城市建设的领导，采取有力措施，抓好全过程监督管理。城市人民政府是智慧城市建设的责任主体，要加强组织，细化措施，扎实推进各项工作，主动接受社会监督，确保智慧城市建设健康有序推进。

国家发展改革委

工业和信息化部

科学技术部

公安部

财政部

国土资源部

住房和城乡建设部

交通运输部

2014 年 8 月 27 日

附录二 "数字陕西·智慧城市"发展纲要(2013—2017 年)

1 前言

智慧城市是新一轮信息技术变革和知识经济发展的产物,是信息化与工业化、城镇化的深度融合,并向更高阶段迈进的表现。当前陕西正处于加快社会转型和产业升级的关键时期,调结构、促转型是近一时期社会经济发展的主题。智慧城市建设是加快陕西经济发展方式转变的战略举措,是提升城市品质和竞争力的崭新途径。

为加快推进"数字陕西·智慧城市"建设,坚持科学发展,把握世界科技与城市发展的最新趋势,积极抢占城市创新发展的主动权。在国家和陕西省"十二五"信息化发展规划的框架下,制定本纲要,用以规范和指导全省"数字陕西·智慧城市"建设。

2 发展形势与环境

2.1 发展形势

"智慧城市"是顺应当前全球信息技术变革及新一轮产业发展的时代潮流,代表未来城市发展演进的必然趋势,智慧城市建设已成为世界各国和地区刺激经济发展和建立长期竞争优势的重要战略。国家高度重视物联网、云计算、大数据等新一代信息技术对我国工业化和城镇化进程产生的深远影响,把新一代信息技术产业作为战略性新兴产业重点推进。全国多个城市纷纷提出"智慧城市"的发展战略,制定规划,掀起发展智慧产业,推进智慧城市建设的热潮。当前我省正处在转变经济发展方式,调整产业结构,统筹城乡发展,改善民生的关键时期,全省城乡面临城镇化和工业化的重大发展任务，中心城市面临现代化建设和产业转型发展的严峻挑战。

实现发展目标和应对挑战的一条重要路径就是要加快信息社会和智慧城市建设，促进信息化与工业化、城镇化的深度融合，走出一条有智慧、可持续的城市发展之路。

2.2 发展基础和环境

"十一五"以来，全省经济平稳快速发展，信息化建设成效显著。2011年全省工业生产总值达到12391.3亿元，固定资产投资突破万亿大关，GDP年均增长速度远超全国平均水平。全省经济平稳快速发展，对"数字陕西·智慧城市"建设提出了迫切需求。陕西省信息化水平总指数由2005年的0.598提高到2011年的0.729，位列全国第九，达到了西部领先。

2.2.1 信息化发展机制和模式不断完善

我省在信息化推进过程中，探索出一条符合我省实际，符合区域信息化发展规律的机制和模式。在组织领导、统筹规划、管理机制、建设模式、保障措施、支撑环境、人才队伍和服务体系等方面创新发展，形成了特色鲜明的区域信息化发展机制和模式。

2.2.2 信息化基础设施及公共平台体系基本建成

按照《国家"十二五"电子政务发展规划》和《陕西省电子政务基础资源共享实施办法》要求，在全省范围内开展以"两网四库两中心一平台"为主要内容，以"网络覆盖到村、基础资源共享、业务与承载分离、三级平台五级服务"为目标的电子政务公共平台顶层设计和建设，实现省、市、县三级电子政务公共平台互联互通、基础资源共享、条块协同发展。部门业务应用建设与承载平台分离已成为电子政务创新发展的新模式。电子政务公共平台体系在互联互通、资源共享、承接纵向应用落地、减少投资、避免重复建设等方面正发挥重要作用。陕西省已经被工信部确定为全国电子政务公共平台顶层设计试点省份和全国电子政务公共平台应用与服务试点省份。

2.2.3 社会信息化全面展开

教育信息化成效显著，基本形成覆盖全省的现代教育传输网络，重点教育资源库初具规模；社会保障信息系统普遍建成，全省统一的养老保险系统全面推广使用；医疗健康信息系统在大中型医院基本普及，覆盖社会保障和公共服务的《陕西省社会公共服务卡技术规范》已编制完成，居民健康卡（一卡通）应用的试点工作已开始启动；科研、文化、人口与计生服务信息化建设成效明显；陕南移民和保障性住房等信息化建设取得积极进展。西安成为全国数字城市建设示范市，宝鸡的"数字城管"和"大社保"模式进入全国先进行列。

2.2.4 信息化与工业化融合不断深化

以先进制造业和现代服务业为特色的西安—咸阳国家级两化融合试验区，宝鸡装备制造业和榆林能源化工产业两个省级两化融合试验区建设工作进展顺利。在装备制造、煤炭、石化、汽车、航空、输变电设备、食品药品等行业已实施两化融合项目150个，培育了60家典型两化融合示范企业。

2.2.5 信息安全保障体系不断完善

网络与信息安全保障体系不断完善，基础网络和重要信息系统保障水平明显提升，互联网安全管理不断加强。贯彻落实《国务院关于大力推进信息化发展和切实保障信息安全若干意见》精神，出台了我省的实施意见。

我省信息化跨越式发展的基础和条件已经具备，将信息化发展目标在"数字陕西"的基础上提升为"数字陕西·智慧城市"是符合陕西信息化发展实际和社会快速发展需求。

智慧城市建设涉及城市发展的各个方面，是一项复杂的系统工程，国家各相关部委都在积极推进、省市各部门也在着手启动智慧城市建设，我省正在掀起智慧城市建设的热潮。与此同时我们应当密切关注智慧城市建设中可能出现的问题，如标准不统一、资源共享程度低、分散多头建设、重复建设等问题。需要对"数字陕西·智慧城市"建设进行统筹规划、顶层设计，清晰定义发展目标、阶段任务、责权边界，制定发展机制和建设模式。

3 指导思想、基本原则和发展目标

3.1 指导思想

紧紧抓住新一代信息技术带来发展机遇，深入贯彻落实党的"十八大"会议精神,推动信息化与工业化、城镇化和农业现代化的深度融合和协调发展,围绕省委、省政府提出的"科学发展、富民强省"战略任务,面对当前城市发展在环境保护、资源利用和舒适生活等面临的挑战,建设更加健康、高效、便捷和绿色的"智慧城市"。以市民生活、城市运行、企业运营和政务服务等领域智慧应用为突破口,建立覆盖城乡居民人人享有的信息化公共服务体系,全面提升信息化在城市综合管理和便民、利民、惠民服务中的应用水平,加快推进陕西社会创新发展和产业转型升级。

3.2　基本原则

政府引导,市场推动。强化政府规划引领,统筹协调,优化环境、应用示范等方面引导作用,发挥市场机制在资源配置中的基础性与导向性作用,开放政务信息资源,鼓励机构和企业等多方参与智慧城市建设和服务,形成良性发展的市场推动机制。

顶层设计,协调发展。把握世界科技与城市发展的最新趋势,统筹规划和设计"数字陕西·智慧城市"发展,以信息化公共平台服务体系为支撑,协调推进城市管理、公共服务和产业转型升级。

民生优先,以人为本。以服务民生、方便群众为优先目标,大力开展智慧应用体系建设,不断提升城乡居民信息的获取和利用能力,发挥全体市民的积极性和创造性,共同推动"数字陕西·智慧城市"建设。

重点突破,示范带动。结合各城市发展实际和比较优势,各有侧重地培育和建设智慧城市示范应用,通过示范带动,共享建设和发展成果,加快重点领域的智慧应用系统建设,推进智慧产业发展。

保障安全,优化环境。积极防御,综合防范,加强信息安全管理,以安全保发展,以发展促安全,不断完善"数字陕西·智慧城市"管理体制和推进机制,强化政策、标准、规范的指导和引导作用。

3.3　整体定位和发展目标

整体定位。全省城乡以网络互联互通、信息传递顺畅、网上办事高效便捷、基本公共服务城乡均等为目标,推进"数字陕西"建设;中心城市以智慧化发展为目标,推进以全面感知、广泛互联、灵活互动、科学管控、智能应用、内生发展为主要特征的"智慧城市"建设,引领全省社会信息化梯度发展。

发展目标。到 2017 年底，初步形成以信息化公共平台为基础推进惠及城乡居民的"数字陕西·智慧城市"基本框架，取得智慧应用服务体系阶段性成果，示范带动效应突出、重点应用成效明显、智慧产业初具规模、关键技术取得突破、信息安全总体可控的良好局面，关中智慧城市群基本建成，全省信息化水平总指数超过 0.85 以上，力争达到 0.90，信息化整体水平迈入全国先进行列。

专栏 1 "数字陕西·智慧城市"内涵

"数字陕西·智慧城市"是按照城市智慧引领与城乡统筹兼顾，高端发展与普遍服务并重的梯度发展理念，在两个层面推进社会信息化发展。"数字陕西"的发展定位是在全省城乡范围内建设以网络互联互通、信息便捷获取、基本公共服务城乡均等为特征的"数字陕西"。"智慧城市"的发展定位是在中心城市建设以全面感知、广泛互联、智能应用、内生发展为特征和目标的"智慧城市"，引领全省社会信息化梯度发展。

通过开放政务信息资源、政务服务市场和信息化公共平台，在信息服务领域形成具备产业支撑能力的增长点和发展方向，培育一批初具规模的信息资源增值服务商；实施一批面向政务、民生、社会管理的智慧应用；建立政务、民生需求与产业发展良性互动，商业模式清晰可持续的智慧城市建设产业支撑和市场环境。

通过持续推进"数字陕西·智慧城市"建设，使得我省城乡在经济上健康合理可持续，生活上和谐安全更舒适，管理上科学、智慧、信息化。

4　发展机制和模式

"数字陕西·智慧城市"发展思路是秉承近年来我省在推进信息化建设中建立起来的信息化发展理念，坚持已经形成的信息化推进机制和发展模式，充分利用已经取得信息化基础资源和公共服务体系建设成果。以智慧政务为引领，智慧产业为支撑，大力发展智慧民生服务。在信息化公共平台顶层设计框架下，统筹规划智慧应用体系建设，集约建设基础设施和资源。按照部门职责权属牵头负责,分类推进智慧城市建设;省市协同,分级推进智慧城市建设。

在基础设施共享方面,充分利用已经取得信息化建设成果,依托信息化公共平台开展智慧城市建设。公共平台主管部门负责平台建设、运维和服务,各部门按职能负责建设相关业务应用,共享平台提供的机房、网络、主机、存储、支撑软件、安全和运维等基础设施,建立和完善"平台+服务"智慧城市建设模式。

在示范应用共享方面,充分发挥各城市的比较优势,鼓励各市各部门根据自身条件,有重点开展智慧城市示范应用建设。将技术先进和应用成效突出的智慧应用提升为省级全局应用,各市各部门通过公共平台共享示范应用成果,避免重复建设和信息孤岛,提高智慧城市建设的绩效。

鼓励信息技术服务企业基于公共平台部署和开展智慧政务和智慧民生服务;鼓励电信运营商利用网络覆盖优势开展社会信息化服务,积极推进市级以下移动政务应用。

专栏2 电子政务公共平台和信息化公共平台

电子政务公共平台。利用云计算等新一代信息技术,集约建设包括机房、网络、安全保障、存储灾备、信息资源、运维等公共性、基础性设施和资源,面向各级部门提供政务支撑服务的公用平台。

信息化公共平台。在电子政务公共平台的基础上,进一步提高承载能力和服务水平,使其成为面向社会管理、公共服务和政务服务,支撑"数字陕西·智慧城市"各类智慧应用的公共平台。

---

5 "数字陕西·智慧城市"体系架构

5.1 信息化公共平台体系架构

智慧城市是由新一代信息技术(物联网、云计算等)做支撑,协同创新为特征的知识经济环境下的城市形态。它利用新一代信息和通信技术使城市生活更加智能,资源利用更高效,成本和能源更节约,环境更友好,支持创新和低碳经济。要实现这一目标,需要强大的信息化基础设施和资源做支撑,通过将各部门的智慧应用系统所需的共享基础设施和资源与其业务应用剥离,统一规划、集约建设、规范管理、按需使用,构成统一的信息化公共平台。依托信息化公共平台建设智慧城市，符合我国信息化发展的客观规律和实际需求，可有效避免重复建设，降低信息化投入，促进区域、部门及行业间的互联互通和资源共享。

信息化公共平台服务体系架构是由省、市两级信息化公共平台和县级统一平台组成，其建设目标是实现"网络覆盖到村、基础资源共享、业务与承载分离、三级平台五级服务"，如图1所示。

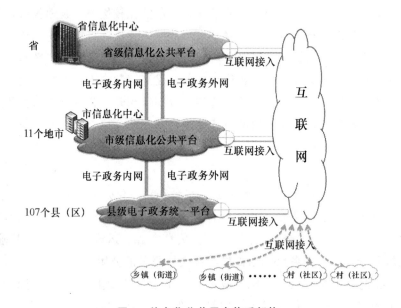

图1 信息化公共平台体系架构

"网络覆盖到村"就是内网和外网覆盖省、市、县三级，县以下电子政务外网通过互联网延伸至乡（街道办）、村（社区）。"基础资源共享"就是在公共平台上实现基础设施、基础数据库、共性运行环境和公共应用资源的共享。"业务与承载分离"就是业务应用系统与承载环境，即机房、网络、主机和存储等基础设施分离。"三级平台五级服务"就是省、市、县级三级平台服务于五级行政区域。省级公共平台是"数字陕西·智慧城市"的基础支撑，市级公共平台是应用的核心、县级平台是服务前端，如图2所示。

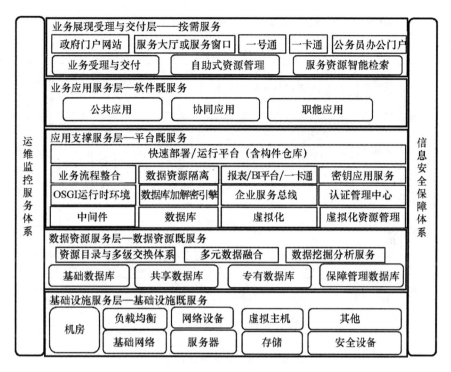

图2 电子政务公共平台总体架构

专栏3 陕西省信息化公共平台服务体系

省级公共平台是支撑全省各级各部门信息化建设的基础性、公共性基础资源平台。承担全省信息化基础资源的共享、信息资源开发利用与交换、信息安全保障、容灾备份和运维监控等功能。

市级公共平台是支撑社会服务、城市管理、政务服务的基础支撑平台。服务定位是面向市民和企业提供公共服务。

县级统一平台是省、市两级公共平台的接入平台,承载省市平台的各项业务应用和服务在县域的落地,开展本地化业务应用。服务定位是面向城镇居民和农民提供基本公共服务。

5.2 智慧城市基本框架

"数字陕西·智慧城市"基本框架是以信息化公共平台为支撑,以智慧城市信息资源开发利用和感知互联为核心,以法律法规、标准规范和组织领导为保障,建设智慧应用和服务体系,实现信息技术与城市综合管理、公共服务、产业发展与市民生活的有机融合，基本框架如图3所示。

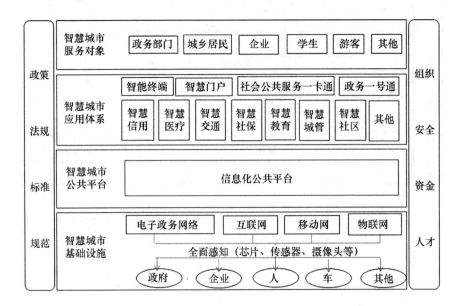

图3　智慧城市基本框架

6　主要任务

6.1　完善公共平台体系，深化应用服务

完善电子政务公共平台，将其提升为面向城市管理、公共服务的信息化公共平台。在省、市两级公共平台基础上，建立智慧应用服务体系，通过县级平台将基础性公共服务延伸到基层。

6.2　推进宽带陕西，提升智慧城市发展环境

推进宽带陕西建设，构建普遍覆盖、便捷高效的信息通信网络体系；建设和完善电子政务骨干传输网、城域网、无线通信网；大力建设物联网基础设施；发展高清电视、互动电视，实现城市数字电视网络双向化、节目高清化、内容多元化和应用互动化。

鼓励电信运营商利用网络覆盖优势广泛开展社会信息化应用，实施医疗服务、移动媒体、应急预警、手机支付等社会信息化应用。积极推进地市以下政务部门面向公众服务和社会管理开展移动政务应用，提高电子政

务公众认知度和发挥电子政务公共服务的作用。

6.3 开发利用政务信息资源，发展云计算和大数据产业

开发利用政务信息资源。按照《陕西省政府信息公开规定》要求开放政务信息资源，建立政务信息资源交换、共享和授权使用机制，建立和完善政务信息比对、更新和维护机制，确保数据的有效性和服务质量。各服务机构和企业依据政务信息资源的公开属性，按政务信息资源交换和共享流程开展数据资源增值服务。

鼓励各服务机构和企业按照本纲要支持的领域，依托信息化公共平台开展信息资源增值服务。公共平台为各类服务提供基础设施、信息资源交换与共享、功能构件、运行支撑、运营支撑、基础运维和安全保障。各部门和公共事业单位在业务需求引导和数据资源开放等方面，应积极支持和配合服务机构和企业开展信息资源服务。

服务机构和企业开展的公益性服务，政府按业务量和服务质量给予一定财政补贴。依据政务部门和公共事业的需求开展的政务服务由部门支付相应的服务费用。服务机构和企业自主开拓市场，面向政务部门、机构、企业和个人提供的服务，按市场化原则收取服务费用。

发展云计算和大数据产业。以云计算和大数据服务为突破口，以西咸新区大数据处理与服务产业园区为基地，建设全国人口信息处理和备份（西安）中心、国家林业数据备份中心、政务信息交换中心、网络社情民意调查分析服务中心和高性能计算中心，把西咸大数据处理与服务产业园区建成国家级政务信息资源汇聚地、社会信息资源集散地，形成大数据服务产业高地。

发展北斗卫星应用示范。围绕卫星通信、卫星导航、卫星遥感三大领域，推进产业联盟、产业创新、公共服务等创新工程，打造卫星通信广播、北斗卫星导航终端及位置服务、北斗卫星空间基准授时等卫星应用产业链，推动北斗卫星应用产业快速发展。

6.4 以服务公众为核心，全面构建智慧应用体系

专栏 4 智慧应用共建共享模式

智慧应用共建共享模式是指各城市按自身条件，在全省统筹规划和顶层设计框架下，有重点地建设优势智慧应用项目，将在建设模式、推进思路、技术方案、软件功能、应用系统和管理方式等不同层面取得示范应用成果在全省范围内推广和共享，形成具有区域发展特色的智慧应用建设机制和模式。

围绕公共服务这一核心主题，按照智慧应用共建共享服务模式，着力推进公共支撑工程、省级重点智慧应用工程、省市共建重点智慧应用工程、市级重点智慧应用服务工程、智慧产业示范工程和重要行业智慧应用工程，以应用为突破口，整体推进智慧城市的建设。

7 重点工程及建设模式

"数字陕西·智慧城市"重点工程包括公共支撑工程、省级重点智慧应用工程、省市共建重点智慧应用工程、市级重点智慧服务工程、智慧产业示范工程和重要行业智慧应用工程。

公共支撑工程包括信息化公共平台、基础性公共服务、宽带陕西、基础信息资源建设、智慧门户等建设项目。公共支撑工程涉及基础性、公共性和全局性的建设项目，由省信息化领导小组统一规划、统一技术标准规范和建设要求，按职能权属由相关部门牵头实施。信息化公共平台建设项目包括省、市两级信息化公共平台；基础性公共服务项目包括社会公共服务一卡通示范项目、政务一号通应用项目、网络社情民意服务中心、省级智慧门户项目。信息化公共平台建设项目由省、市公共平台主管部门负责建设；宽带陕西建设项目由省通信管理局牵头，各电信运营商和省广电网络公司实施；社会公共服务一卡通建设项目，由省卫生厅负责业务应用实施，省工业和信息化厅负责基础设施和平台建设，相关业务部门配合；政务一号通应用项目，由省纪检委牵头，省工业和信息化厅负责基础设施建设，各级政府办配合业务应用实施；其他建设项目由省工业和信息化厅牵头，相关部门配合实施。工程建成后面向全省各领域提供智慧城市业务应用支撑服务。

省级重点智慧应用工程包括智慧医疗、智慧教育、智慧社保、智慧环保、智慧食品药品监管等建设项目。省级重点智慧应用工程由省信息化领导小组统一规划、统一技术架构，依托省、市信息化公共平台，由省级业务主管部门牵头，省、市公共平台主管部门配合基于公共平台的部署，市级相关业务主管部门配合业务实施。工程建成后面向各相关业务部门和公众提供服务。

省市共建重点智慧应用工程包括智慧信用、智慧交通、智慧物流、智慧安监等建设项目。省市共建重点智慧应用工程由省信息化领导小组统一规划、统一技术架构和互联互通要求，依托市信息化公共平台，由省级业务主管部门负责组织协调和业务指导，省、市业务主管部门负责建设实施，市公共平台主管部门配合基于公共平台的部署。

市级重点智慧服务工程包括智慧城管、公共事业消费一卡通、市级智慧门户、共享信息资源建设、智慧社区、城市应急、智慧治安、智慧旅游、智慧商贸等建设项目。市级重点智慧服务工程由省信息化领导小组统一规划、统一技术规范和建设要求，依托市级信息化公共平台，由省级业务主管部门负责业务指导，市级业务主管部门负责牵头实施，市级公共平台主管部门配合基于公共平台的部署，市级相关部门配合业务实施。

智慧产业示范工程包括全国人口处理与备份（西安）中心、国家林业数据备份中心、西部政务信息交换中心、陕西省高性能计算中心、北斗卫星导航应用示范等建设项目。智慧产业示范工程按照国家部委和省信息化领导小组建设要求统一规划，遵循相关行业标准和规范，省工业和信息化厅负责组织协调和业务指导，由西咸新区管理委员会负责园区规划和基础设施配套，省信息化工程研究院负责规划设计，相关授权部门或机构负责实施。北斗卫星导航应用示范等建设项目由省工业和信息化厅牵头组织协调，示范单位负责建设实施。重要行业智慧应用工程包括智慧水利、智慧能源、智慧农业、两化融合等建设项目。重要行业智慧应用工程作为"数字陕西·智慧城市"应用体系建设的重要内容，由省级业务主管部门统筹规划，制定相关技术规范和建设要求，依托省、市信息化公共平台，由省或市级业务主管部门负责牵头实施，省、市公共平台主管部门配合基于公共平台部署。

8 支撑体系建设

8.1 标准法规体系

建立"数字陕西·智慧城市"标准规范研究团队,加快"数字陕西·智慧城市"法律法规、制度和标准规范的制定和应用示范工作,形成支撑"数字陕西·智慧城市"快速发展的制度和标准环境。

8.2 基础资源共享与服务体系

建设"数字陕西·智慧城市"基础资源共享和服务体系,为智慧应用提供信息化基础设施服务,基础资源共享服务、运行资源支撑服务、公共应用服务。通过梳理政务信息资源目录,确定共享数据信息和专有信息数据库建设单位以及采集、交换、共享管理办法,推动全省基础资源共享与服务体系建设。

8.3 组织管理与技术支撑体系

建立"数字陕西·智慧城市"组织管理与技术支撑体系。由信息化主管部门组织,专家咨询组、技术支撑机构、业务主管或牵头部门、承建方或实施企业共同参与建立高效、权威的组织管理机制和技术支撑队伍,确保智慧城市项目顺利实施。

8.4 信息安全保障体系

进一步完善信息安全保障体系,认真落实信息安全管理责任制,全面推行信息安全等级保护和风险评估制度,加强网络安全防护体系建设,定期开展信息系统安全检查。加强信息安全测评、认证体系、网络信任体系、信息安全监控体系及容灾备份体系建设,定期开展信息安全事件应急演练,提高信息安全事件应急处置能力。

9 附件

9.1 重点建设项目技术规范与建设要求

附件所列出的重点建设项目技术规范与建设要求是本纲要的重要组成

部分,作为技术性规范文件将陆续发布,用以指导和规范全省"数字陕西·智慧城市"建设。主要有:

(1)信息化公共平台技术规范与建设要求

(2)社会公共服务一卡通示范应用建设要求

(3)城市公共事业消费一卡通应用建设要求

(4)政务一号通应用建设要求

(5)智慧门户建设要求

(6)网络社情民意服务中心技术规范与建设要求

(7)宽带陕西建设要求

(8)政务信息资源服务要求与规范

(9)智慧教育建设要求

(10)智慧医疗建设要求

(11)智慧环保建设要求

(12)智慧食品药品监管建设要求

(13)文化信息资源建设要求

(14)智慧信用建设要求

(15)智能安监建设要求

(16)智慧交通建设要求

(17)智慧城管建设要求

(18)智能家居建设指南

(19)智慧社区建设要求

(20)城市应急建设要求

(21)智慧治安建设要求

(22)智慧物流建设要求

(23)智慧旅游建设要求

9.2 "数字陕西·智慧城市"重点建设项目目录

"数字陕西·智慧城市"重点建设项目目录

序号	工程类型	项目名称		牵头部门	指导部门	配合部门	实施部门
1	"数字陕西·智慧城市"公共支撑工程	信息化公共平台	省级信息化公共平台	省工信厅	省信息化领导小组	省财政厅	省工信厅
			市级信息化公共平台	市公共平台主管部门	市信息化领导小组	市发改委、市财政局	市公共平台主管部门
		基础性公共服务	社会公共服务一卡通示范项目	省卫生厅	省工信厅	省工信厅、省财政厅、省人口计生委、人民银行西安分行	省卫生厅
			政务一号通应用项目	省纪检委	省工信厅	省工信厅、法制办、各级政府办	省纪检委省工信厅
			网络社情民意调查分析服务中心	省委宣传部		省工信厅负责基于公共平台的部署	省委宣传部省工信厅
			省级智慧门户项目	省工信厅	省工信厅	省级各部门	省工信厅
			宽带陕西建设项目	省通信管理局		省工信厅	陕西电信、陕西移动、陕西联通、省广电网络
			基础信息资源建设项目	各基础资源管理部门(人口、公安、测绘、质监、工商、统计、文化等)	省工信厅	省工信厅配合基于公共平台的部署	各基础资源管理部门
2	省级重点智慧应用工程	智慧教育		省教育厅	教育部	省、市平台主管部门配合基于平台的部署;市级相关部门配合实施	省教育厅
		智慧医疗		省卫生厅	国家卫计委	省、市平台主管部门配合基于平台的部署;市级相关部门配合实施	省卫生厅

续表

序号	工程类型	项目名称	牵头部门	指导部门	配合部门	实施部门
2	省级重点智慧应用工程	智慧食品药品监管	省食品药品监督管理局		省、市平台主管部门配合基于平台的部署;市级相关部门配合实施	省食品药品监督管理局
		智慧环保	省环境保护厅	省工信厅	省、市平台主管部门配合基于平台的部署;省、市级相关部门配合实施	省环境保护厅
		智慧社保	省人力资源和社会保障厅		省、市平台主管部门配合基于平台的部署;市级相关部门配合实施	省人力资源和社会保障厅
		文化信息资源	省文化厅		省、市平台主管部门配合基于平台的部署;市级相关部门配合实施	省文化厅
3	省市共建重点智慧应用工程	智慧信用	省发改委	省工商局、省质监局	省、市平台主管部门配合基于平台的部署;省、市级相关部门配合实施	省、市工商局,省、市质监局
		智能安监	省、市安监局	省安监局	省、市平台主管部门配合基于平台的部署;市级相关部门配合实施	省、市安监局
		智慧交通	省交通运输厅、省公安厅	交通运输部、公安部	省、市平台主管部门配合基于平台的部署;省、市级相关部门配合实施	省交通运输厅、市交通运输局、省公安厅、市公安局
		智慧物流	省交通运输厅、市交通运输局	省交通运输厅、省商务厅	市平台主管部门配合基于平台的部署;市级相关部门配合实施。	省交通运输厅、市交通运输局

续表

序号	工程类型	项目名称	牵头部门	指导部门	配合部门	实施部门
4	市级重点智慧服务工程	公共事业消费一卡通	各市主管部门或机构	省工信厅	各市相关公共事业部门和机构	各市一卡通运营机构
		市级智慧门户	公共平台主管部门	省工信厅	省级各部门	市级智慧门户
		共享信息资源建设项目	各信息资源管理部门（人口、公安、测绘、工商、质监、统计等）	市工信局（委）	市平台主管部门配合基于平台的部署	各信息资源管理部门
		智慧城管	市城管局	省住建厅	市平台主管部门配合基于平台的部署；市级相关部门配合实施。	市城管局
		智慧社区	市民政局	省民政厅	市平台主管部门配合基于平台的部署；市级相关部门配合实施。	市民政局
		城市应急	市应急管理办公室	省应急管理办公室	市平台主管部门配合基于平台的部署；市级相关部门配合实施。	市应急管理办公室
		智慧治安	市公安局	省公安厅	市平台主管部门配合基于平台的部署；市级相关部门配合实施。	市公安局
		智慧旅游	市旅游局	省旅游局	市平台主管部门配合基于平台的部署；市级相关部门配合实施。	市旅游局
5	智慧产业现代服务示范工程	全国人口信息处理与备份（西安）中心	省人口计生委	国家卫计委	省工信厅、西咸新区管委会	省人口计生委国家林业数据备份中心
		国家林业局	省工信厅	省工信厅		
		西部政务信息交换中心	省工信厅	国家工信部	省工信厅	省工信厅
		陕西省高性能计算中心	省工信厅		省工信厅	省工信厅
		北斗卫星导航应用示范项目	省发展改革委			
		省工信厅	省测绘地理信息局、省工信厅、各示范应用服务部门	省科技厅各示范应用服务部门	各示范主体企业	

附录三 "数字富平"建设的路径、模式及机制研究(2013KRM10)项目组名单

项目指导：

卢建军　范九伦　王建平　蒋　林　张　鸿

田小平　刘进海　卢光跃　王军选

项目负责人：

张　超

项目组成员：

张　权　王　群　段禄峰　任少军　曹媛媛
张　媛　范满航　关启轩　代玉虎　陈有为

附录四 "数字富平"建设的路径、模式 及机制研究(2013KRM10) 验收意见

    2015年3月6日,省科技厅组织有关专家,对西安邮电大学承担的陕西省软科学研究计划项目"'数字富平'建设的路径、模式及机制研究 (项目编号:2013KRM10)"进行了验收。验收委员会仔细审阅了项目研究报告,听取了项目组情况汇报,经讨论,形成以下验收意见:

    1.项目组提交的资料齐备,符合验收要求。

    2.项目组以"数字富平"建设为研究对象,应用调查研究、理论研究、案例研究、规范研究等方法,在数字城市建设现状分析及国内外案例研究的基础上,论证"数字富平"建设的必要性与可行性,设计了"数字富平"的建设路径、商业模式和构架了相应的保证机制。

    3.该项目研究成果为"数字富平"建设提供了智力支持,对促进富平以及对国内其他城市尤其是中西部小城镇的数字/智慧城市建设,具有重要的参考价值。

    4.项目经费使用合理,符合有关规定。

    验收委员会认为,项目完成了合同书规定的各项任务,同意通过验收。

验收委员会主任:

2015年 3 月 6 日

参考文献

[1] 中国电子技术标准化研究院：《中国智慧城市标准化白皮书》，2013
年7月。

[2] 国脉互联智慧城市研究中心：《2012中国智慧城市发展调研报告》，
2012年12月。

[3] 中国通信学会：《智慧城市白皮书（2012）》，2012年。

[4] 周建顺、刘志刚：《诺奖得主：21世纪对世界影响最大的两件事》，
《香港商报》2003年9月26日。

[5] 李广乾：《智慧城市vs新型城镇化》，《新经济导刊》2013年第5期。

[6] 财经网：IBM联手IDC发布智慧城市白皮书：支持新型城镇化发展
[EB/OL]，http://tech.caijing.com.cn/2014—03—26/114044760.ht-
ml，2014-03-26。

[7] 宋俊德：《从数字城市到智慧城市》，《世界电信》2012年第11期。

[8] 仇保兴：《智慧地推进我国新型城镇化》，《城市发展研究》2013年
第5期。

[9] 工业和信息化部电信研究院：《工信部2014年ICT深度报告：100%副省
级以上城市在推进智慧城市》，http://www.smartcitychina.cn/ZhengCeJu-
Jiao/2014—03/1510.html，2014-03-06。

[10] 人民邮电报：《"智慧城市"发展进入各方深度协作新阶段》，http://
news.xinhuanet.com/info/2015—02/04/c_133968588.htm，2015-02-04。

[11] 李春友、古家军：《国外智慧城市研究综述》，《软件产业与工程》
2014年第3期。

[12] Graham, S., Marvin, S. Telecommunications and the city: Electronic
spaces, urban places [M]. London: Routledge, 1996: 2.

[13] Allwinkle, S., Cruickshank, P. Creating smart - er cities: An overview

[J]. Journal of Urban Technology, 2011, 18 (2): 1 - 16.

[14] Kenneth Ecorey. Intelligent corridors: outcomes of electronic space policies [J]. Journal of Urban Technology, 2000, 7 (2): 1 - 22.

[15] Manuel Pastor, Gabriele Cruciani, Sergio Clementi. Smart region definition: a new way to improve the predictive ability and interpretability of three - dimensional quantitative structure - activity relationships [J]. Journal of Medicinal Chemistry, 1997, 40 (10): 1455 - 1464.

[16] Kenneth, E.. Corey. Intelligent corridors: outcomes of electronic space policies [J]. Journal of Urban Technology, 2000, 7 (2): 1 - 22.

[17] Hollands, R. G. Will the real smart city please stand up? [J]. City, 2008, 12 (3): 303 - 320.

[18] Hall, R. E. The vision of a smart city [A], The 2nd International Life Extension Technology Workshop [C]. Paris, France, 2000.

[19] Komninos, N. . Intelligent cities: Innovation, knowledge systems and digital spaces [M]. London: Spon Press, 2002: 198 - 199.

[20] Rios, P. . Creating the smart city [EB/OL]. http: //archive. udmercy. edu: 8080/bitstream/handle/10429/393/2008_ rios_ smart. pdf? sequence = 1.

[21] Caragliu, A. , Bo, C. D. , NIukamp P. . Smart cities in Europe [A], The 3rd Central European Conference in Regional Science [C]. Košice, Slovak Republic, 2009.

[22] Kanter, R. M. , Litow, S. S. . Informed and interconnected: A manifesto for smarter cities [R]. Harvard Business School General Management Unit Working Paper, 2009: 09 - 141.

[23] Andrea Caragliu, Chiara Del Bo, Peter Nijkamp. Smart Cities in Europe [J]. 3rd Central European Conference in Regional Science, 2009: 45 - 59.

[24] Toppeta D. . The smart city vision: How innovation and ICT can build smart, "livable", sustainable cities [EB/OL]. http: //www. thinkinnovation. org/file/research/23/en/Toppeta_ Report_ 005_ 2010. pdf.

[25] Lombardi, P. , Giordano, S. , Farouh H. , et al. Modeling the smart city performance [J]. Innovation - The European Journal of Social Science Research, 2012, 25 (2): 137 - 149.

[26] Giffinger, R. , Fertner, C. , Kramar, H. , et al. Smart cities: Ranking of European medium – sized cities [EB/OL]. http: //www. smart – cities. eu/download/smart_ cities_ fi nal_ report. pdf, 2007.

[27] Forrester Research. Helping CIOs Understand "Smart City" Initiatives: Defining the Smart City, Its Drivers and the Role of the CIO [R/OL]. Forrester Research, Inc. 2010. [2011 – 12 – 20].

[28] http: //public. dhe. ibm. com/partnerworld/pub/smb/smarterplanet/ forr_ help_ cios_ und_ smart_ city_ initiatives. pdf.

[29] Natural Resources Defense Council. What are smarter cities? [EB/OL]. http: //smartercities. nrdc. org/about.

[30] Caragliu, A. , Del B. C. and Nijkamp, P. Smart cities in Europe [M]. Amsterdam: VU University Amsterdam, 2009: 3 – 16.

[31] Harrison, C. , Eckman, B. , Hamiton, R. , et al. Foundations for smarter cities [J]. IBM Journal of Research and Development, 2010, 54 (4): 3 – 16.

[32] Sotiris Zygiaris. Smart city reference model: Assisting planners to conceptualize the building. of smart city lnnovation ecosystems [J]. Journal of the Knowledge Economy, 2013: 42.

[33] M. Batty, K. W. Axhausen, F. Giannotti, A. Pozdnoukhov, A. Bazzani, M. Wachowicz, G. Ouzounis, Y. Portugali. Smart cities of the future [J]. The European Physical Journal Special Topics, 2012.

[34] Gerhard Schmitt. Spatial modeling issues in future smart cities [J]. Geo – spatial Information Science, 2013: 161.

[35] Gregory, S. Yovanof; George, N. Hazapis. An architectural framework and enabling wireless technologies for digital cities & lntelligent urban environments [J]. Wireless Personal Communications. 2009, 49 (3): 445 – 463.

[36] Sam Allwinkle; Peter Cruickshank. Creating smarter cities: An Overview [J]. Journal of Urban Technology, Volume: 18 Issue: 2, 2011 – 04: 1 – 16.

[37] Caragliu, A. , Bo C. , Nijkamp, P. . Smart cities in europe [J]. Journal of Urban Technology, 2011 (18): 65 – 82.

[38] Tim Campbell. Beyond smart cities: How cities network, learn and lnnovate [M]. Earthscan Ltd, 2012.

[39] Renata Paola Dameri, Camille rosenthal – Sabroux. Smart City: How to Create Public and Economic Value with High Technology in Urban Space [M]. Springer International Publishing AG, 2014.

[40] Chourabi, H. , Nam, T. . Understanding smart cities: An integrative framework [C], Proceedings of the 45th International Conference on System Science, Hawaii, 2012: 2389 – 2397.

[41] XI Guangliang, ZHEN Feng. The spatial organization and planning of smart cities based on the sustainable development goals [J]. Urban Development Studies, 2014 (5): 106 – 113.

[42] NIU Wenyuan. Smart cities: Convergence of urbanization and informatization [J]. Bulletin of the Chinese Academy of Sciences, 2014 (1): 34 – 41.

[43] Su, K. , Li, J. , Fu, H. . Smart city and the applications [C], Electronics, Communications and Control (ICECC) , 2011 International Conference on. IEEE, 2011: 1028 – 1031.

[44] Paolo Neirotti, Alberto De Marco, Anna Corinna Cagliano, Giulio Mangano, Francesco Scorrano, Current trends in smart city initiatives: Some stylised facts [J]. Cities, 2014: 38.

[45] Jungwoo Lee, Hyejung Lee. Developing and validating a citizen – centric typology for smart city services [J]. Government Information quarterly, 2014.

[46] Anna Kramers, Mattias Höjer, Nina L? vehagen, Josefin Wangel. Smart sustainable cities – Exploring ICT solutions for reduced energy use in cities [J] . Environmental Modelling and Software, 2013.

[47] Nasrin Khansari, Ali Mostashari, Mo Mansouri. Conceptual modeling of the impact of smart cities on household energy consumption [J]. Procedia Computer Science, 2014, 28.

[48] Katarzyna Nowicka. Smart city logistics on cloud computing model [J]. Procedia – Social and Behavioral Sciences, 2014, 151:.

[49] International journal of lnnovation and regional development. Volume: 1 Issue: 4 (2006 – 07): 337 – 355.

[50] Paskaleva, K. A.. Enabling the smart city: The progress of city e – governance in Europe [J]. International Journal of Innovation and Regional Development, 2009, 1 (4): 405 – 422.

[51] Jepson, E. J. Jr, Edwards MM. How possible is sustainable urban development? An analysis of planners' perceptions about new urbanism, smart growth and the ecological city. Planning Practice & Research [J]. Volume 25, Issue 4, 2010: 417 – 437.

[52] Nam, T., Pardo, T A. Conceptualizing smart city with dimensions of technology, people, and institutions [C]. Proceedings of the 12th Annual International Digital Government Research Conference: Digital Government Innovation in Challenging Times. ACM, 2011: 282 – 291.

[53] Alawadhi, S., Aldama – Nalda, A., Chourabi, et al. Building understanding of smart city initiatives [M]. Electronic Government. Springer Berlin Heidelberg, 2012: 40 – 53.

[54] Margarita Angelidou. Smart city policies: A spatial approach [J]. Cities, 2014: 41.

[55] Violino, Bob. SMART CITIES get SMARTER [J]. Computerworld, 2014: 488.

[56] Weisi FU, Ping PENG. A Discussion on smart city management based on Meta – Synthesis method [J]. Management Science and Engineering, 2014: 81.

[57] Rudolf Giffinger et al. Smart cities ranking of European medium – sizedcities [J]. Centre of Regional Science, Vienna UT, October 2007.

[58] IBM. 智慧的城市在中国 [EB/OL]. http: www. ibm. com/cn, 2012 – 5 – 24.

[59] Natural Resources Defense Council. What are smarter cities? [EB/OL]. http: //smartercities. nrdc. org/about.

[60] ICF. Intelligent Community Indicators [EB/OL]. http: //www. intelligentcommunity. org/, 2012 – 5 – 24.

[61] 王思雪、郑磊:《国内外智慧城市评价指标体系比较》,《电子政务》2013 年第 1 期。

[62] Kourtit, K., Nukamp, P., Arribas, D., et al. Smart cities in per-

spective – a comparative European study by means of self – organizing maps [J]. Innovation: The European Journal of Social Science Research, 2012, 25 (2): 229 – 246.

[63] Lombardi, P., Giordano, S., Farouh, H., et al. Modeling the smart city performance [J]. Innovation – The European Journal of Social Science Research, 2012, 25 (2): 137 – 149.

[64] Lazaroiu, G. C., Roscia, M.. Defi nition methodology for the smart cities model [J]. Energy, 2012 (47): 326 – 332.

[65] Caves, R. W., Walshok, M. G.. Adopting innovations in information technology [J]. Cities, 1999, 16 (1): 3 – 12.

[66] Tuba Bakıcı, Esteve Almirall, Jonathan Wareham. A Smart City Initiative: the Case of Barcelona [J]. Journal of the Knowledge Economy, 2013, 42.

[67] Komninos, N.. Intelligent cities: Innovation, knowledge systems and digital spaces [M]. London: Spon Press, 2002: 198 – 199.

[68] Jung Hoon Lee, Marguerite Gong Hancock, Mei – Chih Hu. Towards an effective framework for building smart cities: Lessons from Seoul and San Francisco [J]. Technological Forecasting & Social Change, 2013, :.

[69] Andrea Caragliu, Toppeta, D.. The smart city vision: how innovation can build smart, liveable sustainable cities [R]. THINK REPORT. 2010.

[70] Shapiro, J. M.. Smart cities: Explaining relationship between city growth and human capital [R]. 2011, http: //papers. ssrn. com/sol3/ papers. cfm? abstract _ id = 480172.

[71] John, V. .Winters. WHY ARE SMART CITIES GROWING? WHO MOVES AND WHO STAYS [J]. Journal of Regional Science. Volume: 51 Issue: 2 (2011 – 05 – 01): 253 – 270.

[72] George Cristian Lazaroiu, Mariacristina Roscia. Definition methodology for the smart cities model [J]. Energy, 2012: 471.

[73] Paolo Neirotti, Alberto De Marco, Anna Corinna Cagliano, Giulio Mangano, Francesco Scorrano. Current trends in Smart City initiatives: Some stylised facts [J]. Cities, 2014: 38.

[74] 上海社会科学院信息研究所:《智慧城市辞典》, 上海辞书出版社

2011 年版。

[75] 上海社会科学院信息研究所：《智慧城市论丛》，上海社会科学院出版社 2011 年版。

[76] 胡小明：《智慧城市的思维逻辑》，《电子政务》2011 年第 6 期。

[77] 李德仁、姚远、邵振峰：《智慧城市的概念、支撑技术及应用》，《工程研究——跨学科视野中的工程》2012 年第 4 期。

[78] 张永民：《如何建设智慧中国——分析、路径、对策和建议》（上），《中国信息界》2012 年第 3 期。

[79] 张永民：《如何建设智慧中国——分析、路径、对策和建议》（下），《中国信息界》2012 年第 4 期。

[80] 张永民：《"智慧中国"设计初探》，《中国信息界》2012 年第 10 期。

[81] 张永民：《智慧中国系统工程建设》，《中国信息界》2012 年第 6 期。

[82] 杨冰之、郑爱军：《智慧城市发展手册》，机械工业出版社 2012 年版。

[83] 陆伟良、周海新、陈长川：《感知智慧城市概论》，《江苏建筑》2012 年第 5 期。

[84] 许晶华：《我国智慧城市建设的现状和类型比较研究》，《城市观察》2012 年第 4 期。

[85] 吴宇迪：《浅议我国智慧城市建设与发展问题》，《建筑经济》2012 年第 8 期。

[86] 张少彤、王芳、王理达：《智慧城市的发展特点与趋势》，《电子政务》2013 年第 4 期。

[87] 王广斌、张雷、刘洪磊：《国内外智慧城市理论研究与实践思考》，《科技进步与对策》2013 年第 19 期。

[88] 陈柳钦：《智慧城市：全球城市发展新热点》，《青岛科技大学学报》（社会科学版）2011 年第 1 期。

[89] 巫细波、杨再高：《智慧城市理念与未来城市发展》，《城市发展研究》2010 年第 11 期。

[90] 吴胜武、闫国庆：《智慧城市——技术推动和谐》，浙江大学出版社 2010 年版。

［91］王辉、吴越、章建强：《智慧城市》，清华大学出版社 2010 年版。

［92］张永民：《智慧城市高于"数字城市"》，《中国信息界》2011 年第 10 期。

［93］张永民：《我国智慧城市建设的现状及思考》，《中国信息界》2011 年第 3 期。

［94］李重照、刘淑华：《智慧城市：中国城市治理的新趋向》，《电子政务》2011 年第 6 期。

［95］吴余龙、艾浩军：《智慧城市——物联网背景下的现代城市建设之道》，电子工业出版社 2011 年版。

［96］李德仁：《数字城市 + 物联网 + 云计算 = 智慧城市》，《中国新通信》2011 年第 20 期。

［97］陈柳钦：《智慧城市：全球城市发展新热点》，《青岛科技大学学报》（社会科学版）2011 年第 1 期。

［98］余红艺：《智慧城市：愿景、规划与行动策略》，北京邮电大学出版社 2012 年版。

［99］李伯虎：《智慧城市研究与实践》，《中国航天科工集团》2012 年第 1 期。

［100］李海俊、芦效峰、程大章：《智慧城市的理念探索》，《智能建筑与城市信息》2012 年第 6 期。

［101］单志广：《什么是智慧城市?》，《供用电》2014 年第 10 期。

［102］胡小明：《智慧城市的思维逻辑》，《电子政务》2011 年第 6 期。

［103］杨冰之：《中国智慧城市的愿景与本质特征［EB/OL］》，（2011 - 03 - 03）［2011 - 12 - 06］. http：//productnews. itxinwen. com/ gossip/ 2011/ 0303/245580. html。

［104］中国联通：《构建更加"智慧"的淄博》，中国联通，2012 年。

［105］李伯虎：《智慧城市研究与实践》，中国航天科工集团，2012 年。

［106］华为公司：《华为整体化智慧城市解决方案》，华为公司，2013 年。

［107］杭州市政府：杭州市智慧城市建设总体规划［EB/OL］http：//wen ku. baidu. com/view/6d8d37204b35eefdc8d33364. html，2011 - 11 - 01。

［108］宁波市信息产业局：宁波市智慧城市发展总体规划［EB/OL］ht- tp：//wenku. baidu. com/view/b6ab9706de80d4d8d15a4ffa. html，2010 - 08 - 23。

［109］上海浦东智慧城市发展研究院，2012 智慧城市论坛《智慧城市评

价指标体系 2.0》发布 [EB/OL]，智慧中国网，http：//www. chinaci-ty. org. cn/csph/pingjia/99582. html，2013 - 01 - 09。

[110] 巫细波、杨再高：《智慧城市理念与未来城市发展》，《城市发展研究》2010 年第 11 期。

[111] 张永民：《智慧城市总体方案》，《中国信息界》2011 年第 3 期。

[112] 辜胜阻、王敏：《智慧城市建设的理论思考与战略选择》，《中国人口·资源与环境》2012 年第 5 期。

[113] 芦效峰、李海俊、程大章：《智慧城市的功能与价值》，《智能建筑与城市信息》2012 年第 6 期。

[114] 胡小明：《智慧城市的同质化与科学规划新视角》，《上海城市管理》2012 年第 4 期。

[115] 王广斌、彭荔、杨洋、马国锋：《基于城市规划视角的我国智慧城市建设思考分析》，《上海城市规划》2013 年第 2 期。

[116] 孙中亚、甄峰：《智慧城市研究与规划实践述评》，《规划师》2013 年第 2 期。

[117] 吴运建、丁有良、孙成访：《基于复杂产品系统视角的智慧城市项目研究》，《城市发展研究》2013 年第 4 期。

[118] 席广亮、甄峰：《基于可持续发展目标的智慧城市空间组织和规划思考》，《城市发展研究》2014 年第 5 期。

[119] 张振刚、张小娟：《智慧城市系统构成及其应用研究》，《中国科技论坛》2014 年第 7 期。

[120] 秦萧、甄峰：《大数据时代智慧城市空间规划方法探讨》，《现代城市研究》2014 年第 10 期。

[121] 甘锋、刘勇智：《基于系统论视角的上海市智慧城市建设研究》，《科技管理研究》2014 年第 21 期。

[122] 宋刚、邬伦：《创新 2.0 视野下的智慧城市》，《城市发展研究》2012 年第 9 期。

[123] 程大章：《智慧城市顶层设计导论》，科学出版社 2012 年版。

[124] 程大章：《智慧城市的顶层设计》，中国城市科学研究会、天津市滨海新区人民政府：《2014 城市发展与规划大会论文集——S08 智慧城市、数字城市建设的战略思考、技术手段、评价体系》（第九届）[C]，《中国城市科学研究会、天津市滨海新区人民政府》2014 年第

4 期。

[125] 何军:《智慧城市顶层设计与推进举措研究——以智慧南京顶层设计主要思路及发展策略为例》,《城市发展研究》2013 年第 7 期。

[126] 杨学军、徐振强:《智慧城市中环保智慧化的模式探讨与技术支撑》,《城市发展研究》2014 年第 7 期。

[127] 杨学军、徐振强:《智慧城市背景下推进智慧环保战略及其顶层设计路径的探讨》,《城市发展研究》2014 年第 6 期。

[128] 许庆瑞、吴志岩、陈力田:《智慧城市的愿景与架构》,《管理工程学报》2012 年第 4 期。

[129] 娄赤刚、林承亮:《智慧城市基本构件及其发展模型探析》,中国科学学与科技政策研究会科学学理论与学科建设专业委员会、中国自然辩证法研究会科学技术学专业委员会 . 2012 年全国科学学理论与学科建设暨科学技术学两委联合年会论文集［C］. 中国科学学与科技政策研究会科学学理论与学科建设专业委员会、中国自然辩证法研究会科学技术学专业委员会,2012 年。

[130] 张振刚、张小娟:《智慧城市的五维度模型研究》,《中国科技论坛》2014 年第 11 期。

[131] 甄峰、秦萧:《智慧城市顶层设计总体框架研究》,《现代城市研究》2014 年第 10 期。

[132] 杨再高:《智慧城市发展策略研究》,《科技管理研究》2012 年第 7 期。

[133] 辜胜阻、杨建武、刘江日:《当前我国智慧城市建设中的问题与对策》,《中国软科学》2013 年第 1 期。

[134] 李广乾:《当前我国智慧城市发展面临的问题与对策》,《中国信息界》2013 年第 1 期。

[135] 李广乾:《加强我国智慧城市建设的顶层设计》,《高科技与产业化》2013 年第 6 期。

[136] 陈博、高光耀:《智慧城市的建设路径、核心和推进策略研究》,《管理现代化》2013 年第 1 期。

[137] 陈如明:《智慧城市定义与内涵解析》,《移动通信》2013 年第 Z1 期。

[138] 仇保兴:《智慧地推进我国新型城镇化》,《城市发展研究》2013

年第 5 期。

[139] 单志广：《我国智慧城市的发展思路与推进策略——在 OA 2013 第十八届办公自动化国际学术研讨会智慧生态城市论坛大会上的报告》，《办公自动化》2013 年第 19 期。

[140] 胡拥军：《智慧城市的发展现状、问题诊断与经验总结》，《中国信息化》2014 年第 20 期。

[141] 乔鹏程、高璇：《我国智慧城市建设的误区与防范》，《中州学刊》2014 年第 8 期。

[142] 李莉、罗灵军、胡旭伟：《"智慧重庆"建设路径研究》，《地理空间信息》2014 年第 1 期。

[143] 徐玉春：《关于推进"智慧天津"战略及对策研究》，《天津大学》2012 年。

[144] 刘刚、张再生、梁谋：《智慧城市建设面临的问题及其解决途径——以海口市为例》，《城市问题》2013 年第 6 期。

[145] 包康平：《珠海建设智慧城市的对策研究》，吉林大学 2014 年硕士学位论文。

[146] 王晰巍、王维、李连子：《智慧城市演进发展及信息服务平台构建研究》，《图书情报工作》2012 年第 23 期。

[147] 边延风、陈林、袁黎轶：《智慧城市统一门户平台建设与发展模式探讨》，《电信技术》2013 年第 11 期。

[148] 赵峰：《上海地理信息公共服务平台及在智慧城市中的应用》，《上海国土资源》2013 年第 3 期。

[149] 房秉毅、张云勇、李素粉：《智慧城市云平台架构与部署方案浅析》，《邮电设计技术》2014 年第 6 期。

[150] 罗振、桑梓勤、齐飞：《智慧城市公共支撑平台技术架构及功能要求》，《信息通信技术》2014 年第 5 期。

[151] 于明、李颋：解析智慧城市发展四路径 [EB/OL]．http：//www. chla. com. cn/htm/2011/1010/101117. html. 2011 – 10 – 10。

[152] 城市开发编辑部：《国内外智慧城市建设对比》，《城市开发》2013 年第 17 期。

[153] 赛迪顾问股份有限公司：《2013 中国智慧城市建设战略研究报告》，《赛迪顾问股份有限公司》2013 年第 4 期。

[154] 赵大鹏:《中国智慧城市建设问题研究》,吉林大学 2013 年博士学位论文。

[155] 李勇:《国外智慧城市的理论与实践》,上海社会科学院信息研究所:《智慧城市论丛》,上海社会科学院出版社 2011 年版。

[156] 陈博、高光耀:《智慧城市的建设路径、核心和推进策略研究》,《管理现代化》2013 年第 1 期。

[157] 杨现民、刘雍潜、钟晓流、宋述强:《我国智慧教育发展战略与路径选择》,《现代教育技术》2014 年第 1 期。

[158] 钱斌华:《智慧城市基础设施建设的公私合作模式研究》,《未来与发展》2012 年第 12 期。

[159] 彭继东:《国内外智慧城市建设模式研究》,吉林大学 2012 年硕士学位论文。

[160] 杨会华、樊耀东:《智慧城市典型商业模式分析和选择》,《移动通信》2013 年第 Z1 期。

[161] 郭理桥:《引社会投资建智慧城市》,《中国经济和信息化》2013 年第 15 期。

[162] 韩天璞:《智慧城市建设及运营模式研究》,北京邮电大学 2013 年硕士学位论文。

[163] 徐静:《智慧城市运营及其投融资模式研究》,《商业时代》2013 年第 32 期。

[164] 袁顺召:《武汉市智慧城市建设模式研究》,华中科技大学 2013 年硕士学位论文。

[165] 徐小敏、周洪成:《智慧城市建设和运营模式分析》,《通信与信息技术》2014 年第 1 期。

[166] 蒋明华、吴运建、丁有良、熊刚、孙成访:《智慧城市系统及项目的投资运营模式研究》,《电子政务》2014 年第 12 期。

[167] 周春华、禹银艳:《智慧产业概念、发展路径与政策研究》,中国科学学与科技政策研究会科学学理论与学科建设专业委员会、中国自然辩证法研究会科学技术学专业委员会,2012 年全国科学学理论与学科建设暨科学技术学两委联合年会论文集 [C]. 中国科学学与科技政策研究会科学学理论与学科建设专业委员会、中国自然辩证法研究会科学技术学专业委员会,2012 年。

[168] 牛丽、郭翠珍：《苏州智慧产业发展的现状及对策研究》，《江苏科技信息》2014 年第 12 期。

[169] 曾雁、王雷、范文琪：《"智慧城市"推进浙江产业集聚区转型升级的对策研究》，《科技展望》2014 年第 7 期。

[170] 张凌云、黎巎、刘敏：《智慧旅游的基本概念与理论体系》，《旅游学刊》2012 年第 5 期。

[171] 杨健、焦勇兵、刘伟：《宁波智慧物流建设的机理分析——基于管理学理论视角》，《物流技术》2012 年第 13 期。

[172] 赵玎、陈贵梧：《从电子政务到智慧政务：范式转变、关键问题及政府应对策略》，《情报杂志》2013 年第 1 期。

[173] 郑从卓、顾德道、高光耀：《我国智慧社区服务体系构建的对策研究》，《科技管理研究》2013 年第 9 期。

[174] 毕娟：《智慧城市环境下智慧型档案馆建设初探》，《北京档案》2013 年第 2 期。

[175] 朱敏：《智慧安居解决方案研究》，《互联网天地》2013 年第 11 期。

[176] 林佩玲：《智慧城市背景下的区域联盟移动图书馆建设》，《图书情报工作》2013 年第 12 期。

[177] 周娟、金鹏：《宁波智慧城市背景下的智慧旅游建设策略》，《经营与管理》2013 年第 11 期。

[178] 张光明：《宁波市智慧教育区域推进策略与实践研究》，宁波大学2014 年硕士学位论文。

[179] 张亮、陈少杰：《面向智慧型城市的食品安全监管体系》，《食品研究与开发》2014 年第 18 期。

[180] 申悦、柴彦威、马修军：《人本导向的智慧社区的概念、模式与架构》，《现代城市研究》2014 年第 10 期。

[181] 柴彦威、申悦、塔娜：《基于时空间行为研究的智慧出行应用》，《城市规划》2014 年第 3 期。

[182] 廖丹子：《无边界安全共同体——探智慧城市公共安全维护新路向》，《城市规划》2014 年第 11 期。

[183] 邓贤峰：《"智慧城市"建设的风险分析》，《财经界》2011 年第 1 期。

[184] 满晓元：《智慧城市信息安全风险及评估方法》，《电子世界》2013年第23期。

[185] 陈友福、张毅、杨凯瑞：《我国智慧城市建设风险分析》，《中国科技论坛》2013年第3期。

[186] 胡丽、陈友福：《智慧城市建设不同阶段风险表现及防范对策》，《中国人口·资源与环境》2013年第11期。

[187] 吴胜武、闫国庆：《智慧城市——技术推动和谐》，浙江大学出版社2010年版。

[188] 吴余龙、艾浩军：《智慧城市——物联网背景下的现代城市建设之道》，电子工业出版社2011年版。

[189] 钱志新：《大智慧城市——2020年城市竞争力》，江苏人民出版社2011年版。

[190] 岳梅樱：《智慧城市实践分享系列谈》，电子工业出版社2012年版。

[191] 张永民：《解析智慧技术与智慧城市》，《中国信息界》2010年第11期。

[192] 王世伟等：《智慧城市辞典》，上海辞书出版社2011年版。

[193] 芦效峰、景培荣：《智慧城市的支撑技术——通信技术》，《智能建筑与城市信息》2012年第7期。

[194] 芦效峰、景培荣：《智慧城市的支撑技术——物联网技术》，《智能建筑与城市信息》2012年第9期。

[195] 芦效峰、景培荣：《智慧城市的支撑技术——计算机网络技术》，《智能建筑与城市信息》2012年第8期。

[196] 芦效峰、景培荣：《智慧城市的支撑技术——软件工程》，《智能建筑与城市信息》2012年第10期。

[197] 芦效峰、李海俊：《智慧城市的支撑技术——信息安全技术》，《智能建筑与城市信息》2013年第2期。

[198] 程大章、芦效峰：《论智慧城市市民的信息化环境生存能力》，《智能建筑与城市信息》2013年第4期。

[199] 杨正洪：《智慧城市——大数据、物联网和云计算之应用》，清华大学出版社2014年版。

[200] 朱亚杰、李琦、冯道：《基于大数据的智慧城市技术体系架构研

究》，《测绘科学》2014年第8期。

［201］吴志强、柏旸：《欧洲智慧城市的技术实践》，中国城市科学研究会、天津市滨海新区人民政府，2014（第九届）城市发展与规划大会论文集——S08智慧城市、数字城市建设的战略思考、技术手段、评价体系［C］.中国城市科学研究会、天津市滨海新区人民政府，2014年。

［202］顾磊、王艺：《智慧城市关键技术研究》，《中兴通讯技术》2014年第4期。

［203］袁远明：《智慧城市信息系统关键技术研究》，武汉大学2012年博士学位论文。

［204］陈如明：《智慧城市的安全问题应对策略思考》，《移动通信》2012年第15期。

［205］陆伟良、吉星、杨景炜、杜昱：《国家智慧城市标准体系初探》，《现代建筑电气》2013年第4期。

［206］关欣、雷鸣宇、李健：《智慧城市标准化研究》，《电信网技术》2013年第4期。

［207］任冠华、宋刚：《智慧城市建设标准体系初探》，《标准科学》2014年第3期。

［208］苏晔、冯石岗：《关于智慧城市标准体系的层级架构研究》，《中国管理信息化》2014年第7期。

［209］新华网：《中国智慧城市标准体系研究正式发布［EB/OL］》，http://www.bj.xinhuanet.com/hmjj/2013—11/22/c_118256199.htm.2013-11-22。

［210］朱敏：《智慧城市评价指标体系回顾及优化建议》，《移动通信》2013年第Z1期。

［211］邓贤峰：《"智慧城市"评价指标体系研究》，《发展研究》2010年第12期。

［212］陈铭、王乾晨、张晓海、张晓伟：《"智慧城市"评价指标体系研究——以"智慧南京"建设为例》，《城市发展研究》2011年第5期。

［213］李贤毅、邓晓宇：《智慧城市评价指标体系研究》，《电信网技术》2011年第10期。

［214］顾德道、乔雯：《我国智慧城市评价指标体系的构建研究》，《未来

与发展》2012 年第 10 期。

［215］李健、张春梅、李海花：《智慧城市及其评价指标和评估方法研究》，《电信网技术》2012 年第 1 期。

［216］周骥：《智慧城市评价体系研究》，华中科技大学 2013 年博士学位论文。

［217］姜慧莲、王理达、张少彤：《智慧城市建设和评估的国际实践及启示》，《电子政务》2013 年第 4 期。

［218］王理达、王芳、张少彤：《基于 SMART 模型的智慧城市综合评估框架》，《电子政务》2013 年第 4 期。

［219］王静：《基于集对分析的智慧城市发展评价体系研究》，华南理工大学 2013 年硕士学位论文。

［220］王璐：《智慧城市建设成熟度评价研究》，哈尔滨工业大学 2013 年硕士学位论文。

［221］郭曦榕、吴险峰：《智慧城市评估体系的研究与构建》，《计算机工程与科学》2013 年第 9 期。

［222］钱斌华：《关于进一步完善我国智慧城市评估体系的建议》，《未来与发展》2013 年第 7 期。

［223］王振源、段永嘉：《基于层次分析法的智慧城市建设评价体系研究》，《科技管理研究》2014 年第 17 期。

［224］罗文：《智慧城市诊断评估模型与实践》，《人民邮电出版社》2014 年。

［225］孙静、刘叶婷：《智慧城市评价指标体系的现状分析》，《信息化建设》2013 年第 2 期。

［226］段虹：《智慧城市建设及评价体系研究》，上海交通大学 2014 年硕士学位论文。

［227］张永民、杜忠潮：《我国智慧城市建设的现状及思考》，《中国信息界》2011 年第 2 期。

［228］李贤毅：《智慧城市开启未来生活——科学规划与建设》，人民邮电出版社 2012 年版。

［229］陆伟良、唐国宏、陈长川：《科学建设有特色的智慧城市——以南京为例》，《中国公共安全》（综合版）2012 年第 13 期。

［230］邓贤峰、张晓海、张晓伟：《城市运行管理信息化的缺憾与智慧化

创新——以南京为例》，《上海城市管理》2012 年第 4 期。

[231] 张陶新、杨英、喻理：《智慧城市的理论与实践研究》，《湖南工业大学学报》（社会科学版）2012 年第 1 期。

[232] 王广斌、崔庆宏：《欧洲智慧城市建设案例研究：内容、问题及启示》，《中国科技论坛》2013 年第 7 期。

[233] 安小米：《国外智慧城市知识中心构建机制及其经验借鉴》，《情报资料工作》2013 年第 4 期。

[234] 安小米：《面向智慧城市发展的信息资源管理协同创新策略——以荷兰阿姆斯特丹智慧城市为例》，《情报资料工作》2014 年第 3 期。

[235] 郭理桥：《城市发展与智慧城市》，《现代城市研究》2014 年第 10 期。

[236] 邓贤峰：《南京：打造智慧的"一线城市"》，《供用电》2014 年第 10 期。

[237] 盛立：《新加坡智慧城市建设经验探讨》，《信息化建设》2014 年第 8 期。

[237] 吴青：《欧洲"智慧城市"建设及启示》，《城乡建设》2014 年第 5 期。

[239] 姚乐、樊振佳、赖茂生：《政府开放数据与智慧城市建设的战略整合初探》，《图书情报工作》2013 年第 13 期。

[240] 关欣、吕恺：《欧洲智慧城市建设现状及启示》，《电信网技术》2014 年第 10 期。

[241] 袁文蔚、郑磊：《中国智慧城市战略规划比较研究》，《电子政务》2012 年第 4 期。

[242] 王璐、吴宇迪、李云波：《智慧城市建设路径对比分析》，《工程管理学报》2012 年第 5 期。

[243] 禹银艳、周春华：《智慧基础设施建设模式的国际比较》，中国科学学与科技政策研究会科学学理论与学科建设专业委员会、中国自然辩证法研究会科学技术学专业委员会.2012 年全国科学学理论与学科建设暨科学技术学两委联合年会论文集，中国科学学与科技政策研究会科学学理论与学科建设专业委员会、中国自然辩证法研究会科学技术学专业委员会，2012 年。

[244] 陈才：《2012—2013 年智慧城市发展回顾与展望》，《现代电信科

技》2013 年第 Z1 期。

[245] 徐静、陈秀万：《数字城市与智慧城市比较研究》，《图书馆理论与实践》2013 年第 11 期。

[246] 王思雪、郑磊：《国内外智慧城市评价指标体系比较》，《电子政务》2013 年第 1 期。

[247] 王广斌、张雷、刘洪磊：《国内外智慧城市理论研究与实践思考》，《科技进步与对策》2013 年第 19 期。

[248] 刘叶婷、曾轶：《我国一线城市的智慧路径——以北京、上海、广州、天津为例》，《信息化建设》2012 年第 11 期。

[249] 刘叶婷：《"智慧城区"建设模式比较分析》，《信息化建设》2013 年第 5 期。

[250] 贺睿：《以"领跑者"为榜样——二线城市智慧城市建设比较分析》，《信息化建设》2013 年第 1 期。

[251] 成建波：《智慧城市的国际战略比较》，《现代产业经济》2013 年第 4 期。

[252] 王晗：《国内外智慧城市建设关键要素及其耦合研究》，《河南科学》2013 年第 10 期。

[253] 张鸿、范满航、张超、段禄峰：《智慧城市建设模式比较研究》，《西安邮电大学学报》2014 年第 5 期。

[254] 侯宝柱、贺灵敏、王树明：《城镇智慧化服务满意度测评模型与实证》，《河北北方学院学报》（社会科学版）2013 年第 3 期。

[255] 郝斌、俞珊、吴昀桥：《中国智慧城市建设的产业关联分析——以上海市为例》，《华东理工大学学报》（社会科学版）2013 年第 6 期。

[256] 项勇、任宏：《基于 ANP—TOPSIS 方法的智慧城市评价研究》，《工业技术经济》2014 年第 4 期。

[257] 项勇、任宏：《虚拟平台中智慧城市信息转移演化博弈分析》，《技术经济与管理研究》2014 年第 4 期。

[258] 李琦、陈焕发、金玲艳、刘帅：《面向智慧城市碳管理的碳计量模型》，《测绘科学》2014 年第 8 期。

[259] 刘云刚、谢安琪、林浩曦：《基于信息权力论的智慧城市建设刍议》，《人文地理》2014 年第 5 期。

[260] 张建光、尚进：《中国智慧城市与智慧政府研究现状与展望——基

于 CNKI 的文献计量分析》,《中国信息界》2014 年第 8 期。

[261] 仇保兴:《"智慧城镇"是方向》,《中国经济周刊》2012 年第 19 期。

[262] 宋俊德:《从数字城市到智慧城市》,《世界电信》2012 年第 11 期。

[263] 王彦彬:《四个智慧城镇的样本分析》,《通信产业报》2012 年 11 月 19 日第 15 版。

[264] 张梅燕:《智慧城镇建设的瓶颈与对策》,《开放导报》2013 年第 4 期。

[265] 中国工程院副院长邬贺铨:《产城融合模式有利于推进智慧城镇建设》,《计算机光盘软件与应用》2013 年第 12 期。

[266] 曾玉龙:《基于物联网技术的柏加镇智慧型城镇研究》,《小城镇建设》2013 年第 8 期。

[267] 舒兆兰:《解决五大问题 让智慧走入城镇》,《信息化建设》2014 年第 3 期。

[268] 汪大海、何璐:《跨越"非智慧化"城镇化陷阱:实现智慧城镇化》,《发展研究》2014 年第 6 期。

[269] 于少青:《从"智慧城市"到"智慧城镇"——对智慧城市建设的冷思考》,《经营管理者》2014 年第 24 期。

[270]《国家级智慧城镇——吉林市船营区搜登站镇》,《吉林政报》2014 年第 2 期。

[271] 席广亮、甄峰:《智慧城市建设推动新型城镇化发展策略思考》,《上海城市规划》2014 年第 5 期。

[272] 陈博:《我国智慧城市群的系统架构、建设战略与路径研究》,《管理现代化》2014 年第 4 期。

[273] 李春友、古家军:《国外智慧城市研究综述》,《软件产业与工程》2014 年第 3 期。

[274] 中共广州市越秀区委宣传部:《智慧城市相关观点和实践情况选编》,《中共广州市越秀区委宣传部》2012 年第 5 期。

[275] 张陶新、杨英、喻理:《智慧城市理论与实践研究》,《湖南工业大学学报》(社会科学版)2012 年第 1 期。

[276] David, V. Gibson, George Kozmetsky, Raymond W Smilor. The

Technopolis phenomenon: smart cities, fast systems, global networks [R]. 2011.

[277] 郑立明:《关于建设智慧城市的战略思考》,《现代管理科学》2011 年第 8 期。

[278] 李春友、古家军:《国外智慧城市研究综述》,《软件产业与工程》2014 年第 3 期。

[279] 赵大鹏:《中国智慧城市建设问题研究》,《吉林大学》2013 年。

[280] 陈桂香:《国外"智慧城市"建设概览》,《中国安防》2011 年第 10 期。

[281] 中共广州市越秀区委宣传部:《智慧城市相关观点和实践情况选编》,《中共广州市越秀区委宣传部》2012 年。

[282] 千家网:国内外智慧城市建设与发展趋势分析 [EB/OL]. http://news.21csp.com.cn/c17/201405/71054.html,2014 - 5 - 24。

[283] 杨再高:《智慧城市发展策略研究》,《科技管理研究》2012 年第 7 期。

[284] 王世福:《智慧城市研究的模型构建及方法思考》,《规划师》2012 年第 4 期。

[285] 邹佳佳:《智慧城市建设的途径与方法研究》,浙江师范大学 2013 年硕士学位论文。

[286] 单志广:《什么是智慧城市?》,《供用电》2014 年第 10 期。

[287] 工信部:《工信部智慧城市评估指标体系(征求意见稿)》,2013 - 06 - 02。

[288] 依时利科技:智慧城市建设与产业升级专题讲稿 [EB/OL]. http://www.scity.org.cn/xw.asp? DonforKenbest = 12&DonforListId = 38,2013 - 09 - 18。

[289] 国脉物联网:智慧城市整体解决方案核心技术分析 [EB/OL]. http://miit.ccidnet.com/art/32661/20140126/5341263 _ 1.html,2014 - 01 - 26。

[290] 何军:《智慧城市顶层设计与推进举措研究——以智慧南京顶层设计主要思路及发展策略为例》,《城市发展研究》2013 年第 7 期。

[291] 杨会华、樊耀东:《智慧城市典型商业模式分析和选择》,《移动通信》2013 年第 Z1 期。

［292］ 住建部：《国家智慧城市（区、镇）试点指标体系》（试行），2012－12－10。

［293］ 彭继东：《国内外智慧城市建设模式研究》，吉林大学 2012 年硕士学位论文。

［294］ 张永民：《我国智慧城市建设的现状及思考》，《中国信息界》2011 年。

［295］ 工业和信息化部电信研究院：工信部 2014 年 ICT 深度报告：100% 副省级以上城市在推进智慧城市［EB/OL］. http：//www. smartcitychina. cn/ZhengCeJuJiao/2014—03/1510. html，2014－03－06。

［296］ 人民邮电报："智慧城市"发展进入各方深度协作新阶段，http：//news. xinhuanet. com/info/2015—02/04/c_ 133968588. htm，2015－02－04。

［297］ 工信部：《2013 年中国工业通信业运行报告》，工信部，2013－12－30。

［298］ 国务院：《国务院关于大力推进信息化发展和切实保障信息安全的若干意见》，2012－07－17。

［299］ 国务院：《国务院关于促进信息消费扩大内需的若干意见》，2013－08－14。

［300］ 中国信息产业网：工信部公布 2013 年度智慧城市等领域热点事件，http：//news. xinhuanet. com/zhcs/2014—02/13/c_ 133110865. htm，2014－02－13。

［301］ 新华网：国家旅游局将 2014 年定为"智慧旅游年"［EB/OL］. http：//news. xinhuanet. com/travel/2013—11/06/c_ 125661630. htm，2013－11－06。

［302］ 国务院：《国家新型城镇化规划》（2014—2020 年），2014－03－16。

［303］ 发改委、工信部、科技部等八部委：《关于促进智慧城市健康发展的指导意见》，发改委，2014－08－27。

［304］ 传感物联网：指导意见将发四季度智慧城市建设有望提速升级［EB/OL］，http：//www. chuanganwang. cn/iot—news/2013/10/11/24845. html，2013－10－11。

［305］ 国脉物联网：2013 中国智慧城市建设取得进展的十大事件［EB/OL］. http：//info. secu. hc360. com/2014/01/071016763063. shtml，2014－01－07。

［306］千家网：国内外智慧城市建设与发展趋势分析［EB/OL］．ht-tp：//news. 21csp. com. cn/c17/201405/71054. html，2014－05－24。

［307］人民邮电报：住建部：80% 二级城市明确提出将建智慧城市［EB/OL］．http：//news. 21csp. com. cn/c3/201405/71220. html，2014－05－28。

［308］新华网：住房城乡建设部公布 90 个国家智慧城市试点名单［EB/OL］．http：//www. gov. cn/jrzg/2013—01/29/content ＿ 2322218. htm，2013－01－29。

［309］国装网：科技部和国标委智慧城市试点名单公布［EB/OL］．ht-tp：//www. cbdlh. com/2013/1010/9657. html，2013－10－10。

［310］爱倜西人：2012 年以来智慧城市相关试点名单（update）［EB/OL］．http：//blog. sina. com. cn/s/blog_ 3f6c69420102v9om. html，2014－12－27。

［311］新华网：工信部支持成立中国智慧城市产业联盟［EB/OL］．http：//news. xinhuanet. com/2013—10/10/c_ 117657774. htm，2013－10－10。

［312］黄心怡：2014 年度智慧城市盘点：政策、标准及其他［EB/OL］．ht-tp：//news. im2m. com. cn/375/09512584423. shtml，2014－12－18。

［313］赛迪顾问股份有限公司：《2013 中国智慧城市建设战略研究报告》，赛迪顾问股份有限公司，2013。

［314］国脉互联：《第四届中国智慧城市发展水平评估报告》（2014），国脉互联，2015 年 2 月。

［315］电气自动化技术网：中国智慧城市 2013 年九大发展趋势看点［EB/OL］．http：//www. gkong. com/item/news/2013/01/71352. html，2013－01－23。

［316］人民邮电报："智慧城市" 发展进入各方深度协作新阶段［EB/OL］．http：//news. xinhuanet. com/info/2015—02/04/c_ 133968588. htm，2015－02－04。

［317］国脉互联智慧城市研究中心：我国智慧城市发展的五大趋势［EB/OL］．http：//news. xinhuanet. com/zhcs/2014—04/25/c_ 133289107. htm，2014－04－25。

［318］杨冰之、姜德峰：《国脉研究：我国智慧城市 6 大问题剖析及应对策略》，国脉互联智慧城市研究中心，2014 年。

［319］杨冰之、郑爱军：《智慧城市发展手册》，机械工业出版社 2013 年版。

［320］毛光烈：《智慧城市建设实务研究》，中信出版社 2013 年版。

［321］杨开忠：《智慧城市助推新型城镇化》，中国信息界智慧城市，2014（1）：14—17。

［322］中商情报网：智慧城市建设存在问题［EB/OL］. http：//www. askci. com/industry/zhcsgh/cunzaiwenti. shtml，2014－05－01。

［323］吴大伟：专访陕西联通谢国庆：加快推进智慧化城市建设［EB/OL］. http：//3c. cnwest. com/content/2014—01/22/content_ 10645358. htm，2014－01－22。

［324］人民邮电报："智慧城市"发展进入各方深度协作新阶段［EB/OL］. http：//news. xinhuanet. com/info/2015—02/04/c_ 133968588. htm，2015－02－04。

［325］华商网：陕西省西安市"智慧城市"建设已正式启动［EB/OL］. http：//info. ehome. hc360. com/2012/03/091548217183. shtml，2012－03－09。

［326］陕西联通：宝鸡市政府与陕西联通签订战略合作协议携手建设"智慧城市"［EB/OL］. http：//www. chinaunicom. com. cn/city/shanx/xwgg/file65. html，2012－05－11。

［327］陕西日报：陕西省十个地级市数字城市建设项目全部立项［EB/OL］. http：//www. cnscn. com. cn/news/show—htm—itemid—5417. html，2013－07－26。

［328］商务部：陕西省 2017 年将建成"关中智慧城市群"［EB/OL］. http：//finance. sina. com. cn/roll/20140121/104618027742. shtml，2014－01－21。

［329］陕西省工信厅、陕西省信息化领导小组办公室：《陕西省智慧城市体系架构和总体要求》发布［EB/OL］. http：//news. xinhuanet. com/info/2014—05/26/c_ 133361848. htm，2014－05－26。

［330］信息化推进处：陕西省工业和信息化厅关于开展智慧城市试点工作的指导意见［EB/OL］. http：//www. sxgxt. gov. cn/0/1/2/28/19151. htm，2014－07－07。

［331］赛迪网：陕西发布新型城镇化规划建设智慧城市［EB/OL］. http：//news. ccidnet. com/art/1032/20141028/5649901_ 1. html，2014－10－28。

［332］陕西省政府办公厅：李金柱副省长在全省智慧城市建设试点启动会议上的讲话［EB/OL］. http：//www. shaanxi. gov. cn/0/103/10639.

htm，2014 - 11 - 04。

［333］省住房和城乡建设厅：陕西智慧城市建设倡导自主创新 ［EB/OL］.
http：//www. shaanxi. gov. cn/0/1/9/41/171595. htm，2014 - 04 - 14。

［334］赵芳、海花：《陕西智慧城市试点建设扫描》，《陕西日报》2014
年 4 月 22 日。

［335］《国外智慧城市建设的启示》，《信息系统工程》2014 年第 2 期。

［336］国外"智慧城市"建设及其启示 ［EB/OL］. http：//cn. china-
gate. cn/experts/2013—01/04/content_ 27576590. htm，2013 - 01 - 04。

［337］德国智慧城市建设经验及启示 ［EB/OL］. http：//www. iot—on-
line. com/xingyeyingyong/scity/2014/0809/25529. html，2014 - 08 - 09。

［338］《国外智慧城市建设的启示》，《信息系统工程》2014 年第 2 期。

［339］环球网：哥本哈根蝉联欧洲最智慧城市称号 ［EB/OL］ http：//
china. huanqiu. com/News/mofcom/2014—02/4862905. html，2014 - 02 - 27。

［340］武琪：《国内外智慧城市对比》，《财经界》2013 年第 7 期。

［341］涂平、陈磊：《国外智慧城市建设对我们的启示》，《科技智囊》
2013 年第 8 期。

［342］渭南市政府：渭南智慧城市建设规划（2013—2017）［EB/OL］. ht-
tp：//wenku. baidu. com/view/ab0426fd7c1cfad6195fa7fd. htm。

［343］佚名：智慧咸阳建设获得住建部肯定 ［EB/OL］. http：//www. smart-
citychina. cn/ChengGongAnLi/2014—03/1536. html，2014 - 03 - 07。

［344］闫虎城：《2013 年咸阳智慧城市建设快速推进》，《咸阳日报》，
2014 年 1 月 9 日。

［345］郫县人民政府：郫县创建国家智慧城市试点工作汇报 ［EB/OL］.
http：//wenku. baidu. com/view/bd4c142bbcd126fff7050bc9. html ＃ ＃ ＃，
2013 - 01。

［346］电子信息产业网：率先开展示范应用合力建设智慧成都 ［EB/OL］.
http：//www. qianjia. com/html/2014—03/21_ 226736. html，2014 - 03 - 21。

［347］王建高、韩利军：《青岛成为国家智慧城市技术和标准试点城市》，
《科技日报》2013 年。

［348］王彦彬：《四个智慧城镇的样本分析》，《通信产业报》2012 年。

［349］《国家级智慧城镇——吉林市船营区搜登站镇》，《吉林政报》
2014，02：41—42。

[350] 住建部：我国智慧城市发展的四条成功经验［EB/OL］. http：// miit. ccidnet. com/art/32661/20141229/5720209_ 1. html，2014 - 12 - 29。

[351] 国脉物联网：浅谈智慧城市发展状况及国外经验启示［EB/OL］. http：//www.im2m. com. cn/Item/70388. aspx，2013 - 05 - 23。

[352] 谭辛：《全面推进智慧城市建设需要统一顶层设计》，《经济日报》 2011 年 11 月 24 日。

[353] 闫海：《我国智慧城市建设水平评价研究》，《太原科技大学》 2013 年。

[354] 武琪：《国内外智慧城市对比》，《财经界》2013，07：30—31。

[355] 赛迪顾问股份有限公司：《2013 中国智慧城市建设战略研究报 告》，赛迪顾问股份有限公司，2013 年 4 月。

[356] 富平县人民政府：富平县情［EB/OL］. http：//www. fuping. gov. cn/ about_ list. aspx？ id = 10&oid = 1&menus = 3，2015 - 02 - 09。

[357] 富平县招商局：2012 版富平县情介绍［EB/OL］. http：// www. docin. com/p—773701153. html，2014 - 05 - 01。

[358] 礼泉县政府：陕西省礼泉县"智慧城市"建设实现新突破［EB/ OL］. http：//news. xinhuanet. com/info/2013—04/20/c _ 132324984. htm，2013 - 04 - 20。

[359] 西安日报：今年陕西省大力推进西安智慧城市建设［EB/OL］. ht- tp：//www. sxdaily. com. cn/n/2015/0127/c362—5612493. html，2015 - 01 - 27。

[360] 富平县政府：《富平县国民经济和社会发展第十二个五年规划纲 要》，2011 年 6 月 9 日。

[361] 程蕊、刘晓林：《富平"五大工程"建设"美丽富平"》，《陕西农 村报》，2013 年 1 月 30 日。

[362] 富平县政府. 富平县第十七届人民代表大会第三次会议隆重开幕［EB/ OL］. http：//www. weinan. gov. cn/news/gxdt/fbx/322909. htm，2014 - 01 - 22。

[363] 毛春阳：让城市更智慧，让生活更美好——在全区智慧城市建设 工 作 会 议 上 的 讲 话 ［EB/OL］. http：//wenku. baidu. com/view/ dc7333f37c1cfad6195fa7a4. html，2011 - 09 - 28。

[364] 富平县科学技术局，http：//www. fpkj. gov. cn/，2014 - 05 - 02。

[365] 富平公安局：《富平县公安局信息化建设成果汇报》，2013 年 9 月

10 日。

［366］张红娟：《富平县将成全国首个智慧化照明县》，《华商报》2013
年 10 月 30 日。

［367］富平现代农业示范基地管委会：2012 年富平国家现代农业示范区
建设工作总结．［EB/OL］．http：//www. moa. gov. cn/ztzl/xdnysfq/jyjl/
201302/t20130205_ 3215898. htm，2012 - 11 - 11。

［368］弥卫国、李六十：《富平县建立土壤墒情监测系统田间气象站》，
《渭南日报》2014 年 3 月 20 日。

［369］关岩非、董海潮、张增良：《富平智能化电网示范工程合作项目成
功签约》，http：//news. hsw. cn/system/2013/12/30/0518283 19. shtml，
2013 - 12 - 26。

［370］王腊梅、关岩飞、张增良：《春风化雨润物无声——富平县供电分公
司强化电力服务"民生工程"纪实》，《今日中国论坛》2013 年 4 月。

［371］上海市政府：《上海市推进智慧城市建设 2011—2013 年行动计
划》，2011 年 10 月 13 日。

［372］张永民：《咸阳智慧城市建设的近期规划和长远设想》，《咸阳日
报》2012 年 1 月 16 日。

［373］慈溪市政府：《慈溪市智慧城市建设"十二五"规划（信息化发
展"十二五"规划)》，http：//wenku. baidu. com/view/5a7dac33 eefdc
8d376ee325a. html，2011 - 06 - 07。

［374］南京市政府：《南京市"十二五"智慧城市发展规划》，2012 年 2
月 6 日。

［375］宁波市信息产业局：宁波市智慧城市发展总体规划［EB/OL］．
http：//www. e—gov. org. cn/ziliaoku/zhengfuguihua/201403/148993.
html，2014 - 03 - 30。

［376］杭州市政府：杭州市智慧城市建设总体规划［EB/OL］．http：//
news. xinhuanet. com/zhcs/2014—01/10/c_ 133033889. htm，2011 - 11 - 06。

［377］徐州市政府：《徐州市关于加快推进"智慧徐州"建设实施意
见》，2014 年 4 月 1 日。